金子由芳著

アジア危機と金融法制改革
―― 法整備支援の実践的方法論をさぐって ――

信 山 社

はしがき

　本書は,「法と開発」の見地からアジア諸国の自律的法秩序形成の戦略を問い,また日本による法整備支援の方向性を論ずる目的をもって,1997年に生起した「アジア危機」後の金融法制改革を対象に,一連の法制モデルや立法例に法政策論的分析を加える試みである。

　法整備支援は,1990年代以降の国際援助においてブームとも称すべき隆盛を見ており,法学の領域でもこれを対象とする研究・議論を呼んでいる。しかし論調の主流は,価値的見地あるいは社会学的見地から法整備支援実務を批判する議論と,逆に法整備支援実務の現状にもっぱら正当化根拠を与える追従的議論とに大きく二分され,両者が嚙み合うことなく,結果として厳密な政策議論不在の実務の先行を招いているように思われる。そこで本書では,あえて両者とは異なるアプローチを通じて,法整備支援について客観的な政策論的評価の方法をさぐる意図がある。すなわち本書第一章では,まずは法学領域の議論を開発理論の動向に重ね合わせる学際的視点を試み,もって本書自身の政策論的分析の立脚点と手法を明らかにする。開発理論を概観すれば,「政府の失敗」を論じ規制緩和による市場機能の回復を論じた新古典派経済学の主導性は,1990年代に入って揺らぎ,端的な規制緩和のみでは市場機能の回復が果たされない状況で,いかなる市場補完型制度基盤を構築すべきか,「制度」をめぐる多様な仮説の応酬が行われている。こうした開発理論の動揺に関わらず,国際機関主導の法整備支援は基本的に従来型の新古典派経済学を受けた自由放任主義的な制度志向で行われており,法学領域における上記の二元的議論状況は,こうした新古典派型の法整備支援実務に対する否定論と肯定論との対峙の図として,改めて整理できる。こうした整理のうえで,本書自身は,新古典派型法整備支援の否定でも肯定でもなく,あえて修正の方向性を志し,もって昨今の開発理論における制度研究と同じ地平で,市場機能回復を可能にする実効的な法制の探究を課題としている。

　過去の植民地化で固有の法秩序を攪乱され,独立後は開発目的の行政法規を濫立し,いまやグローバル・スタンダードの呼び声のもとで広範な法制改革を迫られる発展途上国の現実を前提とするかぎり,現地社会が真に受容し自ら育て上げていく自律的法秩序の回復こそが究極の課題であろう。本書の意図する実効的な市場制度基盤の探究は,こうした究極課題を国際的圧力に抗して実現してゆくための,一つの現実的な選択肢と考えられる。本書はまたこのような

実効的な制度探究の方法として，法学がその豊かな比較法知識・法制史知識を動員しつ伝統的に実践してきた経験主義的な政策論的分析手法を重視する。従来の法整備支援研究においては，「法と経済学」を称する計量主義的分析が台頭し，仮定の操作により特定の結論を導く手段として用いられているが，制度探究の実証的手法たりえてはいない。また開発理論における情報の経済学，取引コスト論，比較制度分析といった多様な仮説が，立論の華やかさに関わらず具体的・体系的な制度知識を欠く傾向があるなか，制度探究において法的分析手法が果たしうる貢献可能性は大きいと考えられる。

以上の意味で本書は，開発過程における法制の果たすべき役割を，改めて法学の側から論じていく狙いがある。「開発と法」(Law and Development) ないし「開発法学」(Development Law Studies) などと称される研究群に位置づけられるであろう。ただし本書の検討は，「開発法学」の担うべき媒介者的な役割の多様性に応じて，いくつかの次元の異なる成果をめざしている。第一に，本書の論述は総体として，あるべき制度設計の探究方法についての一提言かつ実践であるという意味で，現実の法整備実務に対する貢献を意図している。とくにわが国の目下の法整備支援活動は法学者や法曹といった伝統的な法律関係者によって担われつつあるだけに，本書の理論化の試みは，これら法律専門家のために開発理論との接点で活動方針を明示する役割を果たし，いわば「開発法学」から法学本流に対して還元する貢献の一つとなりうると考える。第二に，本書は「開発法学」自身の学問的閉塞状況，すなわち既述のような研究志向の二極化や方法論の他分野依存，といった従来型の限界に対して，改めて経験主義的な法的分析手法に根ざすなかで，方法論的活路をさぐる狙いがある。第三に，本書は，開発課題の実現における実効的な法制改革の条件をさぐる意味で，法的研究の側から「開発学」一般に対して行う貢献を意図する。経済学・政治経済学が牽引する「開発学」主流の制度研究は，えてして，制度内容について初歩的な誤認を伴い，これを計量的推論の前提とするなどの限界を示している。あるいは法に過大な即効性を期待する道具主義に陥り，結果として，安易に法的アプローチ限界論に帰結するなどの振幅を見せている。「開発法学」の一つの役割として，「開発学」本流が露呈するこうした制度研究の実証的基盤の脆弱さを，積極的に補う役割が期待されるであろう。

このような制度探究の試みとして，本書が具体的検討対象とするのが「アジア危機」後の金融法制改革である。「アジア危機」をめぐっては経済学を中心に数多の研究が重ねられてきたが，危機発生後の「構造改革」(structural reform) において中核をなした一連の「法制改革」を分析するものは，皆無に

近い．IMF・世銀等の国際機関は，危機発生の原因を金融グローバル化対応の失敗と見なし，とくに金融セクターの仲介機能や企業セクターの経営体質を糾す対策論として，いわゆる「構造改革」(structural reform) を実施した．その際，対象諸国への救済融資の政策条件（コンディショナリティ）の力点は，「金融法制」(financial law) の改革に置かれ，単に銀行法改正やプルーデンス規制強化など金融行政面のモニタリング強化にとどまらず，およそ金融機関・企業間の市場取引関係適正化の趣旨で，間接金融基盤にかかわる倒産法や担保法の改革，直接金融基盤としての会計制度や情報開示制度の見直し，さらに会社法・証券取引法の見直しを通じたコーポレート・ガバナンス強化にまで矛先が及んだ．さらに「金融法制」の範疇を越えて，経済構造全般のグローバル化対応促進を謳って，競争法や外資政策の改革，また労働法や社会保障制度などいわゆるソーシャル・セイフティネットの再構築に及ぶ，きわめて広範な射程で「法制改革」が展開した．しかし，はたして「アジア危機」の解消過程で求められた政策課題は，一連の「法制改革」を通じて有効に達成されつつあるのであろうか．本書はこのような未踏の問題領域で分析を試みるべく，求められた政策課題と，現実に採用されていった制度設計との整合性を検証し，さらにあるべき制度設計の選択肢を独自に提言する意図に立つ．

　本書が「アジア危機」を対象として選択した理由は，一つに危機を契機に世銀 IMF 等の国際機関が主要な金融関連分野で法制モデルを公表し，かつこれをベースに関連諸国に広範な法制改革を指導した経緯から，検討素材が豊富に存在することがある．またこれら法制改革に先立って，アジア危機の原因・対策をめぐる旺盛な政策議論が闘われたことから，法制モデルや改革立法の設計の当否を，初期の政策課題との照合において評価しやすい条件がある．さらに，アジア危機が金融自由化の破綻という文脈で生起し，いわゆるシークエンス問題など金融自由化プロセスの修正議論を生じているなか，法制についても，自由化のあるべき制度基盤としての探究が要請されており，それだけに上記の法整備支援否定論の反グローバリズムとも，また法整備支援肯定論の自由放任主義とも異なる，本稿独自の修正的検討がとくに要請される領域であると考えられる．本書第 1 章では，こうした金融法制に対する政策論的要請を確認する趣旨で，アジア諸国の金融自由化の問題理解に一定の紙幅を割いている．

　本書第 2 章から第 4 章にかけては，アジア危機後の金融法制改革をめぐる各論的検討である．法制改革は，世銀 IMF 等の国際機関が関係諸国への支援の見返りに賦課した政策実施条件（コンディショナリティ）によって義務付けられ，その射程は広範なものとなったが，とくに金融仲介機能の不全を糾す「構

造改革」の趣旨で，倒産法制，担保法制，およびコーポレート・ガバナンス制度に重点が置かれる傾向があった。本書もこれら三領域をとくに取り上げ，それぞれの領域毎に1章を振り当てながら，国際機関の公表した法制モデルやこれを受けた関係諸国の改革立法につき，条文の細部に立ち入る読解を通じて法的設計の特色を把握し，また比較法的知識を借りながらその政策志向の理解を試みている。そのうえで第5章において，以上の各論的検討を踏まえ，改めて領域横断的，ないし金融法制としての体系的な視点に立ち，第1章で確認した政策論的要請に立ち返って法的設計の妥当性を論じている。

　以上のうち各論的検討は本書における法的分析の本論であり，逐条解釈に依拠した論証を行っている。主な知見として，第一に，世銀IMF等のいわゆるブレトン・ウッズ派国際機関の法制モデルが，企業経営利益優位の自由放任主義的政策志向を示し，総じて米国における経済界主導の規制緩和議論を受けた設計であることが確認される。すなわち，倒産法制では，行政主導の私的整理推進枠組みからプレパッケージド・プランの実行に至る一貫した経営救済方針の統一手続モデルを示して，有担保債権者を含む金融債権者や，その他利害関係者の利益を劣後させる。担保法制は，営業総資産につき排他的な包括根担保を設定し自由な私的実行を保障するモデルを示し，巨額設備資金調達に便宜があるとしても，債務者にとっての競争的な金融獲得契機や運転資金提供者など多様な利害関係への配慮を欠いている。コーポレート・ガバナンス制度では，上場会社における社外取締役制度や少数株主権の行使要件など，米国現行制度の形式的な移植に終始し，結果，私会社を中核とする財閥系列の経営監視問題をはじめ，アジア諸国の現実に即した制度探究を阻んでいる。またこれらを受けたアジア諸国の改革立法は，国際機関モデルの経営優位志向に便乗し市場的規律の創出とは程遠い設計とされるか，あるいは自国の現実的課題と国際機関モデルとの乖離にとまどい政策的焦点の定まらない設計にとどまるなどの，痛ましい状況が確認される。以上の傾向を，金融法制として改めて横断的・体系的に鑑みれば，アジア危機の原因・対策をめぐって論じられた政策課題は，いずれも解決されるどころか悪化の懸念さえ生じざるを得ない。特定金融機関と債務者との癒着的関係を助長し，金融セクターの相互競争環境は阻害され，債権者による経営モニタリング圧力を減じ，またかくして「間接金融」の制度基盤において規律が後退するなかで，結局のところ「直接金融」の制度基盤との関係でも，規律回避のショッピング行動を助長しひいては規制緩和のスパイラルを招きるおそれさえ指摘されよう。

　このような本書の分析を通じて，アジア危機後の金融法制改革に見るかぎり，

はしがき

　国際機関が喧伝する法制モデルやこれを受けた改革立法の法的設計が，所期の政策課題との間で大きく乖離する実情が明らかになる。法整備支援一般にとっての示唆として，改めて，政策課題と厳密に照合させた制度設計の検証の必要性が導かれる。こうした検証なくして，法整備支援は今後とも，明確な方向性を見出すことができない。新古典派流の自由放任主義を基本としつつ，かたや既得権益優位の多様な介入主義的契機を伴う，きわめて混乱した制度状況を加速していくおそれがあり，市場制度基盤の構築を通じた自律的法秩序回復への期待は遠のく。本書末尾では，少なくとも日本の今後の法整備支援活動が，対象国の自律的法秩序形成に資する方向で展開されることへの期待を込め，政策課題を意識した息の長い制度研究へ向けた戦略や，国際機関のプログラムに対する修正的関与のありかたについて提言を行なっている。

　なお本書は，アジア諸国向け法制協力で先陣を切る九州大学法学府に対して，筆者が2003年度に提出した学位論文「アジア危機後の金融法制改革をめぐる法政策論的検討——法整備支援の実践的方法論をさぐって——」をもとに，若干の加筆を行ったものである。終始暖かな励ましと御指導をいただいた吾郷眞一先生をはじめ，諸先生・諸先輩に，改めて，心よりの御礼を申し上げたい。

　2004年3月

金子由芳

目　次

はしがき

第1章　課題と方法 …………………………………………………1
Ⅰ　課題：法制改革の成果の検証 …………………………………1
　1　問題の所在：理念なき法整備支援の先行 ………………………1
　2　法整備支援の本旨：自律的法秩序の回復 ………………………3
　3　「金融法制」への注目：グローバリゼーション下の自律的法秩序回復 ……4
Ⅱ　本書の方法：法政策論的実証研究 ……………………………8
　1　開発理論と法整備支援の系譜 ……………………………………8
　2　法整備支援の先行研究と本書の位置付け ………………………13
　3　本書の方法 ………………………………………………………17
Ⅲ　前提：「構造改革」の政策課題 ………………………………22
　1　アジア危機の原因論・対策論 ……………………………………23
　2　問題整理：金融自由化をめぐる基本方針の相違 ………………27
　3　本書の前提する「構造改革」の焦点 ……………………………31

第2章　倒産法制改革の検討 ………………………………………46
第1節　国際機関の法制モデル ……………………………………46
Ⅰ　救済重視の手続統一化志向 ……………………………………47
　1　「一法・二手続化」の真意：再建型手続優先 …………………47
　2　再建型手続における経営救済志向 ………………………………48
　3　私的整理の法的手続に対する優先 ………………………………50
　4　政策志向の検討 …………………………………………………53
Ⅱ　流出財産回復の消極性 …………………………………………57
　1　否認権制度 ………………………………………………………57
　2　内部者取引の特例をめぐる消極性 ………………………………58

	3 経営陣の責任追及についての消極性 ……………………………60	
	4 政策志向の検討 ……………………………………………………62	
III	債権者の実体的権利の譲歩 ……………………………………………62	
	1 担保権の制限 ………………………………………………………62	
	2 その他の優先権の制限 ……………………………………………65	
	3 新規資金提供者の優先 ……………………………………………66	
	4 政策志向の検討 ……………………………………………………67	
IV	総　括 ……………………………………………………………………68	

第2節　アジア危機後の倒産制度改革の実例 ……………………………70

I　各国の制度改革経緯 ………………………………………………………70
　　1　コンディショナリティの概要 …………………………………………70
　　2　法制改革の経緯 …………………………………………………………71
　　3　私的整理枠組みの推進 …………………………………………………73
II　タイの倒産制度改革の設計 ………………………………………………75
　　1　手続の流れ ………………………………………………………………75
　　2　流出資産の回復 …………………………………………………………82
　　3　債権者の実体的権利の変更 ……………………………………………86
　　4　総　括 ……………………………………………………………………88

第3章　担保法制改革の検討 ……………………………………………102

第1節　国際機関の法制モデル ……………………………………………103

I　世銀・ADBモデルの特色 ………………………………………………103
　　1　担保権の包括性 …………………………………………………………103
　　2　担保登録制度の法的効果の最大化 ……………………………………104
　　3　私的実行の促進 …………………………………………………………104
　　4　総　括 ……………………………………………………………………105
II　『EBRDモデル担保法』の特色 …………………………………………107
　　1　包括根担保の否定 ………………………………………………………108
　　2　担保権の法的効果の限定性 ……………………………………………108

目　次

　　　　3　清算型私的実行の公的促進枠組み ……………………………110
　　　　4　総　括 ……………………………………………………………111
　　　Ⅲ　政策志向の検討 …………………………………………………111
　　　　1　異なる金融制度基盤 ……………………………………………111
　　　　2　動産担保登録制度の選択肢 ……………………………………113
　　第2節　アジアの担保法制改革の実例 ………………………………116
　　　Ⅰ　問題状況 …………………………………………………………116
　　　　1　アジア危機前夜の担保慣行 ……………………………………116
　　　　2　担保制度の改革課題 ……………………………………………117
　　　Ⅱ　法制改革の動き …………………………………………………119
　　　　1　インドネシア譲渡担保法 ………………………………………120
　　　　2　ベトナム担保付取引令 …………………………………………123
　　　　3　タイ事業担保法 …………………………………………………130
　　　Ⅲ　検　討 ……………………………………………………………133

第4章　コーポレート・ガバナンス改革の検討 …………………141
　　第1節　国際機関の法制モデル …………………………………………141
　　　Ⅰ　IMF・世銀コンディショナリティの焦点 ……………………142
　　　　1　市場型監視と非市場型監視との二本立て ……………………142
　　　　2　市場型監視の具体的設計 ………………………………………144
　　　　3　非市場型監視の具体的設計 ……………………………………145
　　　Ⅱ　OECD『コーポレート・ガバナンス原則』の焦点 …………148
　　　　1　非市場型監視の多様性：非上場会社への視線 ………………148
　　　　2　市場型監視における規制緩和モデルへの批判 ………………150
　　　　3　グローバル・スタンダードへの疑念 …………………………151
　　第2節　アジア諸国の法制改革の実例 …………………………………152
　　　Ⅰ　各国の制度改革経緯 ……………………………………………152
　　　　1　韓　国 ……………………………………………………………152
　　　　2　インドネシア ……………………………………………………154

3　タイ …………………………………………………………… 157
　Ⅱ　タイのコーポレート・ガバナンス改革の帰趨 …………………… 159
　　　1　市場型監視の実効性 ……………………………………………… 159
　　　2　内部監査制度の実効性 …………………………………………… 161
　　　3　少数株主による経営責任追及の実効性 ………………………… 165
　　　4　債権者による経営責任追及の検討 ……………………………… 169
　　　5　行政的監視 ………………………………………………………… 171
　Ⅲ　総　括 …………………………………………………………………… 173

第5章　金融法制の選択肢再考 ……………………………………… 180

第1節　国際機関モデルの特殊性 …………………………………… 180
　　　1　経営救済志向 ……………………………………………………… 180
　　　2　正当化根拠 ………………………………………………………… 183

第2節　「金融法制」の政策論的検討 ………………………………… 190
　　　1　「金融法制」の両論の整備課題 ………………………………… 190
　　　2　政策各論と制度設計の照合 ……………………………………… 192

第3節　法整備支援一般への提言——結びに代えて ……………… 201
　　　1　法整備の実践的方法論 …………………………………………… 201
　　　2　日本からの法整備支援の「補完的」役割 …………………… 202
　　　3　実効的な制度設計へ向けて ……………………………………… 202

索　引

第1章　課題と方法

I　課題：法制改革の成果の検証

1　問題の所在：理念なき法整備支援の先行

　1990年代，発展途上国や市場経済化諸国における「法制改革」（law reform ないし law and judicial reform）を援助する，「法整備支援」（legal technical assistance）が隆盛を見た。たとえばアジア開発銀行（ADB）の機関誌 *ADB Law and Policy Reform Bulletin* によれば，1999年時点で，アジア・太洋州全域で実施中の法整備支援活動は，対象29カ国，総計500件余りを数えている[1]。支援提供者は，世界銀行やアジア開銀などの国際機関によるいわゆるマルチラテラルな開発支援，また欧米や日本などの先進国による二国間の政府開発援助（ODA）だが，実際の支援活動に携わる関係者は，実務弁護士や大学研究者を含む多様な民間協力者である。また支援対象領域は，金融関連法・会社法・土地法・投資促進法などのいわゆる経済関連分野の立法改革，および関連する司法改革が主流であるが，他方で，人権，環境，社会政策，グッド・ガバナンスといった多様な分野にも目配りされた，広範な射程となっている。こうした傾向は，2000年代にも引き継がれている。

　このような法整備支援の隆盛はしかし，重大な問題を含むと考える。端的には，法整備がいかなる目的のために実施されるのか，政策選択が明示されないまま実務が先行している点である。世銀をはじめとする国際機関は1990年代半ば以降，法整備支援の方針書を公表しており[2]，また大掛かりな各種の法整備支援セミナーを各地で主催するなかで[3]，「開発にとって法整備は有用だ」とする一般論をスローガンのごとく繰り返し強調している。しかしそこに言う「開発」なる大目標とはなにか，またその大目標から具体的にどのような個々の政策課題が敷衍されているのかの問いに，いまだ明確な回答は与えられていない。「人間開発」を主唱し1990年代の開発理論に新境地を開いた立役者 A.

1

Sen がいみじくも，世銀主催の第一回法整備支援セミナーの基調報告において，「本会合のテーマが，法制改革は開発にいかなる貢献を果たしうるか，という疑問形で呈じられていることはきわめて示唆的だ」と感慨を込めて断じたゆえんでもある[4]。このような不確かな理論的状況に拘らず，法整備有用論は一人歩きし，現実の支援活動がもっぱら隆盛を見ている実状がある。結果として，支援活動の現場で採用される制度設計が，本来望まれるものとは異なる政策目標に仕向けられようとも，そのような支援活動の当否を評価する基準すら明確に存在しないという事態が発生している。

こうした事態の典型例が，世銀等の国際機関自身の実施する法整備支援活動である。国際機関は近年，グローバル・スタンダードを謳って数々の法制モデルを公表し（**表1－1**参照），対象国側に強く推奨する傾向にある。

これら国際機関の示す法制モデルは，以下各章で示していくように主に米国法の昨今の動向を受けた規制内容面の緩和ないし自由放任主義的基調が濃厚であるが，こうしたモデルの内容面の当否をめぐる議論はきわめて低調である。むしろ論点はいかに有効に法制モデルの移植を図るかの戦術に集中し，法制モデルがそもそもいかなる政策課題を前提したものであるかの議論は捨象されがちである。いわば特定の制度設計がグローバル・スタンダードとして自己目的化され，本来の政策課題と個別の制度設計との対応性を評価する視点や，さらに対応性が達成されていない場合に本来の政策課題に立ち戻って新たな制度設

〈表1－1：国際機関公表の主な法制モデル〉

倒産法制	-IMF Orderly & Effective Insolvency Procedures : Key Issues (1999) -Draft World Bank Principles and Guidelines for Effective Insolvency Systems (1999, completed in 2001) -'Good Practice Standard', in ADB (2000) "Report No.5795 : Insolvency Law Reforms in the Asian and Pacific Region"
担保法制	-EBRD Model Law on Secured Transactions (1994) -Draft World Bank Principles and Guidelines for Effective Insolvency Systems (1999, completed in 2001) -'Base Model' and 'Alternative Approach' in ADB (2000) "Secured Transaction Reform in Asia : Unleashing the Potential of Collateral"
コーポレート・ガバナンス	-OECD Principles of Corporate Governance (1998) -Objectives and Principles of Securities Regulations of International Organization of Securities Commissions (1998)
競争法	-World Bank-OECD Framework for the Design and Implementation of Competition Law and Policy (1999)

計を改良する視点が，きわめて不足しているのである．

2 法整備支援の本旨：自律的法秩序の回復

このような目標不問の法整備，あるいは画一的法整備の自己目的化，といった深刻な問題状況に対しては，いくつかの異なる批判的アプローチがあり得るだろう．たとえばまず，開発援助における法の道具主義的利用じたいへの批判が考えられる[5]．法は歴史性・社会性を伴う「生ける法」の自律的秩序であり，人為的な立法介入は改革よりも混乱を加速させるとする見地からの批判である．いっぽう，法はいずれ道具主義的利用の対象であらざるを得ないとするリアリスティックな理解を前提としつつ，ただしいかなる目的ないし価値に奉仕する道具たるべきか，法規範論の側から開発理論に対して価値的議論を逆提言していく可能性も考えられる．じじつ昨今では日本の法学界においてもこのような議論が活発に展開され，とくに経済開発志向の前提する単線的発展観に対してポストモダン流の懐疑を向け，新たな価値論の可能性を論じる向きが根強いが[6]，いっぽうで欧米たると発展途上国たるとを問わず，近代的権利論の現代的修正過程として同一の地平で論ずべきとする，より普遍主義的な視座も主張されている[7]．他方，以上とは異なるアプローチとして，法整備の奉仕する価値面の議論はさしあたり所与としつつも，法整備が実際にそのような価値的課題の達成を果たし得ているか否かを評価し，より実効的な制度設計の探究方法を論じる，いわば実践的な法政策論的検討の方向がありえよう．

本書自身は，この最後のアプローチに依拠する方針である．しかしこのことは，本書が既存の開発理論の価値判断に従属し，法の道具主義的利用を肯定していることを意味しない．筆者の個人的見解において，発展途上地域の歴史的・自律的な法秩序が尊重されるべきことは究極の課題である．ただし現実には過去の植民地化や独立後の開発行政などの介入を受け，すでに多くの法秩序が分断されたり成熟を止めるなどの傷跡を伴うのであり，とくに現下においてはグローバリゼーションの潮流が各国の既存秩序をさらに否応なく震撼させている．こうした状況認識を前提とするとき，人為的な制度形成の介入をいっさい排した自然的な法秩序回復が現実的に容易であるとは考えにくい．むしろ法秩序本来の自律的かつ安定的な成熟プロセスの回復こそが，「法整備」という人為的活動の本旨として期待されていると考える．そのうえで，このような法整備の積極的役割を実現するに当たって，個々の法制改革・法整備支援活動を本来の政策課題と対応させ，かつ厳密な評価に晒していくことを可能にする，

法政策論的な検討手法が必要とされていると考える。

　もちろん個々の具体的な法整備支援を評価しまた修正実施していくに当たって，法規範的議論から演繹的に方向性を導いていくアプローチも考えられる(8)。しかしこれ自身きわめて遠大な課題であるとともに，現実問題として，国際機関等により鋭意推進される法整備の実務的展開に対して，改めて根本的な規範論が投げかけようとも，どこまで有効に受けとめられるか心許ない。法整備実務の先走りを押しとどめるためには，むしろその詳細に踏み込み，法制モデルや改革実例の技術的な各論に下り至って，ともに政策課題の実効的達成方法を探る帰納的・実践的な検討姿勢が有用であると考える。個々の法整備プログラムが政策目的─手段間の対応関係として厳密に立案され，そのことで目的達成度の検証方法が確立されるならば，少なくとも，グローバル・スタンダードを自称する不当な画一的モデルの押し付けや，特定の政策意図に奉仕する悪しき道具的利用といった弊害を最小化していくことが可能となろう。すなわち法整備の本来の政策目的は何であったのか，個々の法制モデルや改革実例は果たしてこの目的といかに対応して（あるいは乖離して）立案され，またいかにこれを達成し得ているのか（いないのか）を検証する技術的作業である。

　本書の意図はこのように，法整備の道具主義的濫用の弊を回避し，自律的法秩序の成熟に資する本来の役割をめざして，法制改革・法整備支援の政策論的な評価の方法を検討する点にある。こうした政策目的─制度選択肢間の対応関係の検証成果が，今後一つ一つ情報として蓄積されていくならば，発展途上諸国の自律的法秩序の成熟過程にとって広く参照可能なデータベースとして充実していくこともまた期待されよう。

3　「金融法制」への注目：グローバリゼーション下の自律的法秩序回復

(1)　金融自由化圧力への対応

　法整備の本旨として自律的法秩序回復なる役割を想定するとき，現実問題として，現下のグローバリゼーションの潮流への対応に配慮せざるを得ない。WTO（世界貿易機構）の交渉過程を嚆矢として，自由化を促す国際的な共通ルール形成はすでに単なる貿易自由化の文脈を越えて，投資自由化の文脈で展開している。しかも途上国にとって工業化促進機会として重視される製造業等の「直接投資」(Foreign Direct Investment; FDI) の範疇を越えて，各国の国内経済活動全般に外資の利潤獲得意図での参入自由化を及ぼす，「サービス投資」自由化が急速に牽引されている(9)。こうした国際的通商交渉の展開を受けて，

I 課題：法制改革の成果の検証

　各国の国内法制はグローバル化対応としての大幅な変更を迫られている。他方で，世銀・IMF等の国際機関が貿易・投資自由化を通じた経済開発路線を指導するいわゆる「ワシントン・コンセンサス」は知られているが，これら国際機関の実施する法整備支援においても，法制モデルを示しコンディショナリティを課すなかで，国内法のグローバル・スタンダード対応を厳しく迫る構図がある。いまや発展途上国は，国際通商協定と，国際機関の法整備支援という，二重の国際的圧力のもとで，国内法のグローバル化対応を迫られていることになる(10)。

　なかでも金融分野に関しては，WTOにおける「サービス貿易協定」(GATS ; General Agreement on Trade in Services)が金融自由化交渉に力点を置き，各国毎に漸進的な市場アクセスないし内国民待遇の実現スケジュールを約定せしめ，いわゆるポジティブ・リスト方式の交渉枠組みのもとで，きわめて迅速な資本自由化・国内金融セクター参入自由化を進めている。他方で，世銀・IMF等の国際機関はいわゆる「金融法制」改革を指導し，関連する法制モデルを鋭意公表しているが，まさに国際通商交渉レベルにおける金融自由化の潮流に対応し，途上国の国内制度基盤に自由化対応を促す圧力として理解される。

　こうした国際通商交渉や国際機関の支援姿勢にみるグローバリゼーション志向に対しては，発展途上国やNGOの間に抵抗感も根強い。とくに激しいNGO運動が1998年末にOECD（経済協力開発機構）のMAI（多国間投資協定）草案交渉を瓦解に導き，また1999年末のWTOミレニアム・ラウンド交渉を阻み，世銀・IMFの年次総会を妨害するといった昨今の政治的顛末は，世界の注目を集めている。しかしながら，こうしたグローバリゼーションの全面的な否定方針は，国際的な妥当なルール形成へ向けた建設的議論を阻み，結果としてむしろ，グローバリゼーションの自由放任主義的な展開を利するばかりであるように見受けられる(11)。また同時に，そうした国際的なルール形成の遅れは，発展途上国の国内では介入主義的な行政法規の余地を拡げ，自律的な法秩序形成をさらに阻害する結果をもたらすように考えられる(12)。

　このような現実のもとでは，グローバリゼーションの潮流を全面否定するよりもむしろさしあたり正面から受けとめるなかで，各国毎の裁量主義的な行政介入が自律的法秩序の形成を阻害しつづける結果を回避すべきではないか。ただし他方で，グローバリゼーションが自由放任主義的な無秩序へ展開するまえに，適切な自由化の制度基盤形成を急ぐ必要がある。このような制度形成努力は，WTO等を通じた国際的ルール交渉のレベルと，各国毎の法整備のレベル

とが連携しあいながら，共通の政策課題を見極めつつ並行して進むことが求められよう。法整備支援活動の一つの役割は，まさにこのような国際的に連動しあった制度形成努力に応じて，比較法的また法制史的な経験的知識を提供し，側面支援に任じていく点にあると考えられる。この際最も肝要な課題は，こうした自由化対応型の制度基盤形成が，各国毎の社会的経済的現実に対応した多様な制度選択肢を許容し，各国それぞれの自律的法秩序の成熟過程を可能にする方向で進められることにあると考えられる。

　本書が以下「金融法制」を例として行なう検討は，以上のような意味で，グローバル化圧力という現実的な問題状況のもとで自律的法秩序形成の方向性を探る，一つの実験課題ということになる。すなわち，「金融自由化」なるグローバリゼーションの潮流を受けとめるなかで，しかし自由放任主義をも裁量的介入主義をも回避しながらいかに妥当な自由化の制度基盤形成を図っていくか，その際の政策課題の見極め，またそうした政策課題を各国の具体的な経済社会的現実のなかで実効的に実現し，自律的な法秩序の一環として生かしめていく法整備の実践的方法を探り出す課題である。

(2) 「金融法制」の射程

　なお本書において「金融法制」の用語は，近年，世銀・IMF等の国際機関周辺で用いられ，定着しつつある 'Financial Law' ないし 'Law and Finance' といった問題領域を総称する意図で用いている[13]。これらの議論における「金融法制」の射程は必ずしも一義的でないが，いずれも開発金融学の動向を受けて，経済開発過程の所要資金調達を政府部門（財政）中心にではなく，民間金融部門が担っていくための，制度基盤のあり方を論じる点で共通する。ここで金融とは，証券市場におけるいわゆる直接金融（エクィティ）と銀行借入（ローン）の双方を含んでいる。ただしWTO-GATS下の金融自由化交渉において，各国の銀行部門の参入自由化が最大の焦点とされており[14]，これを反映するかのように世銀・IMFまたEBRDなどの国際機関の金融関連の法整備支援は，主として銀行融資による金融仲介機能の制度基盤といえる，倒産法，担保法，またコーポレート・ガバナンスに重心が置かれる傾向がある。そこで本書における「金融法制」の検討も，銀行の金融仲介機能を介した企業資金調達過程，すなわち間接金融の制度基盤に照準を合わせることとする。

　なお，一口に金融仲介機能の制度基盤と称しても多様だが，試みに，金融セクターの構造や政府・金融機関間のモニタリング関係を規定するいわば「金融公法」と，さらに金融機関と融資先企業との取引関係の制度基盤たるいわば

「金融私法」とに，二分することが理解に資するであろう。前者は，狭義の銀行法などに代表される，金融セクターに対する公的介入根拠を規定するいわば行政法規である。その設計・運用しだいでは，ミニマムな参入・退出要件のみを定めるほかは一般的な金融政策手段に委ねる競争重視型から，システム保全・投資家保護など無限の監督権限に根拠を与える介入主義・保護主義的なものまで多様でありえ，こうした行政法規の設計選択は金融行政の政策判断に依存する[15]。いっぽう後者の金融取引関係を律する法制としては，融資関係の基礎的実体ルールを示す契約法に始まり，債権回収をめぐる担保法・倒産法・民事訴訟法など，基盤的な民商法ルールが想定される。その骨子は伝統的に，市場経済に予測可能性ある安定的なルールを提供し健全な取引基盤を保障する点に置かれ，体系性・保守性が特色であったが，取引態様の高度化に伴い市場機能の限界が指摘されるなか，しだいに私的自治・当事者主義的枠組みを後退させ，現代的な政策的配慮を伴う法解釈論や立法論が喚起されている。同時に，金融機関と債務者企業間のモニタリング関係の構築，といった金融政策的視点も，一つの論点として浮上している。すなわち金融機関による債権回収利益の追求が企業経営に対するモニタリング効果として働き，公正・効率的な企業経営に資するとする議論である。

本書では金融仲介機能を支える制度基盤として，以上でいう「金融私法」に関心を特化することになる。なかでも，健全な金融仲介機能を成り立たせ，ひいては金融機関・企業間のモニタリング契機をも果たしうる債権回収制度の見地から，倒産法制，担保法制，またコーポレート・ガバナンスに，検討の照準を当てていくこととする。

(3) アジア危機への注目

本書の検討において，ことさら「アジア危機」後の法制改革に注目する理由は，第一に「金融法制」としての視点からする検討にとって相応しい，改革の射程ゆえである。改革を指導したIMF・世銀等の国際機関にとって，「アジア危機」の原因過程は金融自由化対応の失敗として理解され，したがって対策としては金融セクターを中心とする構造改革が選択されたために，一連の法制改革は「金融法制」としての括りで実施された。なかでも債権回収制度の基盤にかかわる倒産法制，担保法制，コーポレート・ガバナンス制度は，改革の中心的領域であった。

第二に，技術的な便宜性がある。法整備における政策目的―制度設計間の対応性を論じるにあたり，「アジア危機」後の法制改革は正確な結論を導きやす

い格好の条件と素材を提供していると見られる。まずは，IMF・世銀等の国際機関は対象諸国にきわめて短期の立法改革を義務づける手段を採った(16)。つまり政策目的たる「構造改革」と，その実現手段として採用された立法改革とが，ほぼ一対一対応の関係にあるだけに，目的―手段間の対応関係の評価にあたって外生的な介在要因が少なく，評価を導きやすいことが挙げられる。他方，検討対象となる具体的な素材が豊富であることが挙げられる。すなわち立法改革の指導にあたって，国際機関側が該当分野毎に特定の法制モデルを提示し，また対象国側がこれに応じて現実の立法ないし草案作成を迫られたことから，豊富な法文資料が存在する。そのため，政策目的―制度設計間の対応性の検討にあたって，細部の条文読解に立ち入ったレベルで詳論が可能である。

II 本書の方法：法政策論的実証研究

本書の方法を提示するにあたって，以下ではまず，過去おりおりの開発理論の動向やこれに伴う法整備支援の変遷を辿ったうえで，このような変遷との兼ね合いにおいて，開発と法をめぐる先行研究の経緯を整理する。そのうえで，これら先行研究の系譜のなかに，本書の意図する法政策論的検討の位置づけを図り，かつ具体的な方法論を提示する。

1　開発理論と法整備支援の系譜

過去の法整備支援の性格は，おりおりの主流派開発理論との対応において変遷を辿ることが，理解に資すると考えられる(17)。第二次大戦後，新たに政治的独立を達成した旧植民地諸国の論客のあいだで，また東西対立を背景にこれら諸国に積極的援助を開始した西側諸国の学界で，「開発」の理論化が志され，なかでも開発経済学が勃興した。しかし生成間もないこの学問領域では，しばしばパラダイム転換とも称すべき動揺が起こり，法整備支援のありかたもまた，こうした開発理論一般の動向に既定されたと考えられるためである。

(イ)　構造主義時代の「法と開発運動」（1960年代）

まずは先駆的な法整備支援活動として，1960年代に勃興した米国の「法と開発運動」（Law and Development Movement, LDM）が挙げられよう。米国法モデルの移植活動に法曹・大学研究者など広範な法律関係者を駆り立てた一大ムーブメントであった(18)。いっぽう，同時期を支配した初期開発経済学の主流

は「構造主義アプローチ」とも称され、途上国経済に先進国とは異なる特殊な構造的条件（低開発の罠や貧困の悪循環）を見いだし、かかる条件を克服するには介入主義的な工業化育成政策による資本蓄積努力が必要であるとして、多様な開発戦略論を闘わせた[19]。ただしそこでは、「開発」の目標としてあくまで「経済開発」、すなわちマクロの経済成長を図る単線的発展観が前提され、かつその手段として工業化戦略を図る点が共通した。また「トリクルダウン（trickle down）仮説」、すなわちマクロ経済の成長はゆくゆく個々の国民生活の改善にまで結びつくとする前提が共有されていたために、「開発」成果はさしあたり国民所得増大として総数で計測されるのみであって、貧困の現実的解消が評価対象とされることはなかった。

初期の法整備支援は、このような主流派開発経済学の「開発」観に既定されていたと見られる。すなわち「法と開発運動」に関与した法学者・法曹の間では、開発経済学における単線的発展観をパラレルに反映するかのように、欧米資本主義諸国の法制モデルの移植を通じて途上国の制度的発展を図る、いわゆる「近代化論」の思潮に支配され、のちに「自由法学（liberal legalism）」運動とも称されたゆえんである[20]。しかし、同運動を受けて実際に途上国で行われた法整備の実態は、むしろ各途上国の旧態依然とした伝統思想などを借用しつつ、権威主義的な開発独裁体制を支える法曹・官僚層の構築に寄与したことが指摘されている[21]。かように、理念面の近代化論、現実面の権威主義体制支援、といった一見矛盾した傾向が「法と開発運動」を特徴づけたが、こうした傾向はあたかも、構造主義開発理論における単線的な経済開発志向と、その実施における介入主義的戦略、といった二面的特色の反映として把握可能ではあるまいか。「法と開発運動」はまさに、開発援助における法整備の道具主義的利用の先駆的実例であったと考えられる。

(ロ) 改良主義時代の「LDM 批判」(1970年代)

しかし「法と開発運動」は、1970年代半ばには推進者自身のあいだで厳しい自己批判に晒され[22]、官民の資金支援も停滞し[23]、以後衰退の一途を辿ることとなった。批判は主に、法整備支援の方法面の問題に向けられ、とくに対象国の固有法・慣習・政治社会環境を度外視し、画一的に米法モデルの移植を図った手法に批判が集中した[24]。こうした方法面の批判は、法整備による価値的操作への批判に他ならなかった[25]。またより鮮明に、「法と開発運動」が根ざした価値選択、つまり近代化論の単線的発展観じたいへの糾弾も行われた[26]。

こうした法整備支援の頓挫の背景では、主流派開発経済学にも異変が起きていた。一つは、マルクス主義経済学の世界史観に影響を受けつつ国際経済の実

態を把握する「従属理論」の高揚であり，欧米近代化モデルに追随する開発戦略の限界を雄弁に説いた。当時，国際連合を基盤に従属理論に立脚して新たな国際経済秩序の形成を図る途上国の集団行動が活性化し，近代化理念に代わる「新国際経済秩序（NIEO）」の宣言や，一国レベルの「発展権」の主張など，国際経済における国家間の富の再分配を主張する新たな価値論の追求が展開された。他方で，構造主義開発経済学の前提する「開発」観念そのものに批判の矛先を向ける議論として，「改良主義アプローチ」ないし Basic Human Needs 派の勃興があった。すなわち，マクロの国富の増減に拘わらず深刻化する「貧困」の拡大に目を向ける見地であり，主流派がこうした分配課題を不問に付す根拠となってきた「トリクルダウン仮説」に強い疑念を向け，分配課題もまたマクロ経済成長とともに開発援助の直接の追求課題とされるべきことを促す論調が行なわれた[27]。

このように開発理論本体が戦略面・理念面で大きく揺らぐなか，その道具主義的利用の対象であった「法と開発運動」もまた自壊せざるを得なかったのであり，結果として，法律専門家の間に「開発」に関与することへの深い懐疑を刻み込んだと見ることができる[28]。

(ハ) 新古典派時代の累積債務国向け法整備支援（1980年代）

しかしかくして法律関係者が遠ざかった後にも，米国政府（USAID）の主導する法整備支援は，80年代にかけて引き続き熱心に展開されていった[29]。おりしもレーガン政権のドル高政策で国際資金は米国へ環流し，1970年代までの政府牽引型の開発過程で多大な公的対外債務を抱えていた中南米諸国等が，債務膨張と国際収支悪化から深刻な累積債務問題に悩んだ。米国政府は同問題の解消に動く過程で，これら対象国に対して政府部門縮小・市場機構重視を旨とする規制緩和型の制度変革を促し，この趣旨での法整備支援に乗り出していった経緯がある。

このような法整備支援の背後に，やはり開発理論一般の動向が存在しよう。80年代，先進国不況などの時代背景を受けて，先進国の負担による途上国の発展を説く「従属理論」や「改良派アプローチ」が後退し，かわって米国や世銀等の援助政策は「新古典派開発経済学」に決定づけられていった。その枢要は，市場機能の万能を前提する厚生経済学である。「開発」目標は相変わらずマクロの「経済開発」に置かれ，ただしその達成手段としては，政府介入による輸入代替型工業化に代えて，市場機能を重視した自由貿易主義による輸出志向型工業化が推奨される。とくに過去の介入主義型開発政策のもとで常態化した各種の介入措置が，利権経済や政治腐敗といった開発阻害要因と化しているとみ

る視点から，各種の規制緩和政策が力説されることとなる[30]。世銀・IMF はこうした新古典派の見地に立って，著名な「構造調整」(structural adjustment) プログラムを開始し，資金支援の交換条件としての政策実施条件，いわゆる「コンディショナリティ」(conditionality) を課すことで，対象国に規制緩和型政策の採用を強制する傾向を強めた。

　1980年代の法整備支援もまた，一義的にこうした市場重視・規制緩和型の制度基盤整備の役割を担ったと見ることができる。またこのような新古典派型の法整備支援の性格は，基本的に1990年代にかけて引き継がれたといえ，旧社会主義地域の市場体制移行やアジア危機の事後処理などに際して，やはり構造調整融資のコンディショナリティという形式で強制されていくこととなった。

　(二)　新古典派修正議論と法整備支援の多極化

　しかし新古典派開発理論もまた，1990年代に厳しい批判にさらされ，動揺を深めていく。

　一つは，「開発」の価値目標面の批判であり，経済開発偏重に対する改良主義以来の批判がより先鋭な形で，「人間開発論」として再来した。A. Sen の主唱するいわゆる「貧困の経済学」が代表であり，新古典派経済学の理論枠組みを共有しながら，その依拠する現状維持的な概念である「効用」に対抗する新たな倫理秩序として「権原 (entitlement)」なる規範的概念を持ちだすなど，経済学的にも説得的な論理枠組みのもとで，「開発」の目標を改めて人間性の潜在的展開可能性の拡大に置く理論を展開した。こうした思潮は，1990年代初頭からさっそく国際機関の援助政策に影響を与えはじめ，UNDP（国連開発計画）の『人間開発報告』("Human Development Report") の刊行開始，また世界銀行の1991年版『世界開発報告』以降における「貧困」特集などの気運につながった[31]。他方，環境問題など深刻化する経済開発の外部効果への注視が高まるなかで，1992年のリオデジャネイロ地球環境会議を契機に「持続的開発」(Sustainable Development) 論が開発の質的内容を問いなおす世界的風潮を形成し，現在に受け継がれている[32]。援助の実務面でも，例えば世銀・IMF 等の構造調整融資において，経済開発と並行する社会的安全網 (social safety net) の構築，また参加型開発アプローチを嚆矢とする社会開発論，などに目配りする新たな動きを生じた。

　いっぽう，80年代の構造調整プログラムが多くの地域で失敗を喫したことから，「経済開発」を追求する開発経済学内部においても，新古典派経済学批判を呼んだ。すなわち市場の調整機能を補完する市場システム内外の制度的要件を探求する，いわゆる新制度派の勃興であり，例えば市場の機能不全の原因を

取引当事者間の情報の偏在で説明する G. A. Akerlof 以降の「情報の経済学」、また市場機能の向上を促す制度変化に注目する D. C. North らの「取引費用仮説」、また市場補完型の自律的制度を帰納的に探究する青木昌彦らの「比較制度分析」、などである。他方で、「市場の未成熟（ないし自然的歪曲）」状況にある発展途上国について政府介入の有用性を再論する向きもあり、たとえば有効な産業政策の条件について「現代版ビッグ・プッシュ論」とも称せられる P. Krugman らの議論がある。また複雑系経済学がコンピュータ技術を駆使した新たな論証方法を提供する向きもある。以上いずれも、新古典派主義と介入主義との両極間の水平軸上で、なんらかの中間的な解決をさぐるものであるとはいえ、百花斉放というべくそれぞれの方向性へ放たれたまま、しばらくは収斂の見込みはない。

　以上のような開発理論の目標面・方法面の動揺は、1990年代以降の法整備支援のありかたに深い影響を与えたと考えられる。まずは国際機関が相次ぎ公表した法整備支援をめぐる方針書を参照するならば[33]、その理念目標面で、開発理論における「人間開発論」の高揚を反映するかのように、人権・女性・環境など人道的関心を強調し、また他方で、市場補完型制度をめぐる諸仮説を意識するかのように、民主化・法の支配・グッドガバナンスといった制度構築的な関心が強調されている。こうした理念面の動向は、法整備支援の実務面にも当然反映されてしかるべきで、じじつ1998年以来、世銀の提言する「包括的開発枠組み」（Comprehensive Development Framework）構想が、総合的援助戦略の構築において法制改革にとくに重要な役割を振り当てた点にも、こうした期待の高まりがうかがわれる[34]。しかし現実の法整備支援実務においては、以上の理念面とは明確なつながりを欠いたまま、むしろ 'Private Sector Development' や 'Trade Capacity Building' などのスローガンを持ち出し[35]、投資促進環境整備・グローバル化対応をめぐる経済法制分野に集中する傾向が見出される。また法制モデルの公表の動きも、基本的にグローバル化関連の経済法制分野に限られ、またその内容面は以下本書各章で見るように内容的に緩和された自由放任主義的色彩が強いものとなっている。

　このように1990年代以降の法整備支援は、開発理論一般における新古典派修正議論が確定を見ないなか、理念的スローガンの面においては人道的課題や制度派的なアプローチに一定の配慮を示すものの、実務面では、1980年代同様に市場基盤整備としての経済法制に傾注し、理念面の展開との明らかな断絶を示している。ただし、こうした1990年代以降の実務面は、1980年代との対比においていくつかの相違が指摘されるであろう。

一つは，その政策論的志向である「規制緩和」の変質である。1980年代に語られた「規制緩和」が，「政府の失敗」を回避する趣旨での介入主義的行政規制の緩和を意味し，したがって明確で予測可能性の高い法制をむしろ充実させていく含意があったのに対して，1990年代の法整備支援は，法制の内容そのものの緩和としての「規制緩和」を推奨しており，その政策論的帰結は自由放任主義的な制度選択に他ならない点である(36)。

　また第二の留意点は，このような自由放任主義的な意味における法制の「規制緩和」モデルが，「グローバル化対応型の制度構築」なる新たなスローガンのもとで，一種のデファクト・スタンダードとして強力に推進される点である。じじつ，WTO体制の側からは，グローバリゼーションに伴うルール形成において，世銀・IMFらブレトン・ウッズ諸機関の役割を重視するという明言の期待が寄せられている(37)。

　第三に，かくして法整備支援の実務面がグローバリゼーション推進役に任じる結果，開発理論における新古典派修正議論を受けた理念目標面との乖離を拡大させている点である(38)。政治的手段と化した「法整備支援」と本来的な開発課題との間に埋めがたい溝を生じ，冒頭に触れた「開発における法の役割」なる問いかけに対して永遠に回答機会を失っていくおそれがある。たとえ実務面でグッド・ガバナンスやキャパシティ・ビルディングといった制度構築的要素が強調されようとも(39)，それらは開発理論面の展開を受けて法制モデルの政策論的内実を見直す見地ではありえず，あくまでデファクト・スタンダードとしての自由放任主義型法制モデルを実施強化するための，周辺的条件整備としての域を出ないのである。

2　法整備支援の先行研究と本書の位置付け

(1)　先行研究の動向

　法整備支援のありかたをめぐる研究動向もまた多様に分岐し，膠着状態にある。議論動向を把握する一つの視点として，上記にみた目下の法整備支援実務の示す新古典派主義志向との関係で，否定論と肯定論とに分類することが理解に資すると考えられる（**下表1－2参照**）。

(イ)　社会学的見地

　このうち否定論の一つとして，社会学的見地からの批判とも総称しうる議論群がある。方法的には批判法学などの動向を受けて多様に分岐しているとみられるが，共通する視座は，法秩序が単なる立法体系を超えて広く社会的慣習・

〈表1－2：法整備支援研究の動向〉

	学的アプローチ	法発展のありかた
新古典派型の法整備支援に対する否定的立場	(イ)社会学的アプローチ	社会・文化秩序の変化に伴う自然的成熟
	(ロ)価値論的アプローチ	法規範から演繹的に導く法整備。とくに非西欧型価値の議論
	(ハ)再分配的アプローチ	国際的再分配を目標とする法整備モデルの再編
新古典派型の法整備支援に対する肯定的立場	(ニ)制度派的手法を借用した新古典派型実務の肯定	デファクト・スタンダードの移植推進
	(ホ)実証的評価方法の探究による新古典派型実務の修正	現地社会経済に対応した漸進的な法整備サイクル

文化に根ざした総合的な社会現象の一部であるとの理解に立ち，人為的な開発意図に発した法整備支援を「法的道具主義」として否定する態度である。日本における「開発法学」や比較法学会・法社会学会などの論調に見い出される[40]。1990年代の法整備支援実務に対して批判を強める「NLDM（新・法と開発運動）批判」の論調も，法整備支援の技術的方法面への批判の体裁をとりながらも，方法面の対案を示しているわけではなく[41]，実質はむしろ批判法学からする法整備支援の道具主義的性格への糾弾と解される[42]。

(ロ) 価値論的見地

他方，価値論的批判と総称しうるアプローチがあり，なかでも欧米型の単線的発展観を価値的に解体し，共同体主義・共生・アジア的価値など新たな規範の方向性を論じる一群が盛んである。開発理論における人間開発論や持続的成長論による経済開発批判とも，淵源の近い立場と理解される。日本の法哲学会や憲法学会，また最近成ったアジア法学会などにおける法整備支援批判の主流は，この一群に位置づけられるであろう。

(ハ) 再分配的見地

第三の否定論群として，かつての従属理論に見たように，発展途上国の経済的利害の主張を受け継ぐアプローチが存在する。なかでも国際法研究者らによる「発展権」の主張に凝縮されるところの，欧米の優位を固定化する貿易・投資自由化を否定し国際間の富の再分配を要求する陣営が，新古典派型の法整備に真っ向から批判を浴びせている[43]。日本においても国際法学者の進める法整備支援活動において，国際間の平等理念に依拠した独自の展開が存在する[44]。

(ニ) 新古典派的見地

他方，新古典派型の市場制度基盤整備としての法整備支援を肯定する議論群は，二分類が可能だろう。一つは，現状の法整備支援実務の方向性を全面的に肯定する陣営である。まずは世銀内部[45]，あるいはその周辺の研究動向として[46]，開発理論における「取引費用仮説」や「情報の経済学」といった新古典派修正議論の枠組みを借りながら，しかし市場補完型制度の内容面を探究することはなく，むしろ単に，法整備支援の一般的有用性を論証する手段として，あるいは特定の法制モデルの有効性の論証手段として，これら修正議論の枠組みのみを利用する顕著な傾向がある。これらの論調では，法整備支援用の予算獲得意図，ないしは法制モデルをデファクト・スタンダードとしてアピールする意図など，いずれにせよ現状の法整備支援実務を肯定する恣意的結果を導く姿勢が露骨であって，方法的な雑駁さの面でも当然の批判を呼んでいる[47]。このほか，もっぱら法制モデルの移植技術面を論じる実務的な一群も存在し，とくに法整備支援の現場に関わった米国の研究者・弁護士等による多数の報告類がある[48]。以上のように，法整備肯定論の第一群は，現状の法整備支援実務に正当化根拠を提供し，あるいはその推進戦略を提言するものである。

　(ロ)　新古典派修正的見地

　これに対して，第二に，新古典派型の市場制度基盤整備を否定し去りはしないが，現状の自由放任主義的な政策論的志向を問題視し修正を求めていく議論が行われつつある。これらは法整備支援の成果について客観的評価方法をさぐる実証研究に由来しており，その過程で多くの失敗事例や評価の分かれる事例が噴出する実態を踏まえ，改めて法整備支援の内容的見直しを示唆している[49]。このような修正論は，上記の法制モデルの移植技術論とは異なり，法制モデルの政策論的内容に変更を迫る議論である。市場の万能を前提する自由放任主義的モデルが現実に機能しない局面に注目し，社会経済的現実に即した実証的検討を通じて，より実効的な市場補完型制度のありかたを探究していく点で，まさに開発理論一般における新古典派修正議論とパラレルな関係にあるといえよう。

(2)　**本書の位置づけ：市場制度基盤整備の修正志向**

　本書は法整備の実践的方法を論じるにあたり，以上のうち最後の，市場制度基盤整備における政策論的修正志向の一つとして自らを位置づけることができる。このような位置づけを選ぶ理由は，既述のように発展途上国の自律的法秩序の尊重と再生を意図する点に由来する。

　ここで自律的とは，法がそれぞれの社会における「生ける法」として，つま

り社会構成員の人間的営為の共通基盤として主体的に共有された状態，とも言いかえられよう。このような自律的秩序を本稿が意図する規範的根拠はさしあたり，人間開発論的な価値観に添って，個々人の自発的な潜在能力追求を可能にする安定的な制度環境の保障，としておきたい(50)。発展途上国の問題状況は，法は存在するも生きていない，つまり法規は植民地法や開発法として為政者が強制する統治手段でありつづけ，社会構成員によって主体的に共有されておらず，しかしいっぽうで共同体的自生秩序といえども開発過程で急速に失なわれているがゆえに，およそ法が社会的要請に根ざして機能しつつ不断の改善が図られていく独自の成熟のプロセスが，欠落した状況と考えられる。それだけに，人為的な法整備の介入を否定し社会的秩序の自然的成熟を待つとする社会学的アプローチ（上記(イ)）の見地は，現実問題として妥当しないと考える。むしろ自律的な法秩序の回復をはかる動因が求められており，グローバル化圧力に晒された市場制度基盤整備といえども，そのような動因の一つとして，社会構成員自らの主体的な秩序回復のきっかけになりうると期待する。

　このような見解は，自由放任主義的なグローバリゼーションに追従するごとく解されやすいが，しかし筆者の理解においては，そもそもグローバル・スタンダードなるものの一方的な強要は，途上国の自律的法秩序に対する暴力的な否定であり，そのような制度的暴力による法・社会・文化秩序の侵害は，個々の社会構成員の生活基盤を揺るがし人格の実現過程をいわれなく切断する意味で，物理的な戦争行為にも比肩すべき不当な性質を伴うと考える。したがって，本書はグローバル・スタンダードを推進する現状型の法整備支援（上記(ニ)）には，明確に反対の立場をとる。

　しかし他方で発展途上国では，介入主義的開発政策に根ざした裁量主義的な国家法が粗製乱造され，自律的法秩序を脅かす状況が顕著である(51)。それだけに，国家の発展権を論じ国際的再分配を重んじる議論の系譜（上記(ハ)）が，結果として介入主義的開発政策の拡張に結びついていくならば，これも採用しがたいと考える。

　他方で価値的議論（上記(ロ)）は，新たな価値概念，あるいは普遍主義的な規範論から，演繹的に開発政策を導き，ひいては開発理論の主流に影響を与えていく可能性も想定されるけれども，現実にそのような媒介者的な議論は必ずしも活発でない(52)。むしろもっぱら「アジア的価値論」に代表される伝統的価値に依拠しつつ，貧困撲滅などの途上国特殊の人間開発・社会開発課題を強調していくなかで，結果として介入主義的開発政策に大きく道を開けていくことが懸念される。いっぽう開発理論本流における人間開発論じたいが，往時の経

II 本書の方法：法政策論的実証研究

済開発批判の矛先を鈍らせ，規制緩和型制度形成の潮流に妥協を示すかの向きがあり注意を要しよう(53)。

　以上のように，法整備をめぐる多くの議論が，自律的法秩序の再生にとっていずれも不利な展開を予測させるとすれば，唯一，従来型の法整備支援実務に対する法政策論的修正議論に，現状打開の期待が残ると考えられる（**上記(ホ)**）。すなわち本書で意図する修正的探究では，政策目的と制度設計との実効的な関係を逐次導き出そうとする実証的姿勢に根ざすことから，政策目的に資さない制度であればいかにグローバル・スタンダードと称されようと，あるいは国家の開発法であろうと，批判の対象となる。こうした実証的検証が一つ一つ蓄積されていくなかで，法制改革・法整備支援を，自律的な生ける法の形成過程に向けて軌道修正しつづけることが可能となるのではないか。じじつ目下の日本ODAによる法整備支援実務は，現地社会経済の実状にふさわしいテーラーメイドの制度設計を志すなかで，こうした実証的検証の成果を待ち望む状況にあると考えられる(54)。

　このように，本書の意図する検討は，国際機関が主導する法整備支援についての全面肯定論でも否定論でもなく，これをあくまで客観的な研究素材として実証的評価の対象とする立場である。さらにこのような実証的研究は，開発理論一般における市場・制度・政府介入をめぐる膠着的議論状況に対して，法的研究の側から可能な回答を振り向ける機会ともなりうると考える。

3　本書の方法

(1)　法政策論的分析方法

　以上の趣旨の実証的評価の手法として，本書が採用するのは，法学の分野で立法論・解釈論として伝統的に行われてきた，経験主義的な分析方法である。すなわち新規の立法に際して，あるいは個々の司法適用場面での法解釈において，法学は多様な政策課題を整合的に実現しうるルールを探って，つねにたゆみなく比較法的知識や法制史知識を動員した経験主義的な制度設計の探究を続けている(55)。政策課題は時代時代の要請を受けて変動し，これに応じて望まれる制度設計もつねに変化を余儀なくされるが，しかしこうした変化は同時に，資本主義社会における予測可能性を保障する安定的な体系性のもとで，漸進的に進められねばならない要請も存在する(56)。このようなたゆみない動的かつ体系的なルール形成運動に対して，つねに伴走し，古今東西の立法・司法適用例に学んだ有益な経験主義的知識を提供し，複合的な政策課題の実現を可能に

する技術的制度設計を担い続けてきた専門的実学領域が法学であるとも言えよう。こうした法学の伝統的な手法は，発展途上国の法整備においてもきわめて有効であると考えられる。

しかしながら目下，国際機関の推進する現実の法整備支援は，もっぱら「法と経済学」を称する計量的論証手法，ないしは「取引費用」「情報の非対称性」「比較制度分析」などの制度派的手法を標榜しつつ経済学者・政治経済学者が方針決定権を有し，個々のプログラム実施面で実務弁護士や若干の法学者が採用される以外は，法学本流の実質的関与は乏しい。そこで以下では，あえてこれら主流化した経済学ないし政治経済学の手法との対比において，本書の採用する伝統的な法的分析手法の有用性に言及したい。

(2) 計量的手法の限界

法整備支援の評価の方法として，法整備による政策課題達成度につき計量的評価を図る手法が模索されている。多くの研究例では，まず政策課題を数量評価が可能な具体的目標に還元したうえで（たとえば政策課題が「金融仲介促進」ならば具体的目標は「融資額増大」として），かかる目標値を法整備実施の前後で比較する方法（たとえば動産担保制度の立法化によって融資額がどれほど増大したか），あるいはかかる目標値について法整備を実施した国と実施しない国との国際間比較（たとえば動産担保制度を立法化している国のほうがしていない国よりも融資額の対国民総生産比率が高いか低いか），などによって法整備の有効性を計測しようと図っている。

こうした計量的手法は，たしかに所期の政策課題に対する法整備の有効度を判定する，一つの枠組みを提供していようけれども，その判定結果を絶対視することはできない。一つに，政策課題を数量的に把握可能な目標に還元する過程で，避けられない単純化が行われるため，本来，多様な利害関係を反映し高度に複合的であるはずの政策課題のごく一部を，しかも多分に回答誘導的に取り出しているに過ぎない。一例として，金融法制のありかたの国際比較を試みて昨今注目を浴びた La Porta, Lopez-De-Silanes, Shleifer & Vishny の研究では[57]，各国毎の法制の違いに応じた金融促進度を評価する方法として，同一年における証券市場規模の対 GNP 比率，上場企業数や新株発行額の対人口比率，融資総額の対 GNP 比率，などの計量的手段を用いている。しかしここで，金融政策の課題は金融の量的拡大に尽きるはずはなく，むしろ金融仲介の的確性といった質的側面が論点となっている目下の議論状況において，このような金融量のみを基準とした計量的手法で政策実現度の評価が果たされるとは

II 本書の方法：法政策論的実証研究

言い難い。しかも技術的にも，そもそも金融量の量的計測の正確性に限界があるし[58]，さらに各国毎の経済特性（例えば資本集約的産業の比重の相違など）に応じた金融需要の相違などへの精緻な配慮がないなど，雑駁な比較に帰している。こうした技術的側面では将来の解析技術の向上によってある程度改善が期待されるとしても，目下の限界は否みがたい。

　さらに深刻な限界として，参照される法制度につき，法内容の細部に踏み込んだ技術的設計の違いが度外視され，きわめて大まかなレベルで同一視が行われている。たとえば再び上記 La Porta, Lopez-De-Silanes, Shleifer & Vishny の研究では[59]，金融促進効果のある法制を評価する項目として，大まかな法系（英法系・米法系・仏法系・独法系等）の相違，投資家の人気投票に基づいた「法の支配」(rule of law) の浸透度評価，投資家保護の制度として取締役責任追及制度と倒産法制のみを取り上げる。さらにこれら項目毎に取り上げられる詳細項目も，限定的かつ結果誘導的であって，たとえば，取締役責任追及制度の論点は，少数株主の郵送による投票権，株主総会開催中の投票権維持，取締役選任における累積投票制，総会招集権，株主代表訴訟に限られ，いずれも英米法系の会社制度に顕著な株主 vs 経営陣の「エイジェンシー関係」を前提にしている限界があり，たとえば債権者など，株主以外のステークホルダーが経営監視を働かせる制度契機をまったく想定していない。また倒産法制の評価の論点も，再建手続における経営側の一方的申立ての可否，経営存続の可否，自動的停止の有無，有担保債権者の優先弁済権，に限定されており，これらも英米法系の倒産法制が倒産処理を一転して，債権者 vs 経営陣の対立構図で把える向きを踏襲するもので，たとえば責任財産の回復や分配の公平をめぐる複雑な利害調整に関心が向かっていない。このように法制度の比較対象項目が，主に英米法の基本構造に依拠して限定的ないし恣意的であるに関わらず，計量的計測を通じて，「総じて英米法系は法の支配を尊重し投資家保護に手厚く，金融促進効果も認められる」とする結果が誘導され，かかる結果は客観的結論として国際的に注目を集めて，一人歩きする傾向にあるのである。この例に見られるような法制度の評価項目の限定性は，数量的比較の参照数を増やすため，あるいは議論の一般化を導きやすくするための技術的意図に由来するのだろうが，加えて，論者が米国系研究者であることからして，暗黙裏に米国型法制や米国系投資家の人気投票結果等を評価項目の基準として採用する傾向が挙げられる。結果として，米国型モデルの肯定に資する結論誘導が指摘されよう。本来，制度の技術的設計は多様な選択肢がありえ，政策課題に資する設計も，阻害する設計もありうるのであって，そのような制度設計の細部に立ち入った議

論なくしては，政策課題と制度設計との因果関係について正確な判定結果を得ることはできない。さらに各国毎の法制は体系的に周辺分野と精緻に関連しあっているのであって，特定の項目のみを摘み食い的に取り出して安易な国際間比較を行うことはきわめて危険であろう。

他方，ある一国内部における法整備の前後比較についての研究群では，むしろ法整備の政策課題実現度について否定的な結論が相継いでいる模様である[61]。しかしこれらの研究においても，経済学・政治経済学の側から「法と経済学」を探究する論者によるものであることもあって，法制の細部におよぶ設計の相違や体系的連関についての比較法的また法政策論的知識を欠くがゆえに，否定的な結果の原因箇所を特定することができず，結果として否定的評価をことさら一般化してしまう傾向が指摘されよう。こうした否定的結論が相継ぐなかで，ひいては法整備一般の有効性に対する否定的見方を不当に強めていくことが懸念される。

このように計量的手法は，安易な多用は望ましくなく，おそらく対象となる政策課題をかなり特定化できる場合で，かつ参照される法整備について制度設計の技術的細部をより厳密に踏まえたうえで，その相互の因果関係を推し量る一つの道具として，慎重に利用されるべきであると考えられる。

(3) 比較制度分析との接点：体系的動態としての制度把握

法制度をめぐる検討では，政策課題は複合的であり，政策課題と制度設計を対照させる評価に際しては多くの利害関係・問題領域に目配りを行う体系的配慮を必要とすることが予想される。本書の対象とする金融法制もしかりであって，国際機関が焦点とし本書が以下各章で扱う倒産法制・担保法制・コーポレート・ガバナンス制度の三分野についても，相互に有機的に補完しあいながら同一目標を達成する，一体系としての把握が必要であろう。たとえば，銀行を介した間接金融の制度基盤強化を図るとき，担保法制や倒産法制の「債権回収法」としての設計が重視され，多様な権利者間の整合的な利害調整をいかに図るかが問われる。いっぽう，コーポレート・ガバナンスは証券市場における直接金融の制度基盤として意識されやすいが，アジアの財閥企業の中枢を占める非上場企業のコーポレート・ガバナンスが論じられるならば，債権者の利益保障や経営関与のありかたが論点となり，間接金融の制度基盤に深く関わる。また倒産法制は利害関係者として，有担保債権者・無担保債権者・社債権者・株主他を含み，つまり担保法制やコーポレート・ガバナンス制度と接しながら，間接金融・直接金融の別を超えた資金提供者の最終的利害調整を果たす。この

II 本書の方法：法政策論的実証研究

ように深く関連しあう三領域が，万一それぞれ矛盾した政策志向を示して相対立するならば，有効な金融制度基盤の提供はなしがたい。このように政策課題も制度設計もそれぞれ複雑な体系的連関をなし，矛盾を避けながらいかに整合的な制度設計が可能か，難易度の高い調整課題が付きつけられているといえる。

このような複雑な制度状況の分析において，上記のような計量的手法はなじみづらく，より経験主義的な政策論的検討が妥当すると考えられる。この点，昨今注目を集める「比較制度分析」は，ゲーム理論の手法を活用しつつも歴史的・経験的知識を広く参照しながら，自己拘束的なルールの均衡ないし自律的形成過程に注目する動態的視座を提示しているが[61]，政策課題の実現について有効な制度群をまずは動的体系として巨視的に把握したうえで，しだいにその細部のメカニズムの解明に下り至って微視的な制度研究に向かう視眼は，法的分析における体系性のもとでの各論的な技術的設計論と通い合うものが感じられる。

すなわち，制度をまずは体系的動態として把握する「比較制度分析」の視座は，上記のような複雑な政策利害にまたがる諸制度を総合的に把握する見地を可能にする。さらに，比較の見地，すなわち各国の諸制度の体系的構造がおのおのの経済社会状況に応じて微妙に相違しあう現実を認識させるので，同じ政策課題を達成するに当たっても，各国事情に応じた，それぞれ異なる制度設計の各論的テーラーメイドへと下り至っていく必要を理解させる。このことは，目下の国際機関主導の法整備支援が，上記 NLDM 批判が指摘するごときモデルの画一化傾向を深め，それゆえの現実面の挫折に遭遇しつづける状況に対して，改めて「制度設計の多様性」を前提とした実効的な議論を導くと考えられる。

また，制度を動態として把握する「比較制度分析」の視点は，法整備を単なる一回性の立法改革ではなく，時間をかけた社会的共有・成熟過程として理解する見地を可能にする。たとえば日本の民法学の理解においては，ある立法が成ったのちにもおりおりの時代的要請に応じた「法解釈」の蓄積過程で，法の不断の社会的成熟が進むとする見地が示されている[62]。すなわち立法改革ののち，その現実の司法適用過程において当該立法政策とその他諸利害との衝突が露呈し，また急速な経済発展過程では時代的要請の変化に応じた政策判断の変更が迫られていくわけであり，裁判官の「法解釈」が立法の過不足を補う柔軟な調整機能を果たしつつ，その蓄積を経て次なる立法改革へと至る，きわめて息の長い，法の社会化・成熟化サイクルが認識可能である。しかし，目下の国際機関が推進する法整備は，もっぱら性急な立法改革を促すものであって，

本書が対象とするアジア危機後の法制改革もまたその典型例である[63]。この点,「比較制度分析」の動態把握の視点からは,立法が単に政治過程で成立して事足りる一回性の課題ではなく,現実の社会的定着こそが到達点であるとする理解が導かれ,参照される先進国サイドの法制モデルじたいもまたそのような再調整中の動態であること,ましてや途上国現地での制度設計にあたっては,とくに立法後の修正過程こそが重視されるべきことに注意が向くであろう。発展途上国の法整備とは,まさにこのような法の動態的な定着・成熟サイクルの確立を意味すると言い換えることも可能であろう。

(4) 各論的制度分析における法的手法の優位

以上のように,「比較制度分析」の体系的・動態的な制度比較の視点は,法整備の望むべき方法について示唆を含むとしても,しかしながら,「比較制度分析」が体系的動態として取り上げた特定の制度群につきさらに細部の解析に下り至っていく各論場面においては,ゲーム理論と歴史的知識との融合なる方法がはたして客観的分析手法として適用されているか疑わしい。たとえば日本・韓国における官僚の行政指導,業界団体やメインバンクの果たす利害調整機能など,総じて介入主義的な産業政策や業界慣行等に肯定的評価を与える結論誘導的傾向が見出される。

同様の結論誘導的傾向は,開発理論における新制度派の各論的展開に共通するように伺われる。たとえば,「取引費用仮説」が競争法や会社法などの分野で国際機関が推奨する自由放任主義型の法制モデルに根拠を与え,また「情報の経済学」が情報の非対称性の是正なる大義名分のもとで,政策的介入措置による金融機関・企業の救済に論拠を与える傾向などである[64]。新古典派経済学の「万能の市場」の前提を排し,政府の人為的介入の失敗の経験をも踏まえたうえで,市場機能の回復を促す制度探究に乗り出したはずの新制度派も,各論においては目立った成果を挙げ得ておらず,結局のところ新古典派的な規制緩和主義と介入主義的開発政策との両極のあいだに浮在し,いずれかの見地に有利な結論を誘導する論証手段に堕しているかに見受けられる。

法的分析手法は,このような開発理論における制度研究の膠着的状況に対して,むしろ有用な打開可能性を与えうるだろう。自由放任とも,政府の裁量主義的介入とも異なる,安定的かつ自律的な体系的動態としての実効的な制度の探究へ向けて,法学は豊富にして精緻な経験的知識情報を提供しうるであろう。法学が Law and Economics として経済学の手法で結論づけられていくのでなく,むしろ法学の側の学的蓄積が開発科学に還元されていく役割が期待される

と考えられる。

III　前提：「構造改革」の政策的焦点

　以下本書では，法制改革の法政策論的検討の試みとして，アジア危機後の「構造改革」を対象にとり，政策課題と制度設計との対応性を照合し，またより妥当な選択肢を探究する。こうした一連の照合作業に先立って，まずは基準となる政策課題の明確化が，前提として必須である。ここで政策課題とはすなわち，アジア危機後の金融・企業セクターをめぐる「構造改革」の具体的な政策的焦点に他ならない。

　以下では，「構造改革」を主導したIMF・世銀の基本認識を確認する趣旨で，これら国際機関の主な政策文書，および指導対象国毎の救済に伴う政策実施条件（コンディショナリティ）として，四半期毎に更新されるIMFの「政策趣意書（Letter of Intent）」，また世銀の構造調整融資「政策マトリクス」を主な素材として，政策的焦点の見極めを図る。しかしながら結論は一義的に明解ではなく，むしろ国際機関の見解じたいが，政治的背景等を伴って変質を遂げていることが観察される。こうした国際機関側の動揺を受けて，アジア危機の原因・対策をめぐる多様な議論が噴出している。本書の照合作業の基準となるべき「構造改革」そのものが，内容的に確定されているとは言いがたいのである。そのため本節結論部分では，最新の議論動向を踏まえつつあえて本書独自の視点から，「構造改革」のあるべき政策課題を確定することを試み，次章以下の検討の基礎としたい。

1　アジア危機の原因論・対策論

(1)　内因説・外因説

　アジア危機後に金融・企業セクターの「構造改革」が要請された背景には，危機発生の原因認識が大きく関わっている。すなわちアジア危機は，1997年半ばまでにタイ一国で生起した通貨危機が瞬く間に近隣諸国に伝播し，各国で通貨の対外交換価値を一気に半減させ，これに伴う対外債務の倍増を契機に，GNPの過半に及ぶ膨大な不良債権を築きあげ，通貨危機と金融危機とが連動するいわゆる双子の危機を発生して，結果として二桁に及ぶ高度成長を享受していたアジア経済を一気にマイナス成長の破綻に陥れた。ことに，主要なマク

ロ経済指標が好調であったさなかになぜかくも劇的な危機が起こり得たのか，アジア危機発生の原因究明をめぐって多様な議論が沸騰した。

これらの議論を大きく分類すれば，一つは，1990年代のアジアの急速な金融自由化に伴ない過剰な国際短期資本移動（社債・株式などのポートフォリオ投資）が起こり，投機的経済を形成したすえに最終的崩壊をもたらしたとする，いわば外因説がある[65]。ただし外因説の内部にもニュアンスの相違があり，こうした危機が金融自由化の進展に伴い今後とも避けられないとみて，「21世紀型危機説」などとも称される立場があるが[66]，いっぽう金融自由化の進め方に問題があったとして，単なる資本自由化のみならず別途適切な構造調整やモニタリング体制の構築を進めるなかで危機は回避できたと見る，いわゆる「シークエンス議論」などに分かれるといえよう[67]。

二つ目は，アジア危機はアジア諸国の経済的ファンダメンタルズの限界が露呈した帰結であるとみるいわば内因説がある。このうちとくに「クローニー・キャピタリズム」とも称すべき癒着的な金融セクターの体質ゆえに，金融仲介の構造的問題性から投機的経済を生起し金融危機に至ったみる主張があるが[68]，いっぽうで，金融セクターに限らず企業セクターの生産性にも関わる開発政策全般の構造的脆弱性が露呈し，国際競争力の壁に行き当たって経常収支の悪化をもたらしていたなどとみる生産性起因説も行われるなど[69]，きわめて多様な議論がある。また日本の論者のあいだでは以上のような多様な要因が重層的に関わっていたとみる，いわば「複合要因説」が語られている[70]。

(2) 外因説由来の「構造改革」

IMF・世銀は危機発生直後から「構造改革」を指導した点で，国内ファンダメンタルズを問題視する内因説に立つように見られがちであり，それゆえ国内問題への過剰介入であるとする後述の IMF 批判に結びついても行ったのであるが，しかしながらこれら国際機関の政策文書を辿るかぎり，基本的に外因説に依拠していたことが明確である。すなわちこれら国際機関の金融自由化をめぐる基本的立場は，発展途上国に対してむしろ積極的な金融自由化を通じた外資導入型の経済開発を推奨する，いわゆる「ワシントン・コンセンサス」に依拠するものであるが，いっぽうで，アジア危機が金融自由化（ないしその不適当なシークエンス展開）の結果発生した経緯を，率直に認めている[71]。アジア諸国が急速な資本自由化を進めた結果，これら諸国に対する株式・社債の短期投資（ポートフォリオ投資）流入が急激に膨張し，かかる資本流入はアジア経済のファンダメンタルズが良好であったがゆえにことさら集中したといえるこ

と，またこうした短期投資は非客観的な情報に過剰反応し団塊となって国際間を流動するいわゆる herding effect の弊を避けられず，つねに通貨危機の引き金となる危険を伴うこと，などの外因説の論旨が明らかである。さらに，こうした短期性外資の流入を政策的介入によって有効に規制することは不可能に近いとする見地から[72]，むしろ今後の金融自由化時代には，短期資本流入の継続に関わらず，深刻な通貨・経済危機を避けうる国内環境の整備が必要であるとして，短期性外資依存を緩和するための国内金融仲介機能の強化，すなわち「構造改革」を促すのである。このように国際機関の論旨において，「構造改革」はアジア危機の原因論からではなく，あくまで対策論として導かれる傾向が指摘される。

こうした原因論・対策論の相違は，「構造改革」の具体的な政策的焦点の相違にかかわるので，重要な視点といわねばならない（表1－3参照）。内因説に依拠する構造改革ならば，国内金融セクターないし企業セクターの危機に至る問題構造をつぶさに究明し，ミクロの取引実態や競争秩序に及ぶ抜本的な改革を要請することとなろう。しかし，外因説に依拠する国際機関が求めた「構造改革」とは，あくまで短期性外資への依存を緩和するという補完的意味での，国内金融仲介機能の強化である。内容的にも，金融行政によるプルーデンス規制強化，モラルハザードを来たす直接的な公的救済の阻止，倒産法・担保法・会計原則を通じた債権回収制度の強化，といった限定的項目に限られてくるのである[73]。

(3) 妥協としての短期救済優先策

いわゆる「ワシントン・コンセンサス」のもと金融自由化を擁護する国際機関にとっては，本来，原因論としては，国内構造問題に帰責する内因説，ない

〈表1－3：アジア危機の原因論・対策論〉

アジア危機の原因認識	対策論	「構造改革」の制度的論点
外因説 ①危機不可避論 ②シークエンス論	短期資本規制の実施 資本自由化にともなう国内金融構造改革	危機被害者の「救済」 プルーデンス規制，重層的モニタリング体制としての債権回収法
内因説 ③金融構造問題 ④経済構造問題	金融制度基盤の全面強化 抜本的な経済構造改革	金融取引の市場規律 市場規律，基本法改革，等

しは金融自由化の歪みを論ずる「シークエンス議論」への依拠が最も自然であったと考えられる。事実，IMFの初期の論調ではむしろ，あるべき金融自由化の前提として，破綻銀行・企業の整理や，企業セクターの厳しい自浄過程を強いていくなど，内因説に近い抜本的な改革態度が存在していた[74]。にも拘らず，その後の公式の政策文書において外因説に傾き，金融自由化の弊害じたいを認めていった態度には解せないものがある。おそらくは国内構造の抜本的改革への深入りを回避しようと図る政治的方針転換があったのではなかろうか。

いずれにせよ外因説に寄った結果，新たに，外因説論者の間に根強い「国際的短期資本規制」の要請に対処する必要が生じることとなったと言わねばならない。金融自由化の弊害を認める外因説に与しながら，なおも金融自由化を促進する「ワシントン・コンセンサス」を維持するためには，なんらかの妥協策が必要となる。そのような妥協策ともいうべく，国際機関の対策論は，抜本的改革を中長期的課題として先送りしつつ，当面は短期的な救済志向（rescue）としての金融・企業再生（financial and corporate restructuring）を優先するという，奇妙な二重構造を示していったと考えられる。

こうした短期・中長期二本立ての対策論は，1998年末のIMF理事会報告において明示的な方針転換として表明されるに至った。金融・企業セクターの「構造改革」について，性急な改革を求めた当初の政策指導に誤りがあったとし，この誤りの結果アジア危機の様相をいっそう悪化させる結果につながったとしたうえで，今後はさしあたり短期的救済を優先する旨が明言された[75]。こうした方針転換の背景には若干の政治的経緯があり，とくに1998年初以降，インドネシア・スハルト政権によるIMFコンディショナリティ破棄問題などを発端に，米国議会共和党勢力が大規模なIMF批判を展開し[76]，その批判項目は，緊縮型マクロ経済誘導の誤謬論から，IMFの過剰介入を批判するIMF＝社会主義者集団論まで多岐にわたって論点は混乱する向きがあったけれども[77]，いずれにせよキャンペーンの成果として，IMFによる1998年理事会報告の路線変更に至ったわけである。

このような方針転換は，「構造改革」の具体的内容にも変更をもたらしたと見受けられる。金融セクターにおいては，1998年半ば以降に各国で破綻金融機関の閉鎖方針が改められ，むしろ公金投入型救済プログラムが開始されていった[78]。また「シークエンス議論」の高まりなどを受けて進められた当初の規制強化が，改めて救済意図で緩和される向きをも生じた[79]。企業セクター向けにも，倒産法などの債権回収法の厳格化を求めていた方針を後退させ，法的手続外で経営存続型再建を誘導する「バンコク・アプローチ」，「ジャカルタ・

イニシアティブ」といった私的整理プログラムが推進されていった。

このように国際機関の求める「構造改革」じたいが，短期的救済優先の方針転換に傾くなか，そのもとで実施される法制改革の方向性にも無視しがたい変更を生じていったとみられる。当初の「金融仲介機能の強化」なる政策課題は，一時的にむしろ後退する傾向を見せ，民間セクターの救済志向を強め，あるいは救済に伴う形式主義的な「モラルハザード回避」策に重心を移していったことが考えられる。

2 問題整理：金融自由化をめぐる基本方針の相違

以上のように，「構造改革」を主導した国際機関の見解においても，アジア危機の原因認識・対策論は錯綜しており，「構造改革」の焦点は容易には確定できない。そこで，以下では改めて「構造改革」の要請されるそもそもの原因構造にかかわる，金融自由化の実態を確認することで，「構造改革」の焦点をめぐる問題整理を行いたい。まずは金融自由化を導く開発金融政策の考え方を，筆者なりの理解の及ぶ範囲で整理し，つぎにアジアで実際に実施された金融自由化の現象面に注目しつつ，これらについて開発金融政策サイドにいくつかの異なる解釈が存在する点を確認する。

(1) 金融自由化をめぐる開発金融政策の選択肢

まずは金融自由化をめぐる開発金融政策の基本的論点を確認する意味で，①資本自由化，②金融セクター自由化，③背後の開発政策の相違，に注目する。第一の資本自由化は，発展途上国にとって開発の所要資金の調達方針をめぐる論点である。そもそも開発（主として経済開発）にとって必要な資金源は，国内における貯蓄と，海外からの外資流入が考えられるが，とくに急速な開発が意図される場合には国内の貯蓄だけでは投資サイドの資金需要を満たしきれない。そこで外資導入が避けられないが，発展途上国の間には外資による経済支配や利益流出を恐れる警戒感が根強い。資本自由化をめぐる政策選択場面である。ここでIMF・世銀の基本姿勢は，高度成長を促すために積極的な外資導入を推奨するもので，「ワシントン・コンセンサス」とも称されている。

第二に金融セクター自由化は，内外からの大量の資金供給と国内実体経済の旺盛な投資活動とをつなぐ仲介主体をめぐる論点である。発展途上国の間には政府部門・公的金融の重視や民間金融セクターに対する管理・保護等の介入主義が目立つ。しかしこうした介入主義は「金融の抑圧」（financial repression）

による非効率な資源配分を招き，まさに政府の失敗の例であるとする見解があり[80]，IMF・世銀はこうした見地から，市場機能に対する公的介入の排除，すなわち金融セクター自由化を指導する。ここで自由化とは単なる規制緩和・自由放任を意味するわけではなく，金融セクターの自律的な仲介機能の制度的基盤を整備することも，国際機関の本来の関心事項であることは留意に値する。ただし，そうした制度的基盤のありかたをめぐっては国際的にも，銀行監督に関するBIS規制や国際会計基準にみられるごとく議論の確定していないところであり，国際機関自身の方針も揺れ動いている[81]。

　第三に，以上のような開発金融政策をめぐる基本姿勢の相違は，背後にそもそもの開発政策の立場の相違を反映することを指摘したい。資本自由化・金融セクター自由化に警戒的な立場は，経済ナショナリズムに根ざす自力更正的な開発志向に裏打ちされ，具体的には過去アジア諸国の間にも見られた輸入代替的開発政策・ビッグプッシュ型開発政策など，自国産業・金融資本家の保護育成を重視する開発戦略を想起させる。これに対して国際機関の自由化推奨の立場は，介入主義的な開発政策の破綻を指摘し，市場機能の効率性を重んじる，いわゆる新古典派開発経済学を基盤とする。国際機関は1980年代の中南米諸国の累積債務問題をまさに介入主義的開発政策の破綻の好例とみなし，その解消過程で，新古典派的な「構造調整」(structural adjustment) を指導した。ただし「構造調整」の成果は必ずしも芳しくなく，安定的な経済成長軌道を回復させた例は多くなかったことから，1990年代にかけて新古典派の修正議論を呼んだ。ことに世銀自身がその方針書ともいうべき1991年版『世界開発報告』で，新古典派開発経済学を自己批判し，政府の失敗を惹起しない方法で市場の失敗をただす第三の道として，「市場フレンドリー・アプローチ」なる修正路線を示唆し注目を浴びた[82]。さらにその後，「取引費用仮説」，「情報の経済学」，また「比較制度分析」などと，ミクロの経済現象に立ち入って市場機能の制度基盤を研究する多様な議論が花開いている。このように開発政策の一般方針自身が試行錯誤のさなかにあるのであって，それだけに，金融自由化の基本方針をめぐっても同様の混乱を生じていると見られる。例えばアジア危機を契機として，自由化をどのような順序とペースで進めていくか，つまり金融セクター自由化の完成前に資本自由化を拙速に進めてよかったのか，あるいは制度基盤整備を先行させるべきだったのではないか，といった上述の「シークエンス議論」が高まったことも，まさに新古典派的な自由放任主義を修正し市場機能をいかに制度的に補完するか，模索の一例と見ることができる。

(2) アジアにおける金融自由化の理解

さて，以上のようにそれじたい内容的に不確定な号令を受けながら，アジアでは1980年代から1990年代にかけて金融自由化が進められた。しかしそれら自由化過程は各国それぞれの事情を反映して歪曲された展開を示したといえ，その結果は資本統計等の示す現象として表れている。すなわち，アジア諸国一般では1990年代半ばまでの十年間に，年間のネットの民間資本流入がおよそ10倍に拡大している[83]。このこと自体はまさに「ワシントン・コンセンサス」の推奨する積極的外資導入の成功例であり，その間の高度成長は国際的賞賛を浴びた[84]。ただし問題は，その資本流入の形態の変化である。1980年代には全般的には，融資形態が8割，直接投資（FDI）が2割弱であり，短期株式・社債投資（ポートフォリオ投資）はごくわずかに過ぎなかったが，1990年代半ばにはこれが，直接投資が4割，融資が3割，ポートフォリオ投資が3割，という形態に変化している。つまりアジア全体的に見て，直接投資やポートフォリオ投資の急激な拡大が指摘される。しかしさらに各国毎の推移を見れば互いに相違も大きく，たとえば中国ではこの間の資本流入の伸びが30倍以上と著しいが，その内訳は9割が直接投資であるのに対して，タイなどのアセアン中核諸国では逆にポートフォリオ投資が年によっては流入額全体の過半に達する拡大を示すとともに，1990年代半ばには異常なまでの融資の膨張もあり，その過半が短期融資のロールオーバーであった。つまりアジア危機の発端をなしたアセアン諸国では，ポートフォリオ投資の拡大と短期融資の膨張という特色を指摘しうる。

アジア危機の原因をめぐる議論では，以上のような資本流入形態の変化という現象をどのように解釈し問題視するかによって，立論が大いに異なったことが考えられる。そしてそのような解釈の相違は，上述の金融自由化をめぐる政策論的見解の相違を反映するとみることが可能であろう。すなわちまず，外因説の論者らはもっぱらアジアへのポートフォリオ投資の増大を問題視し，国際的短期資本規制の必要を説いたが，短期融資の膨張をことさら論点とすることはなかった。その背景には，介入主義的開発政策，すなわち国内の企業・金融財閥の保護育成を図るゆえに金融自由化に積極的でなく，開発に必要な資金源はむしろ基本的に直接投資（FDI）とこれに付随する融資に求めていく政策姿勢が想定されるであろう。外因説の主唱者が，マレーシアを嚆矢とする，主に日本からの直接投資を基盤に産業高度化を図るアセアン諸国の首脳であり，またこれに理解を示す日本政府であったことはこのような推定を裏付ける[85]。じじつアセアン諸国は，アジア危機と前後して進展中であったWTO（世界貿

易機構)のGATS(サービス貿易協定)下の金融自由化交渉で,資本自由化を段階的に進めるかたわら国内金融セクター参入自由化には及び腰の姿勢を崩さず,「片肺の自由化」として欧米金融界の厳しい批判に晒されていた経緯がある[86]。これに対してIMFの「構造改革」の立場は,上述のように危機の原因についてはとくにポートフォリオ投資の増大現象に注目するものの,しかしこれに対する短期資本規制などの対策を否定し,むしろ金融仲介能力向上やモラルハザード回避をめぐる傍論的対応に帰する。このような態度の背景には,金融自由化のありかたについての新古典派的な規制緩和志向が顕著であると考えられる。

しかし開発理論全般において,新古典派的立場に対する修正議論が戦わされていること既述のとおりであり,金融自由化のありかたをめぐっても単なる規制緩和では済まされず,いかなる制度基盤をどのようなペースで整備していくべきかに議論は移っている。このような修正議論の立場からすれば,アジア危機の原因究明は,市場機能の回復へ向けてより実効的な対策論をめざして,単に資本流入現象にとどまらず,その先の国内における資金仲介や現実の資金使途にまで問題意識が及んでいくべきはずである。アジア危機の原因をめぐる内因説には,このような新古典派修正議論の問題意識が存在すると考えられる。

(3) 国内金融構造の改革へ向けて

こうした国内問題に踏み込んだ原因究明の一例として,アジア危機対象諸国の金融構造の実態に着目する立場がある。たしかに国際短期資本の流入が起こったけれども,それを国内で適切に仲介しえずに投機経済を生んだ金融構造にこそ問題ありとする論旨である。

その主な論調として,危機対象諸国に共通する「間接金融中心型」の金融構造を批判するものがある[87]。すなわち前提として,銀行の仲介する間接金融では貸手・借手間の情実関係から過剰融資・過少資本体質を導きやすいこと,とくに金融セクターで介入主義的保護が存在するとモラルハザードを生じてリスク管理がいっそう後退すること,いっぽう直接金融では財務状況の公開を旨としリスク管理が優れている,といった認識が語られる。また金融資産の蓄積は実体経済の発展に先んじるとする「金融の深化」論を前提としつつ,経済発展過程の初期では資金提供者である個人資産が弱体なので間接金融による仲介機能の役割が大きいけれども,その後の経済発展により個人資産の投資余力が増すなかでしだいに直接金融が盛んになるとする,一種の金融発展段階論が語られる。アジア危機対象諸国は経済発展度に比して間接金融依存が顕著であっ

たとして問題視されるのである。

ただしこのような間接金融依存を難じる原因理解にとって、対策論は一様ではない。直接金融への自然な発展を妨げる人為的政策を解除すべきであるとする立場もあるが[88]、むしろ間接金融依存を早期にただすべく意識的に株式・社債市場の育成を図るべしとする、いわば直接金融の発展論が自己目的化した立場が主流である[89]。ただしこれに対しては、アジアの資本市場では制度的基盤の整備が遅れ「情報の非対称性」が著しいために、企業と密接な関係にある銀行の果たす役割は残るとする間接金融重視論もまた主張されている[90]。いっぽう両者の折衷と見られるが、直接金融中心型をアジアで実現する現実的な戦略として、情報の非対称性を埋める銀行の役割を活かすべく、銀行を引受け手とする形で社債市場の充実を図る提言もなされている[91]。このように、アジア危機の原因・対策を国内要因に立ち入って検討するいわば内因説の立場は、あまりにも多様であるが、まさに金融自由化のありかたをめぐる新古典派修正議論の暗中模索ぶりを各論面で反映するものと考えられる。

3　本書の前提する「構造改革」の焦点

以上のように、「構造改革」の政策的焦点は、金融自由化をめぐる開発理論の錯綜を受けて、容易に確定しがたい状況にある。そこで以下では、以上の多様な議論を踏まえ、かつより正確な問題把握に資すると考えられる新たな視点を追加しながら、本書の検討における「構造改革」の焦点を独自に確定したい。

(1)　原因認識

本書の原因認識は、アジア危機の背後に複数の国内要因を見出す内因説に位置づけられる。危機はたしかに金融自由化の号令を契機に流入した国際短期資本が、一挙流出するなかで起こっている。ただしかような過剰な資本移動を招いた国内サイドの背景要因がいくつか存在する。

まずは、「シークエンス議論」の論じるような、アジア諸国の「金融自由化」政策の歪み、すなわち資本自由化を進めるいっぽう金融セクター自由化ないしその制度基盤整備を怠った、いわゆる「片肺の自由化」問題があろう[92]。さらにその資本自由化じたいが、誤った資本誘導的政策介入のもとで歪曲された問題が指摘されねばなるまい。すなわちアジア諸国では、内外金利差の維持拡大や為替ドル・ペッグ制、また不動産市場や資本市場での行き過ぎた規制緩和や外資優遇措置といった一連の政策的誘導により、意図的に国際資本の流入を

喚起し,投機経済を煽る経緯があった事実は看過できない[93]。さらに,そうした意図的な資本誘導的介入の背景に,経常収支の悪化問題が横たわっている。すなわち資本財を輸入依存した形での無理な工業化路線や,製品の国際競争力の低下にともなう経常収支赤字化の懸念を,資本収支の意識的な黒字誘導で埋め合わせようとの姿勢である。国際競争力低下の原因としては,アジア諸国の企業セクターの生産性低下問題が指摘され[94],さらにその背景に,アジアの「奇跡」の成長手段と謳われた外資依存型の輸出志向型開発政策そのものの限界が仄めかされている[95]。

　アジア危機後の「構造改革」は,このような多様な原因構造のなかから,とくに金融セクター自由化問題を取り出した対策論として理解されよう。本書もこのように絞り込まれた照準を踏襲する。しかしながら,金融自由化問題をめぐる本書の理論的な立脚点は,新古典派的な一般的理解とは異なり,より実効的な市場制度基盤のありかたを問う,いわば新古典派修正議論の流れに位置づけられる。アジア危機発生の背後には,既述のような過度な資本流入の政策的誘導や国内金融の保護といった裁量主義的な政策介入の「政府の失敗」を見出しえ,介入主義的開発政策の一つの破綻事例と見なしうると同時に,他方で,国際機関側が制度基盤整備を等閑にしたまま自由放任的な資本自由化を急がせた「市場の失敗」もまた明白であると考える[96]。課題は,「政府の失敗」を回避しつつ「市場の失敗」を埋める制度設計へ向けての,実効的な対策論の選択と考えられる。

(2) **対策論**

　ここで本書独自の新たな問題把握の視点として,資金需要側である個別企業の資金獲得行動の実態に注意を向けたい。上述した内因説の各種対策論は金融構造を巨視的に捉える視点から,間接金融・直接金融の比重などを論点とし,あくまでこうした巨視的理解の傍証として企業の過少資本的な財務構造が参照されているに過ぎない。しかし巨視的に見た金融構造は,企業の資金獲得行動の前提ではなくむしろ結果であるとすれば,正確な問題認識のためには企業行動の動態にミクロの観察眼を向ける必要があると考えられる。

　なかでも,アジア諸国経済の中核を握る財閥企業が,多様な金融選択肢のなかからより有利な資金提供源を物色するショッピング行動の存在にこそ,現実的な視線が向けられるべきであろう。企業側にとっての金融選択肢は,国内商業銀行やノンバンクからの融資(通常は有担保),外銀からの融資(無担保のシンジケートローンあるいは短期ロールオーバー),国内株式市場調達,国内社債市

場調達,外国市場調達,そして外国直接投資(FDI),などが多様に考えられる。ことにアジア危機以前は「アジアの奇跡」が語られるエマージング市場ブームであっただけに,外銀からの融資,国内銀行を介したツーステップローン形態,また外国市場でのコマーシャル・ペーパー発行などを通じて,外国資金を採り入れる機会は多様であった。この際,アジア企業の多くが新規参入圧力の少ない経済を寡占する財閥企業であるだけに,殺到する金融源と,限られた受け手との間で,極度の「借り手市場」が形成されたと考えられる[97]。その結果,適切な情報開示なしに不健全な金融仲介が展開され,しだいに膨大な不良債権を築く傾向をなした。世銀研究者がアジア地域で実施したある大規模なサンプル調査によれば,アジア危機前夜には,監査済み経営情報の開示を受け客観的な財務分析を経て実施された融資は,調査対象企業全体の6割に過ぎず,ことに間接金融依存の高いタイの重度負債企業ではわずか4割にとどまったと報告されている[98]。すなわちアジア危機の金融構造問題を把握するにあたっては,財閥経済やエマージング・ブームといったアジア特殊の状況を背景に,金融市場が極度の「借り手市場」と化したすえに機能障害を来たした,典型的な「市場の失敗」場面として認識されるべきと考えられる。

したがって,ここで金融セクター改革の枢要は,構造的な「借り手市場」の破綻を回避するために,制度的基盤を整備する点にあったと考えられる。つまり異なる金融選択肢が互いに race for the bottom とも称すべき条件引き下げ競争に陥ることを防止し,それぞれ健全な金融機能を実現させるべく,各金融選択肢毎に制度基盤を保障する必要がある。この意味では,上述の各種対策論が論ずるような,直接金融型か,間接金融重視か,社債市場育成か,といった択一的な路線の議論では済まされまい。択一的な対策であれば,容易に抜け駆け(たとえば直接金融のみの制度強化が進めばより規制の緩い間接金融が選好される)が起こりうるであろう。このような選択の問題は,投資家と企業との関係をめぐるエイジェンシー・コスト理論ないし契約理論がしばしば言及しているけれども[99],アジア危機の対策論の文脈で必ずしも強調されてはいない。危機前夜の「借り手市場」状況が,出資契約・負債契約を企業優位に歪める契機でありえただけに,制度による是正はとくに求められていたはずである。アジア危機の有効な対策は,むしろ考え得るあらゆる金融選択肢を一斉に改革対象に含めていくことで,race for the bottom への突破口をはばむ制度戦略にあったと考えられる。

ことに最近の国際的趨勢として,金融セクターで間接金融から直接金融まで一手に引受けるユニバーサルバンク化が進むなか,金融機関の側から制度的な

抜け駆けルートを探し出し，借り手に教唆しやすい環境があるといえるだけに，このような一斉型の制度基盤整備はいっそう必要性が高いといえよう。

さらにまた，金融需要側である企業側の事情として，国際的に競争政策の趨勢が規制緩和傾向にあるなか[100]，企業のコングロマリット的な系列展開の自由度が増し，子会社等を通じた多様な金融選択肢の物色が可能となっていると考えられる。つまり企業は自由な系列展開を通じて，たとえば持株会社の上場で大衆資金を調達し系列各社に提供しながらも，一部の子会社は私会社形態にとどめて融資受け入れ窓口とし，市場で規制強化があれば，連結情報開示基準を巧妙に回避しつつより規制の緩い間接金融サイドで資金調達を行う，などの選択的な金融獲得を図る体制構築が可能である。とくにアジアにおいては，過去の介入主義的開発政策下の保護に親しんだ財閥企業の存在があり，ファミリーの私有財産を維持・形成する意識が根強いと見られるなか[101]，意識的に規制を回避し有利な資金調達を図る意向は強いと考えられる。じじつアジア危機前夜の1990年代前半には，関係各国で名だたる財閥企業がおりからの市場型金融ブームに便乗し，系列子会社の上場や持株会社の新設上場など，外部金融の利用を図る動きが顕著であったが，しかし経営の中枢は閉鎖的な私企業形態にとどめて財務公開規制等を回避し，人的ないし資本的つながりのある銀行との金融関係を継続したと見られる[102]。こうした複雑な系列構造展開を介しつつ財閥企業が金融選択肢のショッピング行動を進めるかぎり，構造的借り手市場においては，金融提供側が条件引き下げ競争に駆り立てられていく契機がつねに存在するというべきであり，上述のような一斉型の制度整備方針をいっそう不可欠なものにしていよう。

本書は，以上のように金融取引のミクロの動態に観察を向け，とくに介入主義的開発政策を継続してきたアジア特殊の事情として，構造的な不完全市場性を見出し，そのような事情は，財閥企業にとって規制のより緩い金融選択肢を物色させる行動を許し，また金融提供側にも企業側の需要に応じた規制緩和型の金融メニューを工夫する条件引き下げ動因をもたらしてきた実態に，注目する。今後のアジアで，既往の介入主義的開発政策が生んだ財閥経済が早急に解消してゆくとは考えにくく，構造的買い手市場性ともいうべき金融市場の特殊性が引き続くであろうと予想する。金融提供側が本来望まれる効率的な資金提供機能を果たしていくためには，こうした不完全市場構造を自由放任することなく，契約自治に委ねては達成されえない基本的な条件を強制し，市場的規律を図る意味での，制度基盤整備が必須の課題であろう。

本書では以上の趣旨で，アジア特殊の金融市場の不完全性に注目しつつ，直

III 前提:「構造改革」の政策的焦点

接金融・間接金融いずれについても整合的な一斉型の制度基盤整備の必要性を想定し、これを「構造改革」の焦点，すなわち以下各章の検討の基準となる政策課題と位置付けたい。このような前提のうえで，以下では，IMF・世銀の「構造改革」の主な対象分野となった，倒産法制，担保法制，コーポレート・ガバナンス制度をとりあげ，まずは各分野毎に議論を分割しつつ政策課題と制度設計との対応性を論じ（第2章・第3章・第4章），そのうえで改めて体系横断的に，所期の政策課題の実現を可能にするより実効的な制度設計の選択肢を検討する（第5章）。

(1) ADB (1999), *ADB Law and Policy Reform Bulletin*, 1999 Edition 参照。
(2) 主な方針書の例として，World Bank (1995), *The World Bank and Legal Technical Assistance: Initial Lessons*, World Bank Policy Research Paper 1414, World Bank ADB (1999), *The Role of Law and Legal Institutions in Asian Economic Development 1960-1995*, Oxford University Press World Bank (2001), *Initiatives in Legal and Judicial Reform*, World Bank; World Bank (2003), *Legal and Judicial Rerorm: Strategic Direction*, World Bank; World Bank (2002) *Law and Judicial Sector Assessment Maunal*, World Bank; EBRD (1997-2003) *Law in Transitton* 各号など。
(3) 国際機関主催の主要な法整備支援セミナーの例として，ADB, "Roundtable Meeting of Chief Justices and Ministers of Justice: Legal and Judicial Reform in Asia," Aug. 1997; IMF, "Conference on Second Generation Reforms," Nov. 1999; World Bank, "Global Conference on Comprehensive Legal and Judicial Development," in Jun. 2000 at Wshington, D.C.; World Bank, "Global Conference on Empowerment, Security and Opportunity through Law and Justice," in July, 2001 at St. Johannesburg など。
(4) Sen, A. (1999), "What is the Role of Legal and Judicial Reform in the Development Process," presented at the World Bank Global Conference on Comprehensive Law and Judicial Development, June 2000, Washington, D. C. 参照。
(5) 後述するNLDM（新「法と開発」運動）批判，また法社会学分野からする批判的議論群に顕著である。
(6) いわゆる「アジア的価値論」の議論である。例として，1994年の日本法哲学会・法哲学社会哲学国際学会連合日本支部共催「第一回アジア法哲学シンポジウム」における各報告参照（今井弘道・森脇康友・井上達夫 (1998) 『変容するアジアの法と哲学』有斐閣，所収）。
(7) 井上達夫 (1998)「リベラル・デモクラシーとアジア的オリエンタリズム」（前掲・今井・森脇・井上『変容するアジアの法と哲学』23—74頁）など。
(8) 法規範論の動向を，開発理論の最近の動向と結びつけつつ，法整備支援の規範的方向性を探る研究例として，たとえば，松尾博 (1999)「善良な政府と法の支配(1)

(2)(3・完)」, 横浜国際経済法学. 7巻2号, 8巻1号・2号.
(9) 1995年のWTO設立時点において, 途上国の強い意向を受け製造業分野に限った投資自由化の共通ルールを論じるTRIM（貿易関連投資措置）協定が成ったが, しかし別途, GATS（サービス貿易協定）がその「サービス貿易」定義のなかに「サービス投資」をも含ましめる工作を通じて, 漸進的な自由化交渉の素地を形成し, 事実, それ以後金融・通信・運輸等の分野で迅速な自由化合意が展開された。またWTO新ラウンドの交渉計画を示した2001年「ドーハ・アジェンダ」は, サービス投資自由化を最優先の交渉課題としている。促進詳しくは, 金子由芳（2002）「投資ルールの規定傾向にみる政策選択肢の検討」『国際開発研究』11巻2号, また同（2002）『国際協力事業団客員研究員報告書：自由貿易協定時代の投資法制の課題―直接投資促進型の制度インフラへ向けて―』参照.
(10) 詳しくは, 金子由芳（2003）「アジア広域FTAの法政策論的展望―「非貿易的関心事項」をめぐるデファクト・スタンダードへの対応」『国際協力論集』（神戸大学大学院国際協力研究科）11巻1号・2号参照.
(11) WTOミレニアム・ラウンドやOECD/MAI（多国間投資協定）の瓦解の結果, 結果として国際間の妥当なルール形成議論を阻み, 多国籍企業の利潤最大化に有利な規制緩和・自由放任主義を放置する事態を招いている。この点につきOECD/MAI草案を中心とする「投資ルール」にかかる状況把握として, 金子由芳（1999）「投資自由化議論の動揺とベトナム外資法の対応」『アジア経済』40巻7号2―26頁参照.
(12) あえて安田信之教授の提唱される「三法理」の動態的展開による「開発法学」の認識枠組みを借りて理解を深めるならば, 発展途上国の本来有する「共同法理」とも称すべき自律的法秩序のもとに, 否応なき国際的なグローバリゼーション圧力下で「市場法理」が浸透し, 制度形成において互いに相反する凝集力と遠心力を拮抗させる関係がある。しかしここで前者が権力契機である「指令法理」に働きかけて「市場法理」の浸透を排しようと図るならば, 結果として裁量主義的な「開発法」の介入機会を拡大するという, きわめて矛盾に満ちた構図が浮き彫りになるといえよう。安田信之（2000）『東南アジア法（ASEAN法／改訂版）』（日本評論社）参照.
(13) 「金融法制」を論じるWorld Bank Institute周辺の論調として, La Porta, R., Lopez-De-Silanes, F., Shleifer, A. & Vishny, R. W. (1998), "Law and Finance," *Journal of Political Economy*, 106 (4), など。またEBRD（欧州復興開発銀行）が金融法制の整備状況の指数化として "Financial Regulations Indicators" を公表している。EBRD (2002) Law in Transition, Autumn 2002, p.15以下など。なおここでfinanceの用語は, 経済開発過程の資金供給のありかたを論じる「開発金融学」を受けており, 「銀行法」(Banking Law) よりも政策論的射程が広いと考えられる.
(14) Dobson, W. & Jacquet, P., (1997), *Financial Services Liberalization in the WTO, Institute for International Economics*, Washington, D.C., p.32-43ほか.
(15) Cranston, R., *Principles of Banking Law*, Oxford University Press, 1997, p.68以下.
(16) 「構造改革」における立法改革の重要度や義務づけの態様については, 四半期毎

Ⅲ　前提:「構造改革」の政策的焦点

の対IMF政策趣意書や,世銀構造調整融資の「政策マトリクス」に示された,救済融資パッケージの政策実施条件(コンディショナリティ)の一覧表に明示されている。一例として,1998年11月25日のタイの対IMF第二回政策趣意書では,倒産法制の改正期限を1998年3月としており,わずか4ヶ月のきわめて性急な立法改革を求めている。他の例においても同様である。

(17)　法整備支援やこれをめぐる研究動向を,開発理論一般の変遷との関係の中で把握する視点は,筆者自身が提唱したところであり(2000年9月のアジア法研究会・第一回研究会報告,また2001年5月の法社会学会ミニ・シンポジウムにおける筆者コメント参照),その後,アジア法研究者のあいだで徐々に受け入れられつつある問題把握の視点である。たとえば,アジア政経学会・2001年研究大会において安田信之・絵所秀紀両教授が主導されたシンポジウム「開発と法整備支援」の試みがある。

(18)　Trubek, D. M. (1972), 'Toward A Social Theory of Law: An Essay on the Study of Law and Development,' 82 *Yale Law Journal*, p.44 参照。

(19)　Rosenstein-Rodanの「ビッグ・プッシュ」の用語が著名である。なおこうした介入の態様については,様々な学説が闘われ,計画的な政府介入の効果を強調したR. Nurkseの「均衡成長」,産業連関のダイナミズムを強調したA. Hirschmanの「不均衡成長」,先進資本主義国の経済社会全般の近代化過程をモデルとする単線的発展史観に立つW. W. Rostowの「離陸」,後発国毎に多様なキャッチアップ戦略がありうると実証するA. Gershenkronの「大発進」など百花斉放の感があった。

(20)　「法と開発運動」関係者の陥った近代化論の誤謬を論じるものとして,前掲・Trubek (1972) p.44; Merryman, J.H. (1977) "Comparative Law and Social Change: On the Origins, Style, Decline and Revival of the Law and Development Movement," 25 *American Journal of Comparative Law*, p.457; Tamanaha, B.Z. (1995) "The Lessons of Law and Development Studies," 89 *The American Journal of International Law*, p.472-473 など。

(21)　Gardner, J. A. (1980) "Legal Imperialism: American Lawyers and Foreign Aid in Latin America," University of Wisconsin Press, p.5, p.11; Rose, C. (1998), "The 'New' Law and Development Movement in the Post-Cold War Era: A Vietnam Case Study," *Law & Society Review*, 32(1), p.93-140 など参照。

(22)　その引き金となった論文が,Trubek, D. M. & Galanter, M. (1974), "Scholars in Self-Estrangement: Some Reflections on the Crisis in Law and Development Studies in the United States," Wisconsin Law Review 1062 である。

(23)　前掲・Merryman, p.459-60 ほか。

(24)　すなわち米法モデルが暗黙の前提とする民主主義的立法過程や司法優位体制を伴わない社会に,安易に米法モデルを強要した結果,モデルの浸透に失敗したのみならず,固有法・慣習のなかに生きる一般民衆を法的に阻害する帰結を招いたとする。現地社会事情の研究を先行させ,それに見合った制度を個別に設計する相対的視座が不可欠であったとする指摘である。Trubek & Galanter (1974), p.1076-81; Gardner, J. A. (1980) "Legal Imperialism: American Lawyers and Foreign Aid in Latin

America," University of Wisconsin Press, p.218 ほか。
(25) LDM批判の背後に、「批判法学」の新たな勃興があったとされる。Trubek, D. (1990) 'Toward a Social Theory of Law: An Essay on the Study of Law and Development,' 82 Yale Law Journal, p.16。
(26) 従属理論を受けた「法と開発運動」の批判として、Snyder, F. G. (1980) 'Law and Development in the light of Dependency Theory,' Law and Society Review 723, p.780; Greenberg, D. F. (1992) 'Law and Development in the light of Dependency Theory,' in Carty, A. ed. (1992)、などの系譜がある。
(27) たとえばAdelman, I. (1977), "Redistribution before Growth: A Strategy for Developing Countries," reprinted in Adelman, I. (1995) *Dynamics and Income Distribution*, Aldershot: Edward Elgar 参照。
(28) とくに米国で「法と開発運動」の崩壊後に、法律専門家の法整備支援離れが生じたと指摘されている（前掲・Rose (1998) 125頁参照）。ただし法整備支援の対象国側では、一部で「批判法学」の精神を受け継ぎ、自らの固有法研究を実践する「第三世界法学」の動きを生じ（前掲・安田信之 (1999) 30頁以下）、さらに現在までに日本の「アジア法」研究の系譜にも通じていると考えられる。
(29) 米国の法律関係者が離反したのちの1980年代の法整備支援は、米国の政治経済学者が方針を立て、現地の法律実務家が実施する体制で展開したと見られる。Hammergren, L. (1998), "Code Reform and Law Revision," USAID (Center for Democracy and Governance), PN-ACD-022 ほか。
(30) 代表的な規制緩和論として、A. Krueger の 「競争的レント追求」、J. N. Bhagwati の「直接非生産的収益追求」仮説、R. I. McKinnon の「金融抑圧」論などが著名である。
(31) World Bank (1991) *World Development Report 1991*, World Bank.
(32) たとえば2000年版『世界開発報告』が持続的開発の視点から改めて「開発の質」を研究特集し注目を集めた。World Bank (2000) *World Development Report 2000*, World Bank.
(33) 例として前掲・*World Bank (2001), Initiatives in Legal and Judicial Reform*、さらに前掲 World Bank (2003), Legal and Judicial Reform: Strategic Direction では貧困削減を最大課題として前面に掲げている。また、名古屋大学法学部 (2000)『名古屋大学法学部創立50周年記念国際シンポジウム「アジア法整備支援と国際協力」報告論文集』2000年9月所収の共通質問状・設問1への各回答は、国際機関や主要各国の法整備支援関係者にきわめて具体的に基本方針の開陳を迫る内容となっており、参照に値する。また国際協力事業団国際総合研修所（佐藤安信執筆）(1998)『法制度整備支援に関する基礎研究報告書』119—121頁、表4-1参照。
(34) 世銀ウェルフェンソン総裁の発案による「包括的開発フレームワーク」構想（World Bank (1998) "Comprehensive Development Framework", at http://www.worldbank.org）は、多様化する開発課題の実現へ向けて援助全般を有機的な制度構築プログラムとして総合的に再編しようとする方針である。その総合的開発戦略にお

いて物的開発課題・人的開発課題と並ぶ構造的開発課題を掲げ，その四本柱の一つとして立法・司法改革を強調した。
(35) OECD開発委員会が世銀グループとの協調で公表した「貿易キャパシティ・ビルディングに関するガイドライン」(OECD (2001) "Guidelines on Capacity Development for Trade in the New Global Context, DCD/DAC(2001)5/FINAL")，またADB (2001) "Key Themes and Priorities for Governance and Capacity Building in the Asian and Pacific Region," Governance and Capacity Building Resource Group, Strategy and Policy Office, ADBなどが知られる。具体的な制度構築支援プログラムとして，WTO, UNDP他国連機関，世銀・IMFが共同で進める"Integrated Framework for Trade-Related Technical Assistance"などの総合的枠組みがある。解説として，国際協力事業団鉱工業開発部 (2003)『鉱工業プロジェクトフォローアップ調査報告書（民間セクター開発）貿易・産業振興分野に係るキャパシティ・ビルディングにおけるドナーの取組み』，国際協力事業団。
(36) 前掲・Trubek (1996) やRose (1998) などNLDM批判論者がまさに，1990年代法整備支援における「ワシントン・コンセンサス」として批判する傾向である。
(37) WTOドーハ閣僚宣言 (World Trade Organization (2001), Ministerial Declaration at the Forth Ministerial Conference at Doha, WT/MIN(01)/DEC/W/1, November 14, 2001) 前文第5条参照。
(38) 開発理念とグローバル化対応型法整備との対応関係は，「発展途上国にとってグローバリゼーションこそ，主に直接投資導入による雇用・輸出振興を通じた開発の契機である」（前掲・OECD(2001)前文参照）などとする断定によって，棚上げされる傾向にある。
(39) たとえば前掲・World Bank (2001), p.3では，1980年代の法制改革が「立法改革」(law reform) に留まったのに対し，1990年代には，立法を実現せしめるグッド・ガバナンスの構築に意を砕いて「立法・司法改革」(law and judicial reform) と改称された点を特記している。
(40) 前掲・安田信之 (1998) 第2章・第3章参照。また前述の比較法学会「法整備支援と比較法学の課題」シンポジウムにおける，戒能通厚「総論」の基調でもある（前掲・比較法学会 (2000) 61—74頁参照）。
(41) Bilder, R. & Tamanaha, B. (1992) 'Reviews of Law and Development,' in Cary, A. ed. (1992) "Law and Crisis in the Third World," Dartmouth Publishing Co., p.474; Sarkar, M. (1999), *Development Law and International Finance*, Kluwer Law International, p.22ほかによるNLDM批判の理解参照。
(42) Trubeck (1996) らNLDM批判の主要論者は，ウェーバー社会学に基礎づけた批判法学の領袖に他ならない。
(43) たとえばCary, A. (1992) 'Liberal Economic Rhetoric as an Obstacle to the Democratization of World Economy,' in Cary, A. ed. "Law and Development," Dartmouthなど。
(44) たとえば，吾郷眞一「アジアでの労働法」（作本直行編『アジアの経済社会開発

と法』アジア経済研究所153―178頁）参照。
(45) Shihata, I. F. I. (1997), *Complementary Reform, Essays on Legal, Judicial and Other Institutional Reforms Supported by the World Bank*, Kluwer Law International 参照。また前掲 World Bank (2003), *Legal and Judicial Reform: Strategic Direction* は，貧困削減における法の役割を強調するうえで，経済開発のみならず，女性・子供の人権と "Rule of Law" との相関関係を計量化している。
(46) World Bank Institute の S. Claessens などの研究グループ，また世銀法整備支援との連携を深める Harvard Law School, Center for the Economic Analysis of Law などが，多数の政策研究を実施している。
(47) 厳密な制度派の手法を用いるよりも，主に経済成長との大まかな相関関係を計量的に示す単純な方法論が主流である。こうした研究群の概観として，Davis, K. & Trebilcock, M. J. (1999), "What Role Do Legal Institutions Play in Development," presented at the IMF Conference on Second Generation Reforms, November 8-9, 1999 in Washington, D.C., p.32-41 参照。また山田美和「法整備支援の論理についての一考察」（作本直行編『アジアの経済社会開発と法』アジア経済研究所119―152頁）。
(48) こうした研究群の概観として，Delisle, J. (1999) 'Lex Americana?: United States Legal Assistance, American Legal Models, and Legal Changein the Post-Communist World and Beyond,' *University of Pennsylvania Journal of International Economic Law*, 20(2), 179-308 参照。
(49) 前掲・Davis, K. & Trebilcock, M.J. (1999), "What Role Do Institutions Play in Development," p.41 以下の法分野別各論参照。
(50) ここでは主観的な形で規範的立場を表明するに留めせざるを得ないが，筆者は，法整備実務に関する規範論的議論は，とくに「アジア的価値」などの特殊な概念を試み価値相対主義に陥る危険を伴うまでもなく，より普遍主義的な規範論によって充分可能ではないかと考える（1999年6月の比較法学会シンポジウム「法整備支援と比較法学の課題」における筆者の見解として，金子由芳（2000）「経済法の視点から」（比較法学会『比較法研究』62号149―152頁）参照。2001年5月の法社会学会ミニ・シンポジウムにおける筆者報告もほぼ同旨）。将来的には規範的・倫理的問題の多くは，たとえば大脳科学あるいは遺伝子生物学的な見地など，より客観的な科学的根拠に従った合理的解答が可能になっていくのではないかと筆者は予想している。
(51) 前掲・安田信之（1998）の三法理論の展開における，「指令法理」ないし開発法の分析参照。
(52) 前注9参照。
(53) たとえば，「貧困の哲学」の主である A. Sen は昨今，「成長を媒介にした進歩（growth-mediated progress）」なる表現で，いわば経済開発を人間開発度の評価基準とみなす折衷的見解を展開しているが（前掲・Sen, 1999），このような見解は，たとえば世界銀行『世界開発報告2000』に見る，経済開発の一手段としての貧困対策論とほとんど違いがない。いずれも経済開発と人間開発の両立を謳いあげながら，経済面での規制緩和の推進と，社会開発面での制度基盤整備との同時追求という，二者折

III 前提:「構造改革」の政策的焦点

衷的な方針が際立つ。
(54) たとえば，日本 ODA 法整備支援の方針を検討する横断的フォーラムである「法整備支援連絡会」の議論，あるいは法整備支援実務を中核的に担っている法務省法務総合研究所国際協力部の見解においては，「日本が支援を行なう意義」は日本自身が欧米近代法モデルを鵜呑みせず自国社会経済に見合った加工・改良を施しつつ経済発展を実現した経験を踏まえ，比較法知識を結集しつつ，現地社会経済にふさわしいテーラーメイドの法整備を支援する点にあるとしている。国際協力事業団アジア第一部インドシナ課（2000）「第二回法整備支援連絡会：ODA による法整備支援の援助戦略について」，法務省法務総合研究所（2000）『法整備支援について』，原優（法務省民事局課長）（1998）「アジアへの立法支援」『ジュリスト』1126号，田内正宏「法整備支援の目指すもの」『ICD News』（法務省法務総合研究所国際協力部報）9 号 1 － 3 頁ほか。
(55) 法学のこうした経験主義的な法政策論的総合分析の方法を「法解釈学的手法」と総称したうえで，経済学の仮説立証方法を借りる「法と経済学アプローチ」をあくまでかかる総合分析の一助として位置づける見地として，川濱昇（1991）「'法と経済学' と法解釈の関係について」，『民商法雑誌』109巻 1 号参照。
(56) こうした法学・法解釈の役割について，とくに日本近代以降の民法解釈の変遷を社会経済的要請に応じた時代区分に分けて考察する視点として，瀬川信久（1990）「民法の解釈」（星野英一編『民法講座・別巻一』有斐閣），また同（2000）「20世紀をふりかえる：民法」，『書斎の窓』2000. 1 － 2 号参照。
(57) La Porta, R., Lopez-De-Silanes,F., Shleifer, A. & Vishny, R. W. (1997), "Legal Determinants of External Finance," *The Journal of Finance*, Vol.LII, No.3, p.1131 -1150。La Porta らの一連の研究は世銀の法整備支援に方法的根拠を提供しつつあるほか，EBRD における法整備の指標化の試み "Legal Indicator Surrey (LIS)" などに，影響を与えている。
(58) 前掲・La Porta, Lopez-De-Silanes, Shleifer & Vishny (1997) p.1135-1136 で，論者自身が，かかる量的計測の正確性の限界を認めている。
(59) 前掲・La Porta, Lopez-De-Silanes, Shleifer & Vishny (1997) p.1136-1137 参照。
(60) 一例として，前掲 Davis and Trebilcock, p.41-44 では，所有権登記制度の導入成果をめぐる世界各地の法整備前後比較結果を鳥瞰し，農業生産高や融資額の増大等で図られた評価が，多くは芳しい結果を挙げていないと総括している。むしろ慣習法上の権利利益が阻害されるなど既存秩序の改悪傾向さえ指摘されている。
(61) 「比較制度分析」の方法論的総括として，青木昌彦（2001）『比較制度分析に向けて』NTT 出版参照。
(62) 日本の急速な近代化・高度成長過程では，裁判における法解釈がおりおりの時代の要請に応じて立法の過不足を補う柔軟な役割を果たしたとする見解が説かれている（前掲・瀬川信久（1990））。一般に日本における「法解釈」の役割の検討は，発展途上国の法の成熟アプローチを考えるにあたって，重要な示唆を含むと考えられる。
(63) アジア危機後のタイ・インドネシア・韓国に対して賦課された，世銀構造調整融

資の政策マトリクスないしIMF 'Letter of Intent' の示すコンディショナリティにおいては，倒産法の抜本改革や担保法の新規立法といったいずれも重大な立法課題について，3ヶ月から半年程度のきわめて短い期限が設けられた。

(64) たとえば前掲・Stigliz (1999)，またStiglitz, J.E. (2001), "Bankruptcy Law: Basic Economic Principles," in Claessens S., Djankov, S, and Mody, A., (2001), *Resolution of Financial Distress*, World Bank。

(65) 代表的な論者として，Radelet, S. & Sachs J. (1998), *The Onset of the East Asian Financial Crisis*, Harvard Institute for International Development ほか。

(66) IMF (1998) *International Capital Markets 1998*, Chapter-III 'Emerging Markets in the New International Financial System: Implications of the Asian Crisis' 参照。

(67) Johnston, R. B. (1998) "Sequencing Capital Account Liberalizations and Financial Sector Reform," IMF Paper on Policy Analysis and Assessment, IMF 参照。なおシークエンス議論の一般論につき，MacKinnon, R. I. (1993) *The Order of Economic Liberalization, 2nd ed.*, Johns Hopkins University Press 参照。

(68) 代表的論者として，Krugman, P., (1998) "What Happened to Asia," at http://web.mit.edu 参照。

(69) たとえば，UNDP (1999), *Asian Economic Crisis: Causes, Consequences and Policy Lessons*, UN Development Papers No.20。

(70) 福島光丘・滝井光夫 (1997)『97年アジア通貨危機』アジア経済研究所，国宗浩三編 (1999)『アジア通貨危機』アジア経済研究所，日下部元雄・堀部善雄 (1999)『アジアの金融危機は終わったか』日本評論社ほか。

(71) IMF (1998), *International Capital Markets 1998*, Chapter-II, Chapter-III; World Bank (1997) *Private Capital Flows to Developing Countries: The Role to Financial Integration*, Oxford University Press ほか。

(72) 前注IMF (1998) p.72-73 は，まずは為替介入の限界を説き，今次のバーツ危機に当たってタイ政府が外貨準備高の過半を投じて試みた買支え介入の破綻は，その最たる例となる。またマレーシア・マハティール主張を論客としてアジア諸国で根強い短期資本規制の採用論については，長期資金の流入にまで悪影響をもたらす等の理由で否定する。なお本来は自然の為替調整が働いて過剰流入を抑制しうるが，アジア諸国に見られるドル・ペッグ制や内外金利差の維持といった政策選択が，自然の調整を害していたとする。

(73) IMFの政策文書は明示的にこのような対策志向を示しており (IMF 1998, p.73-78)，また国内構造問題への言及がより目立つ世銀についても，対策論は同様に限定的である。World Bank (1998), *East Asia: The Road to Recovery*, World Bank, Chapter-7 など。

(74) たとえば，IMF (1998) "The IMF's Response to the Asian Crisis," in IMF's homepage (http://www.imf.org) as of June 15, 1998 ほか。

(75) 1998年末の理事会報告文書である，IMF (1999), *IMF-Supported Program in*

III 前提:「構造改革」の政策的焦点

Indonesia, Korea and Thailand: A Preliminary Assessment, IMF 参照。
(76) 米国議会は米国政府の対 IMF 増資棚上げのキャンペーンを組み,翌年にかけての IMF 総裁交替劇にまで及んだ。
(77) IMF 批判の主な論点は,前掲 IMF (1998) "The IMF's Response to the Asian Crisis" にまとめられている。
(78) たとえばタイの金融構造改革では,たしかに中小金融機関では国有化・吸収合併・閉鎖などに晒される再編傾向を示したものの,金融セクターを席巻する大手財閥系銀行については,'Too Big To Fail' の論に立って,公的支援が工夫された。しかも公的支援に際しては,財閥支配の根幹を揺るがしうる経営改革などのモラルハザード対策は回避された。すなわち,経営改革を要件とした1998年の公的資本注入プログラムは金融財閥に嫌忌されて利用が進まず,別途,国有クルンタイ銀行系列による民間の不良債権吸収やこれに対する FIDF (金融機関開発基金) の公金投入などが実施され,最終的に2000年までに公的資産買取会社 (TAMC) の新設をみるなど,モラルハザード対策を回避する形で間接的な公的支援メカニズムが工夫された。
(79) たとえばタイにおいて,1999年初に銀行協会の陳情を受けてプルーデンス規制 (貸し倒れ引当金積立や準備金償却基準など) の緩和が起こり,また適切な民間拠出を伴わない公的預金全額保証制度が継続された。このような規制緩和は救済優先のための一時的なものとして説明されたが,しかし実際には,2000年6月に国際機関の改革監督期間が終了してもなお,暫定措置であったはずの一連の救済型制度がそのまま定着ないし拡張されていった。
(80) McKinnon, R. I. (1973), *Money and Capital in Economic Development*, Brookings Institution, Washington, D.C. ほか。
(81) たとえば世銀の金融セクター自由化の指導指針として,1991年に "World Bank Policies Guiding Financial Sector Operations" が成ったが,1992 年の "Operation Directive 8.30: Financial Sector Operations" に代替され,さらにこれが1996年に改訂されており,その都度,プルーデンス規制の細部などに変更が加えられている。
(82) World Bank (1991), *World Development Report 1991*, Oxford University Press。
(83) 以下ともに原データの出所は,World Bank (1997) Private Capital Flows to Developing Countries: The Road to Financial Integration, Washington D.C.; World Bank (1998) Global Development Finance 1998; OECD (1997) "External Debt Statistics 1997"; World Bank (2002), *World Development Report 2002: Building Institutions for Market*.
(84) 「東アジアの奇跡」を称揚して話題になった,World Bank (1993), *East Asian Miracle*, Oxford University Press 参照。
(85) 日本政府は1998年以降に「新宮澤構想」を公表し,IMF・世銀のコンディショナリティとは別枠で,アジア諸国に対する産業救済型の資金提供を実施した。構想の背景には,アジア危機を資本収支由来の危機と断ずる外因説の理解に立って,国際機関の指導する「構造改革」に疑問を呈する姿勢が明確である。たとえば,大蔵省

(1998)「第53回 IMF・世銀年次総会における宮澤大蔵大臣総務演説」,同(1999)「APEC蔵相会議宮澤喜一蔵相講演:アジア危機を越えて」,同(1999)「新宮澤構想の第2ステージ」ほか(いずれも大蔵省ホームページ http://www.mof.go.jp)。

(86)　前掲 Dobson, W. & Jacquet, P., (1997), p.32-43参照。

(87)　間接金融依存型の金融構造への批判は,IMF・世銀関係の論者にも顕著である。Stone, M. (2000) "The Corporate Sector Dynamics of Systemic Financial Crisis," IMF Working Paper WP/00/114; Eichengreen, B. (1999), *Towards a New International Financial Architecture – A Practical Post-Asia Agenda*, Institute for International Economics, Washington, D.C.; Yoshitomi, M. & Ohno, K. (1999) "Capital Account Crisis and Credit Contraction," ADB Institute Working Paper No.2. 日本の経済企画庁もこうした見解を明らかにした(経済企画庁(1998)『アジア経済1998』第2章)。

(88)　前掲・経済企画庁(1998)第2章参照。

(89)　前掲 Stone (2000), Eichengreen (1999) など。

(90)　Stigliz, J. (2000), "The Contributions of the Economics of Information to Twentieth Century Economics," *Quarterly Journal of Economics*, November, p. 1441-1478。

(91)　Yoshitomi, M & Shirai, S. (2001) "Designing a FinancialMarket Structure in Post-Crisis Asia – How to Develop Corporate Band Markets," ADB Institute Working Paper 15 参照。

(92)　国際協力事業団国際協力総合研究所(2001)『国際協力事業団国際協力総合研究所「事業戦略調査研究:金融に関する政策支援型協力基礎研究:現状分析編」』参照。とくにタイにおいて金融財閥の寡占状況が保護されてきた金融セクター構造改革の遅れについて,金子由芳「タイ金融構造改革をめぐる制度選択の現状」,『アジア研究』45巻3号1―47頁,同「タイ通貨危機後の金融・企業改革の課題」(西口勝・西澤信善『東アジア経済と日本』ミネルヴァ書房,第一章)。またインドネシアで1980年代に金融セクターの参入自由化を実施しながらも,適切なプルーデンス規制強化を欠き,また預金保険制度の確立ないまま政府の暗黙の預金保証が期待されるなど金融セクターの制度整備が遅れた自由放任的実状につき,小松正昭「インドネシア―銀行部門の不良債権問題―」(渡辺慎一編『金融危機と金融規制』ほか。

(93)　金子由芳(1998)「タイ通貨危機の原因と IMF 改革の焦点」,『国際開発研究』7巻1号33―46頁参照。

(94)　世銀による産業競争力の国際比較の検討事例として、Alba, P., Claessens, S. and Djankov, S. (1998), "Thailand's Corporate Financing and Governance Structures: Impact on Firms' Competitiveness," presented at the "Conference on Thailand's Dynamic Economic Recovery and Competitiveness, May 20-21, 1998" がある。

(95)　Krugman, P. (1994), "The Myth of Asia's Miracle," *Foreign Affaires*, November/December 1998 は著名である。Krugman 自身のアジア危機の原因論は必ずしも

III　前提：「構造改革」の政策的焦点

こうした産業競争力の見地に依拠しなかったが，日本の経済ジャーナリストの論調においては根強い見地であった。長谷川慶太郎（1998）『アジアの悲劇：見えない終末』東洋経済新報社など。

(96)　筆者の原因理解のより詳細な論拠については，前掲・金子（1999）「タイ金融構造改革をめぐる制度選択の現状」6―18頁参照。

(97)　たとえばアジア危機前夜のアジア諸国で，邦銀をはじめとする外資側が，相互にきわめて激しい金融条件の引き下げ合戦を強いられた実態は知られている。米田敬智（1998）『タイ・フルブランチへの道』中公新書など。

(98)　1998年末から1999年初にかけてアジア諸国の製造業3,700社を対象に，1996年以降の金融獲得行動について調査した結果報告として，Dwor-Frecaut, D., Hallward-Driemeier, M. and Colaco, F. X. (2000), *Asian Corporete recovery: Findings from Firm-Level Surveys in Five Countries*, World Bank がある。

(99)　たとえば Jensen, M.C. (1986) "Agency Costs of Free Cash Flow: Corporate Finance of Internal Systems."*Journal of Finance*, 48(3), p.323-329 など。

(100)　たとえば競争法のグローバル・スタンダードをめざす，World Bank-OECD (1999), *A Framework for the Design and Implementation of Competition Law and Policy*, World Bank の示す規制緩和志向を参照。またWTOの交渉アジェンダ（2001年ドーハ合意）における競争政策の交渉先送り姿勢も留意される。

(101)　アジアの財閥企業におけるファミリー主導の経営形態・経営行動については日本の研究例が多いが，代表的なものとして，末廣昭・南原真（1991）『タイの財閥』同文舘，小池賢治・星野妙子編（1993）『発展途上国のビジネスグループ』アジア経済研究所。

(102)　アジア危機前後の財閥企業の資金調達の実態研究として，末廣昭（2001）「タイ上場企業とファミリービジネス（1996―2000年）」（末廣昭・東茂樹『タイ経済危機と企業改革』日本貿易振興会アジア経済研究所）による精緻な追跡調査がある。たとえば，タイ最大の財閥企業であるCPグループの系列構造において，アジア危機以前には，財閥ファミリー100％出資の経営の中枢たる Chareon Pokphand Group Co., Ltd. を閉鎖会社形態にとどめたまま，食品部門の持株会社 Chareon Pokphand Food, Public Co., Ltd. を設立上場して，中枢企業がそのミニマムな経営支配権（34％）を握るが，しかしこれとは別に多数の子会社を非上場の閉鎖会社形態にとどめおき，中枢企業がそのほぼ100％シェアを握るという，複雑な構造であった。なお，アジア危機前夜の財閥企業の金融獲得行動をめぐって世銀関係の研究公表が相次いでいるが，あくまでファミリー主導の所有構造に問題を帰するにとどまっている（たとえば Claessens, Djankov and Lang (1998), "East Asian Corporates: Growth, Financing and Risk Over the Last Decades," Policy Research Paper 2017, World Bank; Claessens, Djankov and Lang (1999), "Who Controls Asian Corporations?: Growth, Financing and Risk Over the Last Decades," Policy Research Paper 2054, World Bank など）。上記CPグループに代表される複雑な系列構造展開に対しては，単に所有形態を論じるのみでは実態把握に至らず，むしろ経営体質の内部に踏み込んだ研究が望まれるとする末廣らの指摘が妥当しよう（前掲書第一章参照）。

第2章　倒産法制改革の検討

　本章は，アジア危機後の構造改革において，国際機関のコンディショナリティに基づく一連の法制改革の端緒を切った倒産法分野を対象として，国際機関側の提示した法制モデルや，実際に成った改革立法等について，制度設計の特色を把握するとともに，予想される政策的帰結を検討する。

　構造改革において倒産法制改革に期待された役割は，短期的にはアジア危機後の不良債権問題の解消手段として，中長期的には金融取引の健全な制度基盤整備として，説明されている[1]。また指導対象諸国がいずれも早期に倒産法の抜本改正を実現したことは，構造改革の成果として評価されている[2]。しかしながら評価の対象とされるべきは，立法の実現自体ではなく，その具体的な制度設計の当否，つまり改革を通じて所期の政策課題がいかに達せられうるかの点であろう。以下の検討においては，国際機関の法制モデルや改革立法の読解を通じて，現実に推奨され採用されていった制度設計が，きわめて濃厚な破綻企業救済色を伴うものであったことが明らかにされる。こうした救済志向が，はたして改革の所期の政策課題とされた不良債権問題解消，金融制度基盤健全化といった目標に対応するものといえるのか，改めて検証が必要とされている。

第1節　国際機関の法制モデル

　アジア危機の勃発後，国際機関は倒産法制の改革モデルを相次いで公表しはじめ，宣伝活動を鋭意展開した。これらは当然ながら，国際協定のごとき法的拘束力は有さず，あくまで「ガイドライン」「スタンダード」などと銘打たれているが，しかしあたかも国際的な合意形成の存在を擬制するかのように，発展途上国各地で政府代表や法曹を集結して意見交換セミナーや研修プログラムが精力的に実施され，周知徹底が図られつつある。そのような法制モデルの主要な例として，以下では，1999年に世界銀行がOECDとの協調で公表した

"Draft World Bank Principles and Guidelines for Effective Insolvency Systems"（以下，世銀『倒産制度原則』と称する）(3)，また同年 IMF（国際通貨基金）が公表した "Orderly & Effective Insolvency Procedures : Key Issues"（以下，IMF『倒産手続の焦点』と称する）(4)，また2000年に ADB（アジア開発銀行）が公表した倒産法制に関する研究報告書に掲載の "Good Practice Standard"（以下，ADB『スタンダード』と称する）(5)，をとくに参照する。

　これら国際機関の倒産法制モデルは，策定・宣伝過程で相互の協調のなかで成っていることもあり，きわめて似通った規定傾向を示している。そこで以下ではおのおのの逐条解説を省いて，むしろ相互の内容的比較から浮かび上がる三つの制度設計面の特徴を，直接取り上げることとする。第一に，倒産法制全般の枠組みにおける債務者救済優位の手続統一化志向であり，第二に，流出資産回復による責任財産充実を図る制度の不足傾向であり，第三に，当事者合意促進を正当化根拠とする大幅な実体的権利の変更傾向である。

I　救済重視の手続統一化志向

1　「一法・二手続」化の真意：再建型手続優先

　倒産法制全般の枠組みについて，まずは国際機関の法制モデルが共通して推奨するのが，「一法・二手続」型の法的倒産手続の統一化である。すなわち世銀『倒産制度原則』（2.2.2項），IMF『倒産手続の焦点』（15頁），ADB『スタンダード』（3項）は一致して，清算すべきか再建可能かが微妙な多くの倒産事例について最も効率的な解決を図るために，清算型倒産手続と再建型倒産手続とを統一化し，当事者の合理的な自由選択を保障する制度設計こそが最も妥当としている。この際，たとえばドイツの1994年「倒産法」におけるように手続が完全に一元化されている型も，また米国「連邦倒産法」（第7章・第11章）のように二元的ではあるが手続過程で相互に乗り入れしやすい設計が工夫されている型も，同様に手続統一的な機能を果たしうるとして，いずれも可とされる。そのいっぽうで，日本や韓国のごとく複数手続を並存させるタイプは，手続選択を不当に混乱させ時間と費用の無駄を来たすのみだとして，名指しで厳しく批判されている(6)。

　このように国際機関モデルは，倒産手続の形式的流れが統一的であるか否かの点に拘泥する。しかしながらここでより本質的な問題は，そうした手続統一

化によってもたらされる結果であろう。つまり，当事者の自由な手続選択が保障されるのか，あるいはむしろなんらかの特定の手続選択が制度上強制される帰結を生むのか。改めてこうした観点で鑑みれば，倒産法制全般の枠組みは，①手続選択を一元的に当事者自治に委ねるタイプ（例としてドイツ1994年「倒産法」），②複数選択肢のなかからの当事者選択に委ねるタイプ（例として日本・韓国），③特定手続の優先を法的に強制するタイプ，に分類が可能であろう。ここで，①は自由な当事者交渉の合理性を想定し，倒産法制はそのための制度基盤整備に任ずるとみる私的自治観を最も純粋に反映しようが，②もまた，手続選択肢を多様に提供する点では，当事者の自由選択を尊重している。問題は，③において，具体的にいかなる手続強制が図られているかであり，その内容的検討なしには，一概に手続統一化がつねに当事者の自由な合意促進に資するとは断定しがたいであろう。

　国際機関の法制モデルは，このうち明らかに③の性格が色濃い。上記のように一般論としては当事者の自由選択の尊重を語るものの，制度設計の細部においては，一貫して再建型手続を清算型手続に対して優位させる誘導傾向が顕著である。したがってここでいう手続統一化とは，事実上，再建型手続前置主義の効果を果たしている。

　まずは，倒産開始原因やその際の立証要件の操作によって，再建型手続の優先的開始が図られている。たとえばIMF『倒産手続の焦点』は，債権者による清算型手続の申立要件では支払停止の一般性の立証などを要求して手続開始のハードルを引き上げるかたわら，再建型手続では，債務者申立の促進趣旨で立証要件の緩和を提言している[7]。

　また手続開始後も，清算型手続から再建型手続への移行契機はつねに確保されるが，しかしその逆の移行については抑制的である[8]。結果として，再建交渉が最終的に決裂を見るまでは自動的停止効果が最大限働いて清算型手続は阻まれる効果となり，むしろ清算型手続の存在意義はあくまで再建交渉にとって最終的な「最悪のシナリオ」を示しつつ交渉決裂を戒める，いわゆるアンカー機能に限定されている[9]。

3　再建型手続における経営救済志向

　かくして手続統一化を通じて再建型手続が優先される構造だが，さらにその再建型手続の具体的な設計面では，債務者の既存経営体制の救済色が際立っている。

たとえば世銀『倒産制度原則』（6項）は，経営救済型の模範的規定として"Rescue Model"を提言するなど，きわめて積極的な姿勢を示している。具体的な設計面では，救済志向を具現する以下のような多様な工夫が施されている。

まずは，国際機関モデルいずれも一致して，再建型手続の早期開始を促しまた再建可能性を高めるとする趣旨で，一定の第三者的監視の余地を含みながらも，旧経営陣の経営権存続を保障する[10]。また同様の趣旨で，再建計画案は経営情報に最も詳しい債務者経営陣が策定すべきものとされる[11]。こうした経営陣の有利な位置づけは，米国「連邦倒産法」第11章（チャプター・イレブン）における'debtor-in-possession'を彷彿とさせる。さらにこの経営陣作成にかかる再建計画案については，関係者相互の柔軟な譲歩を促し再建可能性を現実のものとする趣旨で，法的拘束から最大限自由であるべしとされる。すなわち倒産法の強行規定や裁判所による内容面への介入は，「全体的利益」最大化の見地，あるいは清算価値保障や，クラムダウン条項発動時に限った絶対優先原則の適用など，あくまでミニマムな条件チェックに留められており，つまりこれらの条件を充たすかぎりにおいて既存の実体的権利の自由な変更が広く許容されている[12]。

ただし計画案の内容面につき一点，国際機関モデルが一致して，倒産法による例外的な強制を示唆している特異な項目として，新規資金提供者（new money）に対する特別の優先弁済や担保提供の保障を行う，いわゆる"super priority"が挙げられる[13]。再建可能性を高めるとする趣旨で，既存債権者の実体的権利の譲歩が制度的に強制される仕組みである。ただし倒産法による大幅な実体法秩序への容喙場面となるだけに，既存債権者の総意ないしは特別多数決による合意を要件とするなどの手続的な配慮が論点となっている[14]。

いっぽう，以上の経営有利の計画案につき，その採択可能性を高めるための手続的保障として，倒産法が計画案の採決手続を制度上強制することが促されている[15]。すなわち米国「連邦倒産法」チャプター・イレブンに倣った，組分け・単純多数決・クラムダウン等の法定手続化が推奨され，結果として個々の債権者の現実の意向に拘らず，組毎の単純多数決によって合意が擬制され，また反対組の意向といえどもクラムダウン条件に応じて黙殺される仕組みが想定されている。もって，経営救済志向の計画案は，成立余地が各段に高められることになる。

このように，国際機関モデルは，再建計画案を債務者経営陣の主導で作成せしめ，債権者の実体的権利内容の変更を許容し，かつそのような内容面の自由度に拘らず手続面では一転して特殊な採決手続を強制する設計である。こうし

た一連の制度設計が示唆するものは，主に債権者側の実体的権利の譲歩を通じた，事業存続の実現であり，総じて米国「連邦倒産法」チャプター・イレブンを模した経営救済優位の制度として理解される。

3　私的整理の法的手続に対する優先

(1)　私的整理枠組みの強制度

以上のような法的倒産手続の設計方針とは別に，国際機関の法制モデルは，法的手続外で行われる任意交渉，すなわち私的整理の役割を重視している[16]。とくに，1980年代の英国の金融破綻処理過程で効果のあったとされる，「ロンドン・アプローチ」と称する，金融行政による介入型の私的整理促進枠組みが高く評価されており，とくに発展途上国においては，そのような行政的関与による私的整理枠組みを，より強制力の強い "Structured Informal workout" として確立することに意義があるとする。

しかしながら英国における「ロンドン・アプローチ」自身は，むしろ強制的性格を意識的に排除する点に特色がみられた[17]。すなわちあくまで主力銀行が牽引する任意の交渉枠組みであり，法的手続では得難い本音の交渉環境を実現する趣旨で，交渉主体はつねに参加・離脱の自由を有し，また採決は全会一致を原則として不賛成者に対する強制を伴わない。また中央銀行の役割は介入主義的性格を排除し，単にこのような枠組みの存在を宣伝し，交渉過程の手続的適正を監視し，必要に応じて調停人の役割に任ずる，などのいずれも第三者的な手続的関与にとどまる。このような任意性の強い枠組みを重んじる背景には，自由な当事者交渉（market place negotiation）こそが最善の解決を導くとする私的自治観が存在する[18]。なんら強制を伴わなくとも，再建可能性追求がじじつ合理的な結論であるならば，離脱者は出ないであろうことが想定され，逆に離脱者が生じて法的清算型手続が開始されるならば，それもまた交渉のすえの一つの合理的選択と見なされるのである。

これに対して，国際機関の法制モデルが推奨する私的整理促進枠組みにおいては，一転して，行政による介入主義的な交渉促進が推奨される[19]。このような行政介入が求められる根拠は，発展途上国では民間の主体的交渉姿勢や交渉技術など，いわば私的整理文化が遅れているゆえとされているが，しかしなぜこうした行政的圧力を用いてまで，私的整理を促進せねばならないかの根拠は明示されていない。強制を伴う私的整理枠組みにとって，もはや「ロンドン・アプローチ」におけるような自由な当事者交渉による私的自治観を根拠と

することは論理矛盾である。むしろここでは，法的倒産手続の不備や司法の非効率を回避する代替的制度として，私的整理枠組みの活用が図られているとみることが可能であろう。結果，私的整理枠組みといえども法的倒産手続に匹敵する強制力の創出が要請されることとなる。

　そのような強制力の具体例にはバリエーションがある。たとえばアジア危機の解消過程でタイが採用したいわゆる「バンコク・アプローチ」が，英国「ロンドン・アプローチ」の任意交渉のスタイルを形式上模倣しつつも，行政指導や契約的枠組みを用いた交渉開始強制，交渉離脱阻止，多数決決議の強制などの技術的工夫を通じて，事実上の強制力創出に成功した例として評価されている[20]。また同じくアジア危機後のマレーシアで，政府系資産買取会社が金融機関の不良債権買い上げを通じて自ら交渉当事者となって進めた特殊な私的整理枠組み（Danaharta）は，タイ以上に積極的な行政介入の成功例として評価が高い[21]。いっぽうこれらとの比較で，インドネシアのいわゆる「ジャカルタ・イニシアティブ」は，「ロンドン・アプローチ」同様に強制度が弱い例であったが，その成果についてはもっぱら否定的見方がなされている[22]。

　このように私的整理枠組みにおける行政的強制力の設計のしかた次第では，結果として，既存の法的倒産手続に対して，事実上新たな倒産手続を強制的に前置する効果を生じる点が留意されねばなるまい。

(2)　私的整理枠組みの救済志向

　ではかくして事実上強制力を伴い，法的倒産手続に対して前置されうる私的整理枠組みが，実体的・手続的に法的倒産手続とどのように異なるかが次に注目されよう。以下，国際機関モデルの推奨する主な特色をとりあげる[23]。まずは手続的側面で，契約的手法などを通じて債権者の個別権利行使の停止（stay）を実現し，また債務者旧経営陣の経営権存続を前提したうえで私的整理案は旧経営陣と債権者代表との間で合意するものとし，また債権者側の意思統一過程では債権者間契約に基づく多数決採決を採用し，またそのような採決方法を経た結論が反対者をも拘束する仕組みを推奨している。以上のような手続過程での逸脱は違約罰などの契約的手段で阻止される。またそもそもこうした拘束的手続過程への参加が行政的圧力下で事実上強制され，離脱も阻止されていくことが留意される。さらに最終的な合意の履行確保手段として，私的整理の結果を法的再建型手続に持ち込む，いわゆるプレパッケージド・プランとしての実現方法が示唆されている。

　またより実体的内容面の論点として，再建可能性を高めるべく新規資金提供

者に特別の優先弁済権（super priority）を保障する必要性が説かれる。交渉参加が事実上強制されるだけに，結果として有担保債権者をも含む既存債権者が，自らの意図に反して多数決採決に拘束され，実体的権利の譲歩を迫られていく帰結を意味しよう。

　以上のように国際機関の法制モデルでは，本来ならば私的自治観に由来する私的整理促進枠組みを，発展途上国についてはとくに，行政的圧力下で優先させる志向を示す。しかもその内容面を窺うかぎり，債務者経営存続，新規資金優遇，既存債権者の権利譲歩，反対債権者の多数決による拘束，といった特徴的な制度志向を示し，これらはまさに，前節で見た債務者救済型の再建型手続の論点と重なりあう。国際機関の私的整理促進の真意は，債務者救済趣旨での再建可能性の追求にあり，とくに発展途上国においてしばしばこうした政策意図にかなう法的再建型手続が不備であるために，私的整理促進枠組みを代替的に活用する狙いが読み取られる。いわば行政主導の脱法的手法を通じて，手っ取り早い新規制度導入を図るものとみられる。

(3) 公金投入プログラムとの併用

　国際機関が以上のような私的整理促進枠組みを推奨するにあたって，看過しがたい留意点は，こうした枠組みがほとんどつねに，公金投入プログラムとの併用において導入される点である。すなわちアジア危機後の改革諸国の例に限っても，タイでは1998年8月の「バンコク・アプローチ」の導入と期を同じくして，金融機関に対する公的資本注入プログラム（Tier-1/Tier-2資本注入プログラム）が開始され[24]，インドネシアにおいても1998年9月の「ジャカルタ・イニシアティブ」開始と同時に，同様の金融機関再建プログラム（IBRAスキーム）が公表されている[25]。

　このような併用の政策意図は，金融機関への公金投入を原資として，金融機関の不良債権償却を促すことにより，破綻企業に対して間接的な公的救済を及ぼす点に見出されるであろう。このような公金投入型の民間セクター救済は，世界各地で実例が多く存在し，それらの成果をめぐって国際機関周辺の研究例も少なくない[26]。たとえばIMFの研究例では，多くの事例で公的救済を享受する側にモラル・ハザードを生じ，十分な経済的効果を挙げ得ない傾向が指摘されるなか，有効な公的救済のためには，あくまで一国の経済全般を覆う金融危機といった特殊状況において，また個別企業に対する直接の公金投入を避けながら，モラル・ハザードを最小化しうる制度枠組みを工夫すべきだとする結論が引き出されている[27]。とくにそのような工夫として，金融機関や企業の

民間自己責任を原則とする私的交渉を重視し，公的救済はあくまで，こうした私的交渉を側面支援する呼び水効果の役割に徹する方向性が示唆され，具体的には私的整理促進メカニズムの確立とともに[28]，清算型倒産手続の厳格化によるアンカー機能強化などが提言されている[29]。

　アジア危機後の関連諸国において，私的整理促進を通じて実施された間接的な公的救済方式は，まさにこうした研究例が推奨するごとく民間セクター自身の債務処理交渉の主体性を重んじ，公的介入によるモラルハザードの最小化を意図した例として肯定的に評価される傾向にある[30]。しかしながら現実には，インドネシア「ジャカルタ・イニシアティブ」のごとく私的自治色の強い制度ではまともな進捗が見られず，逆にタイ「バンコク・アプローチ」のごとく行政主導色のより強い例では，民間当事者側にいっそう手厚い公的救済を期待するモラル・ハザードを生じ，結果として私的整理合意はもっぱら問題先送り型の一時的債務繰り延べに終始した経緯が直視されねばならない[31]。

　以上を総括すれば，法的倒産手続に前置する私的整理促進枠組みと，公金投入プログラムとを併用せしめる国際機関型の指導方針は，公金投入による民間セクター救済を図る一つの手法ということになり，とくにモラルハザード回避を意図した仕組みとして理解される。しかしその狙いに反して，モラルハザードの回避には必ずしも成功していない実態が指摘されねばならない。

4　政策志向の検討

(1)　再建追求の根拠

　以上，国際機関の法制モデルが推奨する手続統一化とは，その実質において再建型手続を清算型手続に優先させ，さらにこの再建型手続にさえ優位して行政主導の私的整理枠組みを導入させ，さらにこれに公的救済プログラムを加味していくという，特殊な手続的先後関係を制度上強制するものであることが確認された。このような特定の手続先後関係は，ドイツ新倒産法の一元化手続や上述の英国「ロンドン・アプローチ」に見いだされるごとき，私的自治観に由来する自由交渉基盤の整備とは相容れない発想であって，むしろ当事者交渉を特定の方向へ誘導する政策意図を反映している。その特定の方向とは，以上のような国際機関モデルの読解によるかぎり，債務者経営陣が主導し債権者相互の実体的権利の譲歩を引出す趣旨での，経営救済型の再建の追求に他ならない。具体的には，行政主導の私的整理枠組みを通じて債務者優位の再建計画が強行採決され，つぎにこれをプレパッケージド・プランとして法的再建型手続に持

ち込むことで実効性を確保し、この間、清算型手続の行使は停止されたまま、あくまで交渉の最終的決裂における「最悪のシナリオ」を提示するアンカー機能に徹するという、一連の手続的流れが導かれるのである。

こうした経営救済型再建の至上命題化を図る根拠については、これら法制モデルや国際機関周辺の論客によって、起業家精神の保護[32]、雇用保障[33]、情報の非対称性を克服し債権者による債務者モニタリング意欲を強化する手段[34]、経済危機下の連鎖倒産の阻止[35]、グローバル・スタンダードへの対応[36]、といったさまざまな説明が羅列的に語られている。しかしこれらはいずれも、市場的規律たる倒産法制本来の役割をめぐる政策選択論ではあり得ず、むしろかかる本来の政策論の土俵を回避しながら、各種の特殊な「市場の失敗」場面を想定することで介入根拠を羅列するものである。

ただし、市場的規律に関わるほとんど唯一の論点として、「債務者資産最大化に資する再建促進」なる論理が語られる向きがある。たとえば世銀『倒産制度原則』は、債務者の資産最大化が一義的に債権回収最大化に資すること、また副次的に雇用維持・取引先擁護などの再分配政策的な配慮も引き出されうること、といった伝統的な債権回収目的に即した説明を行い、そのうえで、このような債務者資産最大化を実現するにあたって、再建型手続が清算型手続におけるよりもいっそう有効な手段であるとする論理を導いている[37]。しかしこうした論拠はあいまいなスローガンのごとくであり、とくに以下の点で説得性が疑われる。

(2) ジャクソン理論との異同

そもそも、「債務者資産最大化」なる究極目標の政策的意味が不明確である。倒産法制の制度目的をめぐっては、とくに米国において活発な議論が知られ、なかでも債権回収法としての制度本旨に立ち返り、そのための自律的な当事者交渉の制度基盤整備を説き、またこの見地からチャプター・イレブン流の手続的操作による実体法変更の弊害を批判するいわゆる「ジャクソン理論」は著名である[38]。しかしこれに対しては各種の公共政策的配慮から倒産法による実体法秩序への介入を肯定するさまざまな議論が対立し、「再分配論」とも総称されている[39]。このような論争状況に照らした場合、国際機関の法制モデルの語る「債務者資産最大化」とは、どのような位置づけが可能なのか。その最終的課題は、はたして「ジャクソン理論」流の債権回収最大化の趣旨なのか、あるいは雇用や取引先等に社会的配慮を行う再分配的趣旨なのか。上記世銀の論拠に見られる、債務者資産最大化が債権回収最大化に資するとする論は一見

「ジャクソン理論」への同調を窺わせるけれども，しかし世銀モデルの実際の制度設計は上記のようにチャプター・イレブン流の手続的操作を積極的に推奨し，債権者の実体的権利譲歩による債務者救済を誘導するものなのであって，厳格な実体法不介入を原則とする「ジャクソン理論」の私的自治観とは対極に立つ。他方，後述IIIに見るように倒産手続の最終的配当局面においては，国際機関の法制モデルはいずれも債権者の優先弁済権を最重要視し，雇用や取引秩序といった社会・経済政策的配慮からする実体法変更は極力否定する傾向にあるのであって，再分配論に依拠するとは考えられない。むしろ国際機関モデルにおいては投資家利益重視が一貫し，反・再分配的ないしパレート維持的な立場が鮮明である。

　ここで留意される点として，実体的ないし法政策論的な選択と，その選択を一般実体法で記すのか倒産法で記すのかの立法技術論的選択とは，別種の問題である。「ジャクソン理論」は主に後者の問題を論じており，倒産法に安易に実体的選択を盛り込むことで法の政策選択体系が歪められる事態を批判するもので，特定の法政策論的選択を論じることに直接の意図はない。また米国では憲法規定により倒産法が連邦管轄事項であるだけに，一般実体法を管轄する州法との関係で，連邦法が非介入的であるべしとする視点がことさら意識される事情もあろう。米国特殊の状況とは異なる社会にとって，「ジャクソン理論」流の立法技術論をそのまま踏襲し，倒産法の債権回収特化や実体法不介入といった原則論を機械的に信奉する必然性はないと考えられる。むしろ「ジャクソン理論」から引き出される本質的示唆は，実体法・手続法を問わぬ法体系全般としての法政策論的選択を明確に再確認すべきこと，また立法技術面でこの選択を歪めるような制度操作（米国においては倒産法による実体法書き換えの形式で進んだ）を喝破し封じていくことにあると考えられる。こうした意味において，国際機関モデルが「ジャクソン理論」の原則論的側面のみを受け継いで，債務者資産最大化の原則を高唱することは政策論的な裏付けを欠いており，むしろ著名な理論を借用した一つの宣伝戦術に過ぎないと見ることができる。

(3) 英米型改革モデルの限界

　さらに，仮に債務者資産最大化なる目標を前提として受け入れたとしても，その実現手段は，経営救済型の再建可能性追求には限られないはずであり，したがって，再建追求の至上命題化を導く論理には飛躍がある。国際機関モデルはこの点で，英米倒産法制の伝統的な枠組みにことさら拘泥する傾向がある。とくに伝統的制度のもとでは，破綻の初期段階での再建追求余地が限られ，債

権者申立による厳格な法的清算手続や強化された取締役責任が経済的ディスインセンティブをもたらしてきたとする状況認識が強調され，私的整理の重視も経営救済型再建もこの文脈で導かれている。たとえば世銀『倒産制度原則』(1.1項) では倒産法制の直面する「今日的課題」として，伝統的な倒産法制が債務超過基準や債務不履行などの行為基準により，一時的な財務状況の悪化を契機に厳格な清算を促し経済活動をゆがめてきたとする視点から，再建制度の推進を説いている。ただしここにいう伝統的な倒産法制とは，一回性のデフォルトを契機とする債権者申立てにより official liquidator 主導の厳格な清算手続が開始される英法モデルを念頭に置いたものに他なるまい[40]。たしかに破綻の初期段階における再建手続を新設し，あるいは私的整理の適正化枠組みを設けて，一時的な財務破綻に陥った健全企業の再生を図る政策的要請は存在しよう。じじつ1990年代を通じて展開した英法系諸国の一連の倒産法制改革は，このような要請に応える動きであったと想像される。

　しかし，こうした英法流の課題はつねに一律に要請されるわけではあるまい。とくに破綻の深刻化段階ではいたずらな再建追求よりも即時の清算こそが債権回収の合理的判断である局面も大いに考えられる。また多くの諸国では英米法にみるごときデフォルト即厳格な清算手続申立てや取締役無限責任などの圧力装置は有さず，むしろ債務者経営陣が有限責任制度にあぐらをかき私的整理や和議を延々と続けて破綻状況を深めていく問題こそ多い。国際機関が汎用的な法制モデルを意図するのであれば，安易に伝統モデルに依拠することなく，改めて債務者資産最大化なる課題に立ち返って，より実効的な制度設計を検討してしかるべきであろう。たとえば少なくとも，別途，流出資産の回復を厳格に実施していくことで責任財産を充実させる制度設計が考えられてよいはずである。

　しかしながら，以下Ⅱで見るように，国際機関の法制モデルは責任財産回復をめぐる制度的配慮を全くといってよく欠いている。結果として，債権者相互のあいだでゼロサム・ゲーム的な権利の食い合いが誘導されてゆき，債務者経営陣や新規資金提供者はその埒外で，あたかも漁夫の利を得るごとく優越的待遇を保障される。こうした制度設計の示唆するところは，債務者優位の再建追求が究極課題として自己目的化され，「債務者資産最大化」なる目標もかかる再建追求を導く形式的論拠に過ぎない疑いである。

II 流出財産回復の消極性

倒産企業の資産を最大限維持・回復する制度は，債権者に対する責任財産確保の趣旨から，倒産処理過程の重要な課題の一つである。この趣旨では，取戻権や解除権を行使し個別資産の所属の帰趨を定めることは当然のこととして，さらに，すでに合法的に流出してしまった資産のなかからも，責任財産に帰属させるのが妥当なものについては逐次回復し，あるいは劣後債権として扱うなどで相対的に配当増大に資するべく，倒産法制はいくつかの固有の制度を形成してきた。以下では，こうした流出財産回復にかかわる制度として，否認権制度，内部者取引に関する制度，また取締役責任追及の制度について取り上げ，国際機関の法制モデルの規定傾向を確認する。

1 否認権制度

否認権制度は，一般に，倒産手続開始に先立つ実質的な倒産状況で行われた一部債権者のみへの弁済等（偏頗行為）の効力を否定するいわゆる「危機否認」，また倒産手続開始前に行われた不当な企業資産減少行為（詐害行為）の効力を遡って否定するいわゆる「故意否認」が設けられ，もって責任財産の維持回復を通じた平等衡平な集団的倒産処理を図っている。しかし，このような否認権制度の意義や効果について，国際機関の法制モデルは消極的な評価を下す傾向がある。

例えば，世銀『倒産制度原則』では，明確に詐害的意図に発する行為の否認には反対しないが，廉価取引や偏頗行為の否認については，取引相手方の実体的権利を奪い取引における予測可能性を害する，また倒産前夜における経営の自由度を奪いかえって倒産を招来するおそれがある，などとして批判する。また否認権制度を維持するにしても，継続的担保提供契約などの除外や，取引当事者の主観的要件を問うなどで，否認権の対象範囲を限定する必要があるとする[41]。IMF の議論も，取引の安全や事業再建努力の阻害といった点で同様の論旨であり，とくに危機否認については，制度を設けない選択がありうると明記する[42]。ADB の一般論は，否認権制度は債権回収利益に資するしコーポレート・ガバナンス促進に寄与するなどとして肯定的だが，各論面では否認対象期間や対象行為の範囲などにつき実効性が課題であるとするなど慎重論を出ない[43]。

これらの見解が語るように，否認権制度はたしかに，通常の取引関係が依拠する実体法秩序に対して倒産法の衡平処理の論理が優越する場面であり，政策選択として，取引の安全との衝突問題が生じる[44]。とくに国際機関の法制モデルの起草者たちが最も身近に意識する米国の倒産制度においては，否認権の要件が客観化されていて行使する側に便宜があり，現実にも厳しい運用が知られているだけに[45]，このような否定的見解を強めてもいるのであろう。しかしこうした政策対立場面でこそ，比較法的な検討に依拠しつつ，複合的な政策調整を可能にする精緻な制度設計が期待されるはずである。たとえば，日本のような比較法研究の盛んな土壌では，先進諸国の制度間の長短比較を通じて，また自国の経済社会状況に鑑みながら，政策調和型の制度設計が独自に探究されてきた[46]。この種の研究努力を欠いたまま，端的な二者択一に立って取引の安全を優先する国際機関モデルの態度は不当と考えられる。

いっぽう，否認権制度が債務者の経営再建努力を阻害するとする論旨には，倒産法制の政策論的根拠をめぐる本末転倒が感じられる。このような論旨は，否認権制度の依拠する責任財産確保・債権者平等分配原則と，債務者の再建追求課題とを政策選択上の対立関係として捉えたうえで，後者の側に立って否認権制度を批判する論であろう。国際機関モデルにおける再建追求の優位が，既述のように明解な政策論的根拠を欠くなか，このような二項対立的議論は絶対的なものではありえない。にも拘わらず，国際機関モデルが再建追求を至上目的とするなかで，債権回収法としての本来の役割が大きく後退する傾向が顕著である。

2 内部者取引の特例をめぐる消極性

(1) 内部者取引に関する否認権強化

否認権について，多くの倒産法制では「内部者」，すなわち債務者企業の経営陣やその親族，あるいは主要取引先銀行などの経営関係者が取引相手方である場合に，特別に立証要件の緩和や対象期間の延長などを規定して，否認権の適用範囲を拡大している。しかし国際機関の法制モデルにおいては，このような内部者取引に関する否認権制度の実質化について，まったく言及がなされていない。上述のように国際機関モデルは，否認権制度じたいについて経営再建努力を阻害するとして批判的であるだけに，内部者取引についても，個別に詐害的意思の立証を伴う一般的な取消制度に依拠すれば充分とみて，別段の制度を想定しないと見られる。むしろ，各国の否認権制度の設計や政策志向が多種

多様であることを批判し、グローバル・スタンダードへ向けた統一化を示唆する論調を見せている[47]。

　各国の制度的工夫はたしかに多様であるが[48]、しかしこれは各国毎の経済的実態を受けて、それぞれに応じた実効性ある制度設計を研究した結果であろう。例えば経営関与者ゆえに当然想定される情報アクセスの容易さなどの実態は、各国毎の企業経営体制の形態や取引事情等に応じて相違するはずであり、そのような経済実態の多様性に応じた実質的な制度設計をめざして、試行錯誤が重ねられていることの反映といえよう。発展途上国についてもこのような実効性ある制度的工夫の必要性は共通するはずであり、国際機関モデルの消極的態度ないし画一化志向は不当と考えられる。

(2) 内部債権の劣後化

　内部債権、すなわち支配株主ないし親会社が倒産企業に対して有する債権を、一定の要件のもとで、その他の債権に対して劣後させる制度がある。ことに親会社が子会社に対して「過少資本」状況による不安定経営のリスクを強いながら、本来、財務健全化目的の出資として一般債権に劣後すべき資金提供を、融資の形式で行い結果として債権者側にリスク転嫁を図る点が帰責の対象となる。ドイツ法の「資本代替的貸付」の法理[49]、また米国判例法にいう「衡平的劣後化（equitable subordination）」の法理の典型的適用場面である[50]。このような問題局面は、ファミリー財閥型の私企業が跋扈する発展途上国でとくに、大いに起こりうると考えられ、制度的対策の必要性は強いと考えられる。

　しかし国際機関の法制モデルはいずれも、このような制度にいっさい言及していない。たしかに衡平的劣後化は、有限責任制度をはじめ、会社制度の根幹的ルールを、倒産法制において書き換える議論であり、慎重論を伴う。。たとえば上記の内部者に対する否認権強化が、経営情報に対するアクセス可能性の相違の反映として、あくまで否認権制度の論理の枠内で説明できそうであるのに対して、内部債権の劣後化は、体系的正当化を図る根拠の明確化や、衡平の判定基準や劣後化の対象といった具体的な範囲確定を必要としている。ところが米国の判例傾向では、このような範囲確定が必ずしも厳密にはなされないままに、もっぱら、同法理の適用拡張傾向が指摘されている[51]。たとえば劣後化対象金額が厳密な査定なくして雑駁に内部債権額全額とされる向きがあり、さらに、かかる衡平的全額劣後化の要件じたいが大いに緩和されて「自動的劣後化」の提案を生むなど、資本代替的融資の文脈を離れておよそ経営陣・支配株主・結合企業の不当経営責任追求一般の切り札として利用される傾向が言わ

れている(52)。こうした厳密な理論化を欠いた判例の拡張傾向に対しては，米国経済界に強い反発が存在することが知られており(53)，このような経済界の風潮が，マイナス・イメージとして国際機関のモデル起草レベルに影響を及ぼしていることは想像に難くない。

しかしながら，ここでもまた要件・効果を詰めた精緻な制度設計の工夫を通じて，経済界に予測可能性を提供しながらも経営責任追求の実質化を狙う制度研究の余地はありうるはずであり(54)，国際機関モデルの全面否定姿勢は極論と考えられる。

なお米国ではこのほか，実質的な経営支配者の不当経営支配につき責任追及を図る手段として，「法人格否認法理」（piercing the corporate veil）が知られ，上記の衡平的劣後化法理の源でもあるが，やはり経済界には，裁判所が会社有限責任制度に恣意的な例外を作って経済活動の予測可能性を害するとして，根強い批判があることは周知のとおりである。国際機関モデルは当然のごとく，この法理にも一顧だにしていない。しかしこの点でも，制度設計上の工夫を通じて，経済界の予測可能性を害しない明確な適用規準を定立していく研究余地は存在するはずである(55)。

3　経営陣の責任追及についての消極性

倒産に至る過程で，債務者経営陣（あるいは支配株主や主要取引先銀行などいわゆる事実上の取締役をも含む経営関与者全般）の不当経営や注意義務違反が存在した場合に，これらを根拠とする損害賠償責任追及が厳格に行われるならば，責任財産の増大にも資することになろう。そこでそのような責任追及の法的根拠や，請求をなしうる権利者の範囲が論点となる。こうした制度としてはもちろん，不法行為責任規定や会社法の取締役責任規定等の一般実体法が利用可能だが，しかし過失主義のもとで立証要件が厳格であったり，また債権者による請求権が与えられないなどの限界があるために，倒産法制の文脈で独自に特別責任規定を設ける例もある。

しかしこうした経営責任追及の強化について，国際機関の法制モデルは再び否定的な見解を示している。その論拠は，第一に，倒産法制が不法行為やコーポレート・ガバナンスに関する実体法ルールに容喙すべきでないとするもので(56)，あたかも「ジャクソン理論」流の実体法不介入原則を逆手に取った論旨である。また倒産法制における責任強化規定は，比較法的にも珍しいとする(57)。さらにそもそも，厳格な責任追及が経営陣の再建努力を阻害するとする政策判

断も示されている[58]。

　しかしまずは，コーポレート・ガバナンスに関する実体法の補充は倒産法制の役割ではないとする論は，的外れといわざるを得まい。実体的政策課題は会社法制と倒産法制とに跨って存在する局面で，倒産法に盛り込むか一般実体法に盛り込むかは，ここでは技術的選択に過ぎず，「ジャクソン理論」が問題にする実体法の書き換え場面ではない。むしろ実体法不介入論を持ち出しつつ，こうした規定の必要性についての議論を封じ込めるならば，責任財産確保をめぐる倒産実体法の基本的要請を不当に阻む結果となる。

　また比較法的にも少数派であるとする見解も不当であろう。倒産時の経営責任追及強化は，たとえば世銀『倒産制度原則』(2.2.2項)が消極派の代表例としてあげている米国やドイツにおいてもむしろ主流化している。米国では，一般に取締役と直接の契約関係に立たない債権者による取締役責任追及の根拠は伝統的に否定され，連邦倒産法にも特別責任規定はないものの，しかし，最近の判例がいわゆる「信託基金理論（trust fund doctrine）」を論じ，債権者による債務者経営陣に対する直接請求権の新たな根拠として形成されつつあり[59]，また各州会社法が独自に債権者による会社代表訴訟などの請求根拠を与える向きもある[60]。ドイツにおいても「株式法」で対会社経営責任の追及権が債権者にも拡張され[61]，また企業形態の大多数を占める有限会社については，こうした債権者による直接責任追及規定はないものの，倒産時の経営責任追及の立証要件緩和や，経営陣の「破産申立義務」なる特別責任が知られ，破産申立遅延中の資産流出行為につき賠償責任を生じさせるなどの効果がある[62]。このように，倒産法制だけ取り上げれば規定不在のように見える例でも，じつは倒産法制と会社法制とが連続する領域で，債権者による経営責任追及の根拠を充実し，責任財産回復に資する設計がさまざま工夫されていることがわかる。

　むしろ，国際機関モデルの否定的見解が妥当すると考えられる論点は，こうした先進各国の制度状況がややもすれば際限なき取締役責任追及強化に結びつき，結果として取締役の経営放棄行動を助長し，いわゆる「逆選択」を生じかねないとする懸念であろう[63]。とはいえ，過度の責任強化が懸念されるからといって，責任強化そのものを全面否定する見解は極論であろう。ここでも，責任強化の制度の詳細設計を通じて，際限なき責任追及を阻みつつ所期の政策効果を達成する研究余地が残ると考えられる。

4 政策志向の検討

　以上，責任財産増大にかかわる制度群について，国際機関の法制モデルは消極的ないし否定的な姿勢を際立たせている。その主たる根拠は，再建可能性の追求を阻害するとする批判であった。このような批判は，再建追求を責任財産増大・集団的債権回収目的に当然のごとく優先させる論である。しかし，責任財産増大を通じてこそ再建可能性が高まる局面は少なくないはずであり，両者の課題を一律に二者択一的関係に置くことは妥当と考えにくい。またたとえ二者択一的な対立状況においてさえ，再建可能性の阻害を緩和しながらも同時に，責任財産回復課題との政策調整を図りうる制度設計の研究余地は存在するはずであり，このような研究努力を欠いたまま，一律に責任財産回復に消極的な姿勢に徹する点は不当と考えられよう。

　おそらく国際機関のモデル起草者レベルにおいて，比較法的な研究姿勢が乏しく，総じて米国の制度状況に思考を拘束される傾向があることが想像される。とくに米国の倒産判例傾向が，法人格否認法理や衡平的劣後化など，きわめて大胆に会社有限責任原則の限界を問う法理を展開してきたことが，かえって米国経済界のあいだに声高な債務者企業保護の要請を生じていることも理解できる。しかしながら，こうした特殊米国的状況とは異なる条件下にある他国に対して，一律に同様のモデルを持ち込む根拠は乏しいと考えねばなるまい。

III　債権者の実体的権利の譲歩

1　担保権の制限

(1)　制限根拠としての再建追求

　有担保債権者は担保実体法にしたがい，倒産手続の開始に拘らず独自に担保権を行使する権利，いわゆる別除権を保障されている。ところが倒産法制の側からこうした実体法を修正し，別除権の行使を一時的に停止させたり，さらに再建手続に取り込み，ひいてはその過程で担保権の本質である優先弁済権の縮減さえ誘導していく，などといった担保権の大幅な制限を図る考え方がある。国際機関の法制モデルは，このような担保権行使の制限を積極的に支持している。その根拠は以下にみるように，再建型手続については，主たる営業資産の

確保を通じた再建可能性の追求である。また清算型手続については，一括処理による換価価値増大を一義的な根拠としながらも，再建型手続への移行を促す交渉取り込み意図をも含んでいる。

　すなわち，再建型手続については，世銀『倒産制度原則』の「再建用の営業資産なくして再建は不可能である。再建促進の政策選択に立つからには，再建交渉中の有担保債権者の権利行使停止は必定である」とする断定に明らかなように(64)，再建追求を至上目的としたうえで，再建に必要な物理的営業資産確保の要請が別除権制限の直接の根拠とされる。そのうえで具体的な制度設計として，再建型手続申請と同時に担保権にも否応なく自動的停止を及ぼし，個別の解除が認定されないかぎり，上述した債務者主導の再建計画策定過程に取り込んでゆき，その過程で，組分け・多数決・クラムダウンなどの手続要件が強制される。つまりこうした手続要件を満たすかぎりにおいて，担保権の譲歩が誘導され正当化されてゆく，形式化したデュー・プロセスともいうべき仕組みである。法規による合意内容への介入は否定され，また裁判所の役割はあくまで重大な権利侵害の監視にとどまり，その場合も「有担保債権者が交渉を操作して全体の利益よりも自己利益を優先することを回避する」必要性が強調されている。また反対債権者の譲歩が強制されるクラムダウン条項適用局面での，権利縮減の限界づけについてさえ，とくには明言されていない。以上につき，IMF『焦点』やADB『スタンダード』もほぼ同旨である(65)。

　いっぽう清算型倒産手続についても，たとえば世銀『倒産制度原則』は(66)，有担保債権者と無担保債権者との利益調整を根拠として，別除権行使を60日程度の自動的停止にかからしめることで，営業資産の一括売却を推奨し，換価価値の増大による無担保債権者への配当増大が見込めるとする。また再建可能性が残る場合に，有担保債権者を交渉に引き込みつつ再建型手続へ持ち込む契機ともなるとする。ただし有担保債権者の権利保護措置として，換価結果が被担保債権額割れの場合に，改めて別除権行使を認めるなどの配慮に言及している。しかし一括換価の有用性は，経済事情に応じて相違するはずであって，一律の自動的停止を制度上強制する点は疑問である。少なくとも市況性の強い資産が担保権の対象であるような場合に，状況に応じた柔軟な制度が妥当するのではないか(67)。こうした状況でも一律に自動的停止を制度化することの真意は，一括換価云々よりも，むしろ有担保債権者を強引に再建交渉に引き込むねらいに他ならないのではないか。なおADB『スタンダード』(5.3項)は，清算型手続での権利制限には否定的であって，また倒産手続における担保制度の尊重が金融促進につながるとする研究報告を併記するなど，若干の独自姿勢を窺わ

せている[68]。

　以上総括すれば，国際機関の法制モデルは，有担保債権者の妥協を促す態度が明白で，しかもそこでは権利行使が単に一時的に停止されるのみならず，再建計画に取り込まれ，さらに「全体の利益」なるものの実現へ向けて権利制限に追い込まれる想定がなされている。ここで譲歩の根拠が，純粋に上述のような再建用営業資産の物理的確保に置かれるならば，時期的猶予を与える譲歩にとどまるべきで，再建計画のうえで優先弁済権の内容縮小までをも迫る論理はないはずである。国際機関モデルの意図が，担保権譲歩を通じた再建追求そのものに置かれる傾向が読み取られる。

(2) 英米型担保制度の矛盾

　国際機関モデルが以上のように，有担保債権者の譲歩を引き出すことで再建可能性を追及する態度は，とりもなおさず債権回収をめぐる実体法の根本的ルールを，再建追求命題を掲げる倒産法制が書き換える選択である。

　このような担保実体法の積極的な制限論は，国際機関のモデル起草レベルに染みついた米国法の理解に由来する一面が考えられよう。英米の担保制度は，広範な目的物を対象に被担保債権額を問わぬ包括根担保の設定が可能であり，かつ効果の面では権原構成に由来する目的物の排他的支配を確保し私的実行につなげていく基本構造を有する（詳しくは後述第3章）。しかも現実の金融取引においては，浮動担保と固定担保とを重畳的に設定し，包摂的な担保権の実効性を最高度に高める慣行が目立っている。担保権がかくも強力であることが，倒産制度における再建余地の追求にとって重大な足かせを意味し，その結果，倒産過程において担保権制限の気運をことさらに生じているのではないか。このように，担保制度を最大化しながらも倒産法でこれを縮減するという，矛盾を抱えた米国法的な状況を，国際機関モデルが当然に受け継いでいるとすれば問題である。

(3) 直接金融優位の例外余地

　しかし以上のような担保権の譲歩誘導を基調とするかたわら，国際機関モデルは別途，曖昧な根拠のもとで例外余地を設定する傾向がある。再建にとって不要な資産や価額維持保障の困難な担保権等について個別に解除申請が可能であることはもちろんのこととして，このほかに，「自由な権利行使が取引慣行に深く根ざしているがゆえに制限が極めて困難となっている担保権」に限って，立法上の一括除外扱いが可能であるとする[69]。具体例として英米法系の「浮

動担保（floating charge）」や，高度金融取引におけるネッテイング契約やケイブアウトなど特殊な相殺契約を挙げている。しかし自由な権利行使が担保権の本質的性格であるとは，およそ担保権全般にいえる問題であり，ことさら浮動担保やネッテイング契約を特別視する根拠は不明である。たとえ日常的な取引の継続に便宜を図ることで再建型の倒産処理を促進する一般的意図があるとしても，金融取引の実態に鑑みればむしろ不当な帰結を生むと考えられる。なぜなら例えば，英法圏の金融慣行では「浮動担保」は日常的な信用取引見合いというよりも，大手金融機関引受けの社債発行などに際して，営業総資産担保の一環として設定される傾向が知られている。結果，一般的な固定担保については優先弁済権の遅延のみならず内容的譲歩までが誘導されるが，大手金融機関は「浮動担保」を通じた経営権の掌握を武器として有利な交渉力を確保していくという，きわめて偏頗的な帰結を招くと考えられる。

このような制度設計から示唆される国際機関モデルの真意は，純粋な再建用資産確保にあるとは見られない。むしろ個別の固定資産を引当とする伝統的な生産金融債権者に譲歩を強いる戦略において，再建追求を図る点に本旨があり，ただしそこにいう再建とは，必ずしも既存経営体制の維持とは限らず，有力な交渉上の地位を握った新規資金提供者や有力金融機関などによる経営代替をも含む想定が行われているのである。

2 その他の優先権の制限

倒産手続において，一定の政策的配慮から，租税債権・労働債権・中小企業債権などを，優先的破産債権や財団債権などとして，優先的に取り扱う立法例は多い。しかし国際機関の制度モデルは，このような優先的取扱いに対して一貫して否定的な姿勢を示している。

とくにADB『スタンダード』（13項）では，「債権者の平等待遇原則からして，倒産法は優先的請求権をできるかぎり限定するべきである」とする原則を明言する。同原則の基礎をなしたADBの研究報告は，こうした優先権の正当化根拠じたいが大いに論議の対象であるとし，「少なからぬ立法例ではすでに優先権を廃止することでこの手の論議を消滅させている」などと断定したうえで，たとえ優先権を設ける場合にも一般債権者に対する効果に限定すべきだと論じる[70]。いっぽうIMF『倒産手続の焦点』（36—37頁）は，無担保債権者の予測可能性を害するとして，こうした限定的な優先にさえ否定的である。

以上の否定的態度について個別論拠も示されており，たとえば，国家は民間

債権者以上に対象企業の正確な経営情報を入手しうるはずであるので租税債権を優先すべきでない，労働債権や中小取引先債権に関する分配的配慮は，担保登録制度の充実を通じて一般の担保権として登録させ優先弁済権を享受させれば済む，また不法行為損害賠償債権は市場取引ルールに例外を設けることなく社会的保険制度の充実などの別途手段を通じて救済されうる，といった説明が行われている(71)。

　このような国際機関の消極的態度は，一見したところ「ジャクソン理論」流の実体法不介入原則を借りて，再分配政策的な配慮による倒産法制の設計を否定するものと映る。しかし「ジャクソン理論」があくまで倒産法制の債権回収法としての機能を維持し，政策的設計を濫用する無用なフォーラム・ショッピングを回避する趣旨で実体法不介入を論じるのに対して，国際機関モデルの議論は再分配的な政策そのものの不要論を説き，倒産法制における特例としてのみならず，実体法自身がそうした政策的配慮で複雑に設計されること（例えば先取特権の設定）じたいに批判を向けている点で相違する。国際機関モデルの意図は，既存の優先権の正当化根拠を攻撃しつつ，これを担保権か一般債権かの再分類で振り分けながら消滅させていく想定にあろう。結果，倒産制度全般を端的な「有担保債権者，対，無担保債権者」のゼロサム・ゲーム的構図へと特化させていく帰結が予想されるであろう。

3　新規資金提供者の優先

　別除権の行使や優先権の存在について批判的な国際機関モデルであるが，しかし倒産過程における新規資金提供者に対しては，一転して最大限の優先権を賦与する際立った方針を示す。

　例えば世銀『倒産制度原則』は，「倒産法は，再建手続過程の債務者の営業継続や緊急の必要に応じた資金供給に対して，商業的に適切な形態でプライオリティを保障し規定すべきである」とし，そうした新規資金について既存債権者に対する優位弁済権や担保権を提供する特別待遇，いわゆる"super priority"を推奨する(72)。ADB『スタンダード』(5.6項) も，上記世銀とまったく同じ文言で"super priority"を推奨するが，ただしADBの研究報告は"super priority"が提供される場合の既存債権者の同意取付けの要否や手続に配慮しており，既存債権者の総意，ないしは裁判所許可を制度強制する方法を示唆している。IMF『倒産手続の焦点』(51—52頁) もそうした手続上の既存債権者配慮を示唆する。なおADBの研究報告には"super priority"への慎重論も併

記され，とくに既存の有担保債権者に権利譲歩を強いながら新規資金提供者に優先弁済権を与える点の妥当性について，慎重な言及を含んでいる(73)。

このような新規資金提供者の特例扱いは，前述した私的整理促進枠組み「ロンドン・アプローチ」でも採用された措置で，その根拠は実効的な再建を図る現実的妥協の一点にあった。しかし離脱可能な任意交渉枠組みであった「ロンドン・アプローチ」と異なり，法的倒産手続においてこのような実体法変更型の妥協が制度強制されることの妥当性が大いに問われる。ここでは債権回収交渉が債権者間のゼロサム・ゲームのごとく膠着状態にあることが前提され，新規資金提供者の登場はかかる膠着状態にとっての救世主として最大限歓迎される論理である。しかし新規資金は再建追求にとっての救世主ではありえても，結局優先弁済されていくのであるから既存債権者の配当増大に直結する保障はない。ゼロサム・ゲームの解消を真摯に言うのであれば，まずは既述のような責任財産回復手段を重視すべきではあるまいか。またこのような新規資金が経営関係者のつながりで供与される例は少なくないはずで，この点，既述の資本代替的貸付や内部者債権などをめぐる消極的な方針が改めて問われよう。

4 政策志向の検討

以上のように，国際機関の法制モデルは，倒産企業の再建追及なる至上命題にしたがい，既存債権者の実体的権利を大きく変更する余地を含む。担保権については，再建過程での有担保債権の部分的な放棄をも含む，優先弁済権の大幅な制限余地を手続的に制度化するが，いっぽうでは，一転して実体法不介入原則や担保制度尊重を語って，その他の優先権を否定するという論理的矛盾を見せる。また他方で，新規資金提供者に対する"super priority"の制度化を推奨し，既存債権者の実体的権利をさらに予測不能の制限余地に晒していく。

このように論理的正当化の面では矛盾の多い制度設計だが，その全体としての政策的意図はむしろ明確に読み取ることが可能であろう。すなわちまずは，債権回収問題を，限られたパイをめぐる「有担保債権者，対，無担保債権者」の単純化されたゼロサム・ゲームの構図に持ち込む狙いが見出される。そのうえで，清算型手続をまずは妥協余地のない厳格な「最悪のシナリオ」として設計するかたわら，再建型手続では有担保債権者の譲歩を引き出し，もって清算手続では十分な配当を得られない無担保債権者を配当率向上期待で抱き込む形において，再建実現を図る枠組みとして理解することが可能であろう。

IV 総　括

　以上，本節における読解から明らかとなった国際機関モデルの実質は，有担保債権者の譲歩を中心に既存債権者間のゼロサム・ゲームを戦わせ，旧経営陣がいわば漁夫の利を得る形においての「経営救済型再建」メカニズムであった。かかるメカニズムは，私的整理枠組みや手続統一化の名のもとに当事者の自由選択に優位する。かたや流出資産の回復や経営責任追及によるパイの充実の方向性は，「再建努力を阻害する」として積極的に追求しない。政策論的立場としては，企業経営者の利害に全面的に即した法制モデルであることが理解されるであろう。

　このような経営利害優位の法制モデルが，コンディショナリティや法整備支援活動を通じて強力に推進されていくとき，多くの問題が予想されるはずである。少なくとも，当事者交渉の自律性の阻害，倒産手続で実体法秩序の変更をなしうる限界，またこうした実体法変更が私的整理によって法的手続を塗り替えるいわば脱法的手法によって加速される弊害，など根本的な問題を露呈していく。さらに，経営利害の偏重ゆえに，本来配慮を要すべき多くの政策課題が捨象される弊害がある。少なくとも金融法制の見地では，既存債権者の債権回収利益を一律に軽視するモデルが金融取引の制度基盤を歪め，モラル・ハザードを招じ，企業経営活動の市場的規律を阻害することが懸念される。

　市場の規律の維持は，倒産法制の本質的役割の一つである。国際機関モデルが採用する経営救済型の再建や，私的整理の重視といった制度設計も，その原型と解される英米法の制度改革の文脈ではあくまで，既存制度の硬直的な箇所を修正しよりよい市場的規律を達成するための努力を通じて形成されたことを思えば，国際機関モデルが経営救済を命題化し市場的規律を害するならば本末転倒である。

　国際機関周辺では，市場的規律の基本を害してまで経営利害優位の法制モデルを導入する正当化として，既述のように特殊な政策課題を羅列する向きがあり，いわく雇用や中小企業取引といった社会的経済的政策配慮，経済危機対応，グローバル化対応，ま情報の非対称性が債権管理の緊張を喚起するのだといった強弁が行われている。市場的規律とこれら多様な課題とを，バランスにかけるものである。これらの論拠の個々の当否はここではさて置くとして，留意されるべきは，これらがいずれも大規模失業・経済危機・グローバル化圧力・癒着的金融取引関係といった特殊状況を想定した対応課題であって，すなわち各

種の非常事態対応手段として，倒産法制を設計せよとする議論である点である。ここには「法制改革」の前提するそもそもの法制の役割をめぐって，重大な理解の陥穽が存在すると考えられる。開発における法制の役割とは，はたして新古典派的な自由放任を放置しながらその折々の破綻を埋める危機管理的介入手段であるのか。あるいはそれは本来，新古典派的な自由放任主義とは一線を画する市場機能の回復をめざし，安定的体系的な市場制度基盤の提供を通じて予測可能な市場的規律を維持実現する役割ではないのか。国際機関の倒産法制モデルはこうして，市場・政府・制度をめぐる開発理論の動向に接していくことになる。

第2節　アジア危機後の倒産制度改革の実例

I　各国の制度改革経緯

1　コンディショナリィの概要

　1997年央のアジア危機発生にともない，外貨繰りの危機に陥ったタイ，インドネシア，韓国の三カ国に対してIMF主導の国際的支援パッケージが組まれた。この際，四半期毎にIMFに対して各国政府が提出する政策趣意書（Letter of Intent）において，支援に伴う政策条件（コンディショナリティ）が盛り込まれていったが，なかでも倒産法制の改革は真っ先に要請された課題であった。ここで推奨された制度設計は，上記でみた国際機関の法制モデルにきわめて近似した，経営救済・債権者譲歩型の政策的志向を示すものとなった。

　まずタイに対しては，1997年11月の対IMF第2回政策趣意書で新たに再建型倒産手続を設ける改革課題が示され[74]，その後関連する改正法が成ったのち，1998年5月の対IMF第4回政策趣意書がふたたび，再建型倒産手続における組分け・クラムダウン条項の盛り込みや否認権規定の変更などで再改正を求めた[75]。さらに1998年8月の対IMF第5回政策趣意書以降には，金融機関への公金投入プログラムが導入されるとともに，これと併行して金融行政主導の私的整理促進枠組み（いわゆるバンコク・アプローチ）の開始が宣言された[76]。

　インドネシアでも1998年1月半ばのIMFとの政策合意で，金融関連法制改革の一環として倒産法の改正が取り挙げられ[77]，同年4月の改正法成立を見たが，のちに1998年9月の対IMF第3回政策趣意書以降に，金融機関救済プログラム（IBRAスキーム）と抱き合わせで，私的整理促進枠組み（いわゆるジャカルタ・イニシアティブ）が要請されている[78]。

　韓国では，1997年12月の対IMF第1回政策趣意書で，金融構造改革の一環として「株主と債権者の損失分担の明確な原則」を伴う倒産処理が促され，また破綻企業の市場退出によるコーポレート・ガバナンス強化趣旨で破産法の厳格適用が求められるなど，倒産法制本来の市場制度基盤としての性格が重視された[79]。しかし1998年7月の対IMF第5回政策趣意書，および世銀第二次構造調整融資「企業再建に関する政策マトリクス」に至って，「ロンドン・アプローチ」流の私的整理促進枠組みの導入，またこうした私的整理と連動して倒産

処理全般に資するための法的倒産手続の再検討が要請されるなど，より経営救済色が前面に押し出された[80]。

2 法制改革の経緯

(1) タ イ

このような国際機関側の改革圧力を受けて，各国各様に倒産制度改革が進められた。まずはタイの経緯を辿れば，従来から存在した1940年「破産法」につき[81]，国際機関の指導を受けて1998年4月改正が実施され，企業再生手続が新設された[82]。これは十年来の起草準備を受けたもので，とくに従来の制度が債権者申立による破産手続とその過程での和議手続しか提供していなかったため，債権者・債務者・監督官庁による申立が可能な再建型手続を新設した意義が強調された。しかし地元経済界の間には，米国チャプター・イレブン流の経営再建（ないしは破産遅延の末の安楽死）チャンスを期待する向きがあったなか，現実には外資系債権者主導による経営乗っ取り型の手続事例が出現したため，激しい抵抗感が広がって債務者側の制度利用は頓挫した[83]。

その後，上記対IMF第5回趣意書の要請を受けて，1999年4月に再改正が行われ，再建型手続で再建計画決定における組分け・クラムダウン制度の採用，裁判所による再建計画承認基準の明確化などを図るとともに，清算型手続についても，救済資金提供者に対する既往の劣後的取扱いの廃止，また否認権制度の変更などを行った[84]。改正後は債務者側による制度利用が急増したが，しかしその後も財界には，さらなる経営救済志向の明確化を求めて，米国チャプター・イレブン完全模倣型の再々改正を求める議論が根強い。なお以上の改革については，以下3で詳述する。

(2) インドネシア

いっぽうインドネシアでは，オランダ植民地時代以来の1905年「破産法」を引き継いできたが[85]，有限責任会社（Perseroan Terbatas）による利用はほとんど皆無であったとみられる。手続選択肢としては破産手続とその過程での和議手続しか設けていなかったため，タイと同じく再建型手続強化を求めるコンディショナリティを受けて，1998年4月に「破産法」改正を実施した[86]。また新たに，破産手続が専属的に係属する「商業裁判所」を設置し（「破産法」第3章），上訴・監督審査については便宜のある二審制を採用した（284―286条）。

しかしこの再建型手続はタイの改正におけるような独立手続の新設ではなく，

むしろ従来から存在した和議合意のための「債権行使一時停止手続」(「破産法」第2章）の枠組みを活かす方向である。たとえば，従来は明確な停止期間の限定がなかったところを，270日を上限とするかなり長期的な基準で明確化を行い（217条4項），また従来は停止の開始につき裁判所の裁量余地があったところを，債権者会議の合意（出席無担保債権の2分の1かつ無担保債権総額の3分の2）を長期的停止の十分条件として明示した（217条5項）。いっぽう，かかる停止が開始すると破産手続に対して当然に優位し（217条6項），また停止中の交渉にかかわらず和議の合意が成立しない場合には，即座に破産手続が開始するとされ（217条のA），いわば破産開始を制裁圧力とするアンカー機能が組み込まれたといえる。さらに，従来は停止の効果は有担保債権者には及ばぬものとされていたところ，新たに有担保債権者をも取り込む仕組みとした（231条のA）。なおインドネシア「破産法」の有担保債権者の扱いは若干特殊であり，従来から別除権の行使は手続開始から2ヶ月以内に限って認められるとされており（57条），今次の改正では既述のように「債権行使一時停止手続」で270日までの停止に取り込まれるとされたのみならず，一般の破産手続においても90日までの停止が及ぶこととされた（56条のA）。

またこのほか，否認権規定の強化も行なわれたが，債務者・相手方双方の主観的要件を問う「故意否認」一本の従来型枠組みは実質的に変更せず（41条），ただ廉価取引・非債弁済・経営関与者等につき申立前40日に遡ってこれら主観的要件の推定・立証転換を行なっていた規定につき，申立前1年間に遡るものとした（42条）。

以上の改正は，再建型手続の清算型手続に対する優先，有担保債権者の停止手続への取り込み，などといった点で，国際機関のコンディショナリティの示す線に対応する姿勢が窺われる。しかしながら，再建型手続の優先といっても270日を限度とする暫定的停止であり，有担保債権者の取り込みも別除権行使の一時的停止に過ぎず優先弁済効果に影響を及ぼすものではなく，また米国チャプター・イレブンにおけるような債権者の組分けやクラムダウンといった強行的な手続規定を盛り込んだわけでもない。総じて強引に債権者間の譲歩を引き出し再建を強行する性格はなく，むしろ債権回収法としての既存の「破産法」の性格の許す範囲で，国際機関の要求に対応した工夫の例と理解することが可能であろう[87]。

そのためか内外経済界の一般的な評価は芳しくなく，ことに外国債権者側は裁判官が自国企業擁護の意図で恣意的な判断を重ねているなどとする批判を展開し，いっぽう地場経済界側は外資侵略説・失業問題などを論拠に破産法その

ものへの反発を高め，別途，米国チャプター・イレブン型の経営救済型手続を意図した再改正を要求しつづけている[88]。

(3) 韓　国

韓国では，戦後の独自法の形成過程で日本法に学びながら，1962年「破産法」，同年「和議法」，1963年「会社整理法」（日本の会社更生法に相当）を成立させ，その後も日本の制度状況を睨みながらおりおりの改正を重ねてきた。ただし法の利用状況は日本ときわめて異なり，破産を忌み嫌う社会的感情を反映して，破産件数は皆無で推移し，破綻重症事例についてももっぱら和議や会社整理手続が活用されてきた[89]。アジア危機後は，当初の国際機関コンディショナリティが前述のように破産法の適用現実化を迫ったことを受けて，1998年改正で，裁判管轄の統一などを通じた破産回避行動の阻止が図られ，また大規模倒産等についての和議の特別棄却制度（改正和議法19条の２）などを新設した。結果として，同年中に破産申立てが400件余りに達するなどの現実的成果を見た。

しかしその後，国際機関の指導が経営存続型再建重視に転じ，私的整理と機能的に結合した法的倒産手続の見直しを求めていったことを受けて，1999年以降の改正は矛先を転じていったと見られる[90]。会社整理法においては，「少数の担保権者による不当な引き延ばしを防止する」とする趣旨で整理計画案の採決要件の緩和が行われ（205条），もっぱら債権者譲歩による再建追求志向を強めた。いっぽう，会社整理手続の破綻の場合に強制的な破産移行を行うものとし（23条），またこの場合に破産手続への移行に伴う手続統一化を行うなど（24条。なお和議法10条も同様趣旨で改正），総じて再建追求型手続を最終的な強制破産なる制裁圧力で促進する，いわばアンカー機能強化を図っている。以上は，上述の国際機関モデルを大枠で踏襲するものといえよう。

このほかの改革項目として，従来からほとんど行使されてこなかったとみられる否認権の制度的強化を図っている（改正破産法64・68条，改正会社整理法78条による期間延長や否認権行使命令）。また破産配当において労働債権を広く財団債権と見なす政策配慮を行い（38条10号・11号），社会勢力の慰撫を図った点が興味を引く。

3　私的整理枠組みの推進

以上のような法的手続の見直しとは別に，各国とも，公的支援のもとでの私

的整理促進枠組みを推進しているが，その態様は各国の経済事情を反映して若干相違する。

　タイでは「バンコク・アプローチ」と称し，中銀傘下の民間債務整理助言委員会（CDRAC）が幹事銀行を指定して半強制的に債権者団を組ませ，破綻企業との交渉手続についての契約を締結させる。かかる契約の内容については事実上官製の雛型が用意されており，交渉離脱阻止，法的倒産手続申立てを含む個別行動の停止，交渉中の延滞金利非加算による債務者の経営存続支援，再建計画の柔軟な可決要件，などが規定されている。こうした交渉は，税制優遇措置や，1998年8月公表の「金融機関自己資本注入プログラム」，さらに2000年以降の政権交代を経て強化された公的資産買取会社（TAMC）などをはじめとする，一連の財政的支援と連動している。タイでこのような強制色の強い私的整理枠組みが実現しえた背景に，アジア危機前夜の大手企業金融が主として寡占的な地場銀行と外銀とのシンジケート・ローン形式で行われていたことから，主に地場銀行を交渉主幹事に任命する方式を通じて，金融行政当局の行政指導が容易に行き届きやすい構図があったことも考えられる。しかしこのような行政的主導性は逆に，民間側に安易に公的支援を期待する空気を生み，私的交渉は問題先送り型の債務繰り延べに終始する傾向を生んだといえる。

　これに対して，インドネシアの「ジャカルタ・イニシアティブ」では行政当局に情報提供役以上の主導権は存在せず，現実にさしたる進捗が見られなかったとともに，すでに1998年6月段階で外銀主導で合意されていた包括的債務繰り延べ枠組み「インドラ・スキーム」の利用も振るわなかった。これらの背景として，アジア危機前夜のインドネシアの企業金融が，財閥系列毎に自家銀行を設立し，その総数200行余りを数え，主に財閥毎の外銀融資・外債調達を図る窓口として利用された経緯があり，その結果，危機発生後の不良債権問題が「外資，対，内資」の国際的対立構図を示して膠着したことが指摘される[91]。行政当局としては別途，金融機関構造改革プログラム（IBRAスキーム）を通じてかかる膠着的対立の解消に側面的支援を図っているが，この際にも金融機関救済はまさに特定財閥系列の救済を意味するだけに多用は難しく，むしろその活動は国有銀行の閉鎖型措置やスハルト系財閥への懲罰的な合併要求といった，政治的見世物の性格の強い対策に終始している。

　いっぽう韓国では，財閥自身が自己の経営改革方針を主導して内外にアピールし，金融機関がその改革実施を側面支援する形で私的整理枠組み（企業構造改善約定手続）が進んだ。ただしこのような民間自主協調型の枠組みの成功は，周知の財閥（チュボル）経済において従来から存在した経済慣行，すなわち政

府の政策的誘導に応じて金融機関が財閥への資金提供を担う介入主義的経済政策の延長線上で理解可能であろう[92]。とくに韓国ではアジア危機前夜の企業金融の主流が，地場銀行を窓口とした財閥による過度な外資取り入れであっただけに，1998年初に外銀主導の包括的債務繰り延べ枠組みが成立し，地場銀行の対外的債務処理の見通しが立つと同時に，国内サイドの不良債権問題が急速に協調的解消をみていった経緯も頷けよう。

以上のように，国際機関の指導を受け，各国それぞれの倒産制度改革が実施されたわけであるが，このうち自国の既存制度の枠組みを基本的に維持したインドネシアや，日本の制度改革状況を意識しつつ小出しの修正を進めた韓国との比較では，タイが最も忠実に，国際機関の推奨する制度設計に迅速な対応を示したように見受けられる。そこで以下では，とくにタイの制度設計を詳細に取り上げ，上述した国際機関モデルがアジアの発展途上国にどのような影響を与え，いかなる政策的問題を生じているかを窺う，具体的な検討の対象としたい。

II　タイの倒産制度改革の設計

1　手続の流れ

(1)　再建優位の手続統一化

タイにおける従来の倒産手続は，債権者が主導する一連の清算型手続の流れにおいて，和議による再建余地も選択しうる構造であって，いわば当事者自由選択型の「一法二手続」であったと見ることができる。すなわち，1940年「破産法」は自然人・法人について清算型手続（破産手続）を設けるが，手続申立権は債権者に限られ（9条），倒産原因である「sin-lanpan-tua」（債務超過）は一定の客観化された破産行為で推定され（8条），また法人の倒産原因として会社会計上の「債務超過」が追加されている（88条）。手続開始後は全般に，英法の任意清算手続の影響をうかがわせる債権者主導色が明確である。債務者側の申立による，破産宣告前和議（45条），または破産宣告後和議（63条）が可能であるが，いずれもあくまで債権者が特別多数決で合意した場合にかぎって，裁判所の許可を経て再建交渉に移る仕組みであって，いわゆる強制和議ではない。かくして債権者主導の債権回収法としての性格の強い手続過程を経たうえで，最終的には，破産免責制度が設けられ，債務者にとってかなり有利な基準

(財団資産が無担保債権の55％以上等）で客観化されている（73条）。

　このように既存の手続は，債権者主導による自由選択型の債権回収法として，それ自身の秩序を有していたと見られる。これに対して，IMF支援パッケージ以後の国際機関の指導に従い，既述のように1998年と1999年にわたって二度の法改正が実施され，1940年破産法の「第三章の1」として，新たに法人を対象とする再建型手続が設けられた。その結果，手続の流れは，同一の制定法のなかに清算型手続と再建型手続が併存するという形式的意味での「一法二手続」となった。しかしこうした変更は，たとえばドイツ新倒産法で意図されるような，当事者の合理的手続選択にとっての選択肢を増やしたわけではない。法改正の内実はむしろ，再建型手続の清算型手続に対する優先を制度上誘導する手続統一化であって，既往の当事者自治的性格を大きく変質させたと考えられる。

　すなわち新たに設けられた事業再生手続では，「sin-lanpan-tua（債務超過）」状況および再建可能性の存在を手続開始要件とし（90/3条），申立権は債権者・債務者・監督官庁にある（90/4条）。申立受理と同時に広範な「自動的停止」が発生し，この時点で清算型手続は阻止されることになる（90/12条）。ただしすでに清算型手続が開始していて管財命令が下っている場合はそちらが優先する（90/5条）。かくして再建型手続が開始してのちは，清算型手続への移行契機は，交渉破綻を戒め手続進捗を促す圧力装置としてのみの役割で手続過程に組み込まれており，たとえば，再建計画策定人の選任・再任の停滞（90/48条・90/54条），再建計画案の要件不充足（90/58条），計画管理人再任の停滞（90/68条），といった手続膠着局面でのみ，清算型手続への移行が決定される仕組みである。まさに上述の国際機関モデルが示唆する，「アンカー機能」を具現するものといえよう。しかしこのような設計の結果，再建型手続の最中に客観的な再建可能性の消滅を理由とする清算型手続への移行は随意に行えない仕組みとなっているのであり，そのような趣旨での移行は，再建計画の実施満期到達後にはじめて可能である（90/70条）。

　このように新たな再建型手続の導入によって，従来型の債権者の手続自由選択権が後退し，新たに清算型手続を阻止し再建型手続を優先する手続間の優劣関係が制度上強制されたと見ることができる。

(2) 再建型手続における経営救済志向

　かくして制度上優先される再建型手続は，どのような政策意図を含んだものとなっているだろうか。この点，1998年改正時点では，英法流の債権者主導型手続の基本枠組みを用いながら，その過程で債務者旧経営陣の影響力を残存さ

せようと図る矛盾した性格を見せていた。そこで国際機関のさらなる改正指導を受けた1999年再改正では，米国チャプター・イレブンに学んだ再建計画の採択手続に関する強行規定などを盛り込んだことから，従来型の手続面の債権者自治色が後退するとともに，債権者相互の権利縮減交渉を強制することで経営再建を促す効果を強めたと見られる。

　すなわち，債務者経営陣の救済色は1998年改正時点でも随所に表れていたが，手続の全般的構造は債権者主導の骨格を維持していた。1998年改正法では，まずは「自動的停止」で有担保債権者をも広く取り込む選択に踏み切っており（90/12条），そのうえで債務者経営陣が手続過程で影響力を行使しうる仕組みとして，債務者の申立権の新設（90/4条），再建計画策定人の選任までの間の債務者経営陣の暫定的な経営続投（90/20条），再建計画策定人の選任過程に対する有利な関与（90/17条で債務者提案候補の可決要件は単純多数決によるが，債権者提案の可決要件は特別多数決を要するなど），またかくして債務者優位に決定された再建計画策定人による再建計画案提議および再建計画実施人指名（90/42条・90/43条），また債務者側による再建計画案に対する修正動議提起および再建計画策定人再選（90/45条・90/49条以下），などの細部の設計が様々工夫されている。しかしながら，全般の手続的構造は，再建計画の作成・人選・実施といった主要な判断をあくまで債権者会議の合意によって進めていく点で，やはり英法系の債権者自治色が基調となっているのであり，上述のような細部の制度的工夫といえども所詮は，債権者主導手続の基本的流れにいかに債務者の意向を反映させていくかの，技術的あがきと見られる。またそもそも旧経営陣の退陣が基本的構造とされ，暫定管財人ないし再建計画策定人の選任と同時に経営権から退くこと（90/20条・90/21条），経営復帰は再建計画完了まで5年間にわたり阻止されること（90/75条），などとされている点も，米国チャプター・イレブンの debtor-in-possession とは程遠い，債権者主導型の枠組みである。

　しかしこのように，債権者主導色と経営救済色の中間で冴え切らない手続的構造は，英法系諸国一般の倒産法改革動向を受けたものと考えられる。英法系諸国では伝統的に債権回収法としての制度目的が重視され compromise, arrangement といった多様な再建型慣行といえども，債権者主導で経営陣のすげ替えをも含むいわば再建型清算処理としての性格が知られてきた。しかし財界側からは米国チャプター・イレブンに学んだ経営救済型制度への要請が高まり，英国で著名な1982年"Cork Report"の公表を経て，制度改革気運を生んだ。ただしその後に英国で実際に制度化された corporate administration（会社管理）では，裁判所が第三者的な主導権を発揮し有担保権者の取り込み

もなく，また voluntary arrangement（任意整理）では経営側主導スタイルであるが自動的停止が採用されていないなど，いずれにせよ債権回収行動の自由を容易に侵さぬ設計が配慮されたと見られる(93)。しかしアジア太平州地域の英法系諸国では，より米国チャプター・イレブンに接近する傾向がみられ，たとえばオーストラリアの1992年会社法改正で導入された corporate voluntary administration では，自動的停止で有担保債権者をも広く取り込んだうえで，債務者に管理人の一次指名権を与えるなど，債務者有利の再建計画を導く設計である(94)。タイの1998年改正過程では，このような近隣の英法系諸国の動向が深く研究されたと指摘されている(95)。事実，広範な自動的停止で再建追求の実効性を高め，また細部の手続的工夫によって債務者有利の再建計画を導く傾向において，オーストラリアの新制度などとの強い類似性を窺わせる。

このような比較法的な視点でみると，タイでその後の1999年再改正により再建計画採決・承認手続に関する強行規定が設けられた点は，米国チャプター・イレブン流の債務者救済志向へのさらなる現実的接近として理解されよう。すなわち，再建計画案の採択における組分け・クラムダウン制度の導入に伴い，組毎の多数決での反対者や，またクラムダウン状況での反対組の債権者に対して，その意に反した権利譲歩が強制される基本構造は，米国チャプター・イレブン同様である。

しかしながら，タイ法独特の設計も注目される。まずは債権者の組分けについて法が作為的な強制を行っている点である。一般債権者も，また大口の有担保債権者（債権総額の15%以上）も，自由な組分けが可能と明記されているが，いっぽうで中小の有担保債権者は一つの組に強制的にまとめられてしまう（90/42ノ2条）。

つぎに，反対組があっても全体として可決とみなす，いわゆるクラムダウンの成立を許す採決条件としては，米国チャプター・イレブンが権利縮減を求められる組のうち少なくとも一組の賛成を条件としているのに対して，タイ法はこうした権利縮減組の賛成をなんら要件としていない。単に，組分けされた債権者グループ毎に特別多数決で行ない，全体として出席債権総額の過半数に達する賛成組の合意が得られれば可決されるのである（90/46ノ2条）。

なおクラムダウンに際する権利縮減強制の限界については，米国チャプター・イレブンでは有担保債権者の担保目的物価額に見合った優先弁済権の保障や，その他債権者も下位の組に優先して債権の満足を受けられるとする絶対優先原則の保障などの，いわゆるクラムダウン条件が知られている。この点タイ法では，再建計画案に対する裁判所の承認基準の変更を行って対応し，すなわ

ち，1998年改正では「不平等な権利縮減についての当該債権者の合意の有無」を判断基準としていたものを（旧90/58条），1999年再改正により，組分け・採決手続などの手続的確認（改正90/58条1号）や一般的な清算価値保障原則（同3号）と並んで，クラムダウン適用条件として「同意なくして破産配当における優先順位の変更を受けない」とする原則（同2号）を規定するに及んだ。

　以上のような独特の設計から予想される帰結は，とくに中小の有担保債権者の犠牲においてその他債権者の満足が図られる形での，再建計画の強行成立である。手続面で，中小の有担保債権者は一つの組にまとめられて少数意見を封じられ，たとえ組として反対を決定してもクラムダウン状況では全体の多数決に拘束されてしまう。このような不利な交渉上の地位ゆえに，交渉過程で妥協を余儀なくされ，担保放棄・債権削減などの優先弁済権の侵食を容易に受け入れていってしまうことが予想されよう。裁判所の計画案承認基準として，クラムダウン状況での同意なき優先弁済権の侵食が阻まれる仕組みではあるけれども，不利な交渉条件ゆえにこの「同意」じたいが事実上強制されやすいと見るべきであり，ここで裁判所による実体的権利保障の監視は有名無実に帰している。米国流の基準を移植した1999年再改正のクラムダウン条件は，所定手続を踏むことで正当化を付与するいわば手続的監視契機に過ぎず，むしろ1998年改正時点の基準のほうがまだしも，不明確ながらも計画案の実体的結論への監視余地を含んでいたと理解されよう。一連の設計は，一部の債権者の不平等扱いを手続的に強制し，そのことで実体的にも不平等な結果を誘導するものであり，正当性は疑わしい[96]。

　以上を総括すれば，一連の改正を通じてタイ法は，従来からの債権者主導型手続の骨格を形骸として残しつつも，制度設計の細部に手を加えることによって，結果として国際機関の指導にかなりの線で忠実な，債権者譲歩・経営救済意図の強い再建型手続を実現したと見られる。こうした折衷的な設計姿勢そのものはオーストラリアをはじめとする近隣の英法系諸国に見られる動向に従うものと見られるが，しかし具体的な設計面では，多様な強行法規で債権回収過程の自治を抑圧するのみならず，むしろ特定債権者組の不利益取り扱いを明記して，集団的債権回収法たる倒産制度の根本である債権者平等原則を歪めるなど，深刻な問題性を露呈させていると考えられる。

　このような問題ある制度設計を生じた背景として，おそらくアジア危機後の厳しい経済的現実のもと，すでに破綻著しく再建可能性の乏しい多くの実例を目前にしながら，なおかつ国際機関の指導する経営救済志向の政策選択を忠実に実現せねばならなかったがゆえに，現実と制度モデルとの激しいギャップに

遭遇し，結果としてきわめて無理の多い形で債権者譲歩を強制していかざるを得なかったのではあるまいか。国際機関モデルの踏襲が重視されるあまり，倒産法制本来の体系的妥当性が犠牲とされた例とみるべきではあるまいか。

(3) 制度化された私的整理の優位性

上述のように，1998年8月以降の国際機関の指導を受けて，タイ中央銀行の肝いりで私的整理促進枠組み「バンコク・アプローチ」が開始された[97]。その特色は，「契約」としての強制力を活用する仕組みを通じてきわめて巧妙に私的整理への参加誘導と離脱阻止が図るもので，結果として債権者による単独の法的手続開始を阻止し，また債務者の経営存続を前提として，債務者救済を手続的に誘導する半強制的枠組みを提供している。

すなわち，まずは参加誘導の枠組みとして，中銀が金融・企業セクターの主要業界団体との協同で作成した雛型文書である「債務者・債権者間取り決め」において[98]，債務者の経営権存続を保障したうえで法的倒産手続の停止や延滞金利棚上げというアメを用意することで債務者側の参加を誘導するとともに（6条b項ほか），債権者側については大手銀行を主幹事に指名し（3条），その責任において債権者側の統率と5〜7ヶ月以内の交渉終結を義務化することで，参加を事実上強制している。また離脱阻止の枠組みとして，同「債務者・債権者間取り決め」では債権者側の逸脱行為につき債権残高の10％相当までの違約罰を課しているが（11条），ただし10億バーツ超の大手債権者については離脱余地がある（4条）。さらに債権者間には同様の雛型文書「債権者間取り決め」が存在し[99]，同取決めからの離脱につき債権者は債権総額の50％相当もの違約罰に晒される（7条）。このような契約的手法による離脱阻止を通じて，法的倒産手続の申立てその他の個別権利行使が厳しく阻止され，いわば「自動的停止」に近い効果が確立されているのであり，このことはまた私的整理枠組みを事実上法的手続に前置する仕組みを築いている。

さらに整理計画案の内容面では，「有担保債権者であると無担保債権者であるとを問わぬ平等待遇」が強調されるなど[100]，ここでも有担保債権者の譲歩を通じて一般債権者の合意を取りつける戦略をほのめかす。さらに採決手続については「債務者・債権者間取決め」（1条(r)項）では「倒産法の特別決議の方法に従う」とし，つまりは1999年再改正による組分け・多数決・クラムダウンなど実体的権利の譲歩を引出しやすい採決手続を示唆する。かつ反対債権者は文書で具体的な反対理由を提起することを求められている（9条前段）。こうした採決手続を通じた結果は，反対債権者についても当然のごとく強制力を付

与されている（9条後段）。

　このように、「バンコク・アプローチ」の枠組みは、当事者自治による合理的解決を促す純粋な意味での私的整理促進ではない。むしろ行政的な圧力と契約的手法による拘束のもとで、経営救済型再建という特殊な政策意図の実現を促す一つの独立した倒産手続である。いわば従来型の法的倒産手続とは別の政策意図をもった新手続を、立法過程の枠外で緊急に創出したものとみることが可能だろう。

　私的整理の法的手続代替的な活用論に対しては、例えば先ごろ日本の財界・金融界が検討した「私的整理ガイドライン」準備過程に見られたごとく、債権者平等を旨とする法的手続に対する脱法促進論であるとして厳しい批判も根強い[101]。ただし私的整理による法的手続回避機能が、積極的に求められる状況も皆無ではあるまい。例えば深刻な連鎖倒産状況が存在し、その背後にとくに債権者側の貸し込み責任が存在するといった場面で、かつ、にも拘わらず法定手続が過度に債権回収優位に設計されている場合に、私的整理でこれを回避し、債務者救済を加味して破綻責任を痛み分ける論理が許容される場合もありえよう。1980年代末英国の「ロンドン・アプローチ」も、こうした趣旨での現実的妥協スキームであったかに窺われる[102]。アジア危機下のタイでも、類似の背景要因が存在したとみることも可能であろう。経済破綻の連鎖は産業全般に及び[103]、また危機前夜の金融機関の貸し込み行動は事実であり、にも拘わらず、法的手続は英法系の影響の濃い債権回収優位の手続であった。しかしながら、「ロンドン・アプローチ」においては、合理的解決はあくまで当事者自身の課題であり、公的役割は当事者対等な交渉環境を創出する情報提供役に尽きていたのに対し、「バンコク・アプローチ」においては公的強制色が著しい。しかもこうした企業の私的整理枠組みは、既述のように金融機関資本注入プログラムなどの公金投入と抱き合わせで運用されたのである。

　こうした過度な公的介入のもとでは、倒産処理はむしろ膠着するおそれがあろう。本来の倒産処理は、債権者・債務者間の損失分担交渉を通じた民間自己責任を前提とするところ、当事者関係に安易な公的介入がなされるならば、救済を当て込んだ無責任な貸し込み・借り込みを助長するモラル・ハザードが懸念される。じじつ「バンコク・アプローチ」の適用過程では、経営存続を保障された債務者が交渉過程で開き直り、自己に有利な再建計画にいたずらに固執し、その間に営業資産価値の目減り、延滞債務の増大といった事態のさらなる混迷を来す例が相次いだ[104]。

2 流出資産の回復

(1) 否認権制度

　アジア危機後の倒産法改革過程では，否認権強化もコンディショナリティに挙がり，改正対象となった。まずは1998年導入の事業再生手続が，1940年「破産法」下の従来の否認権規定と異なる規定を設け，さらに1999年再改正法では，従来からの清算型手続の否認権規定じたいを変更した。しかしこれらの規定傾向を忠実に読解するかぎり，変更の結果，従来に比してむしろ規制緩和が進んだかに解される。

　すなわち，従来の否認権規定は先進諸国の制度例に比べてさして見劣りしていたわけではない。まずは危機否認では，手続申立前3ヶ月のすべての資産移転行為その他の行為が対象となり，偏頗性について債務者側の主観要件が問われるが，相手方の主観は問わない（旧115条）。ただし善意有償の転得者は優位する（旧116条）。いっぽう故意否認では，民商法典（237－240条）の詐害行為取消権を用いるとともに（旧113条），手続申立前3年の資産移転その他資産関連のすべての行為につき，相手方に善意有償性の立証転換が行われていた（旧114条）。ただしやはり善意有償の転得者が優位した（旧116条）。

　1998年改正法による事業再生手続では，危機否認規定はそのまま踏襲している（90/41条前段）。しかし故意否認では，事業再生手続独自の規定を行っており，すなわち手続申立前1年間の詐欺的行為・無償行為・廉価取引について，民商法典一般の詐害行為取消制度における債務者と相手方の主観要件につき推定効果を与えている（90/40条）。なおやはり，善意有償の転得者の優位が踏襲されている（90/41条後段）。

　また1999年再改正では，上記の事業再生手続における故意否認の規定ぶりを清算型手続にも及ぼす趣旨の変更が行われ，すなわち手続申立前1年間の詐欺的行為・無償行為・廉価取引について，民商法典の詐害行為取消権につき債務者・相手方の主観要件が立証転換される（改正114条）。なお，清算型手続での善意有償転得者の優位は，危機否認にのみ及ぶ記述となったので（改正116条），清算型手続での故意否認には及ばないかの印象を与えるが，しかし民商法典の詐害行為取消規定（238条）じたいが，無償行為以外につき善意有償転得者の優位を定めている点，留意される。

　以上のように，変更の焦点は，故意否認につき手続申立前3年間の全ての処分行為に及んでいた推定効果を，1年間の特定行為への遡及に狭めた点，また

主観要件の厳しい民商法典の詐害行為取消規定が準用される点であり，つまりは否認権行使側の立証責任が従来よりもむしろ重くされたといえよう。この点，欧米系法律実務家の間では先進諸国の規定傾向の線にならったスタンダード化として評価する向きが聞かれるが，しかしながら否認権制度は，現地経済の実態に応じた実効性こそが評価の対象とされるべきであって，画一的スタンダードへの接近じたいは課題ではあるまい。タイの経済的現実に鑑みれば，ファミリー財閥を中心に，企業資産を私的財産視するゆえに倒産前夜の資産隠しが横行する実態は社会問題として知られており(105)，厳格な否認規定は，むしろ財界が破産法申請を嫌気するゆえんともなってきたと考えられる。今次の立証責任をめぐる変更は，否認権強化なる前宣伝に拘らず，破産法適用促進の趣旨をも含んだ実質的な否認権緩和と見ることも可能ではないか。さらに，民商法典の詐害行為取消規定の準用において，ダミーの善意有償転得者を用いた否認回避の工作余地は，変更後もなお，ほぼ従前どおり維持されている。結果，不当な資産隠しを厳格に問うことなく，責任財産の中核を大きく失った状態で，倒産手続が進行される現実的帰結を許していると見ることができる。

(2) 内部者の責任追及
㈠ 内部者取引の否認

一連の「破産法」改正により，清算型手続・事業再生手続の双方について，通常は手続申立前3ヶ月である危機否認の対象期間が，「債務者の内部者」に関して手続申立前1年間に延長する変更が実施された（改正115条後段・90/41条）。しかしながら，このような規定のみでは，上述のような経営関係者の資産隠しを阻む実質的な効果は期待できまい。

なぜなら第一に，「債務者の内部者」なる定義そのものに操作多く（改正6条・定義条項），結果として経営関係者の親族や子会社を経由した多くの規制逃れの道を作り出している。すなわち定義では，取締役・監査役・無限責任社員などの経営陣，発行株式の5％以上を保有する支配株主，これらの経営陣・支配株主の配偶者と未成年の子，債務者企業または経営陣・支配株主が出資する合名会社，同じく無限責任社員である合資会社，同じく30％以上の持分を保有する有限責任社員である合資会社，同じく30％以上の株式を保有する株式会社・公開株式会社，以上の人物や会社が30％以上保有する株式会社・公開株式会社，さらに以上の各種会社の経営陣およびその配偶者・未成年の子，が限定列挙されている。ここで，まずは数値基準が確定的な限定列挙であるだけに，容易に抜け道を探り得るといえる。たとえば株主の取り込み範囲が5％基準と，

たとえば米国では議決権ある発行株式の20％，英国では議決権の1／3の支配などが基準であることなどとの比較で一見厳しいが，しかしタイの経済的現実においては財閥企業は支配ファミリーの成員が5％未満の持分を分割保有しあう形で巧妙に支配される傾向にあり，定義逃れが容易である。経営関係者の範囲は限定的（英国の「影の取締役」などとの対比）で，活用しにくい。また結合企業は，経営陣・配偶者の支配会社をも含むなど人的カバーは広い反面，確定的な株式保有シェア基準のみに準拠しており，この点例えば米国では直接・間接含めて議決権の20％所有を基準とし，英国でも実質的な経営支配性を判定する実質基準が採用されていることなどとの対比で，定義逃れが容易な規定ぶりといえる。また親族の取り込み範囲につき，先進諸法は三親等の血族・姻族に及ぶ例が一般であるなか，タイの定義では配偶者と未成年の子のみと，あまりに狭量である。以上総じて，経営者の成年子女や29％以下の関連会社といったダミーを介した内部者取引余地はなおも大きい。

さらに，内部者取引の追及強化が危機否認にしか及ばず，故意否認が対象とされていない点は，大きな限界である。タイの経済的現実において，ファミリー財閥向けの金融は適切な財務情報公開なくして展開されてきたこともあり，経営破綻が表明化する段階よりはるかに早い時点で経営関係者の資産隠しは行われうるのであり[106]，危機否認以上に故意否認の適用状況なのである。しかも故意否認の規定じたいが，上述のように一連の「破産法」改正を通じて，否認権行使側の立証責任を重くする方向で変更されているだけに，内部者取引の追及は，実質的に従来以上に困難になったと見なければならないであろう。この点比較法的にみても，先進諸法では内部者取引について立証要件を特別緩和する向きさえ見られるだけに[107]，タイ法の内部者擁護がいっそう際立つ。

また，上述の善意有償転得者の優先扱いは，内部者につき強化された危機否認には及ばないとされているが（改正116条），逆にいえば故意否認では継続されるのであり，なおもダミーを介した否認逃れの画策余地は残っている。

(ロ) 内部債権劣後化の削除

いっぽう，従来から経営破綻状況を知って実施された融資につき，配当過程で一般債権に対して劣後化する扱いが存在したが（旧94条2号），その趣旨は，経営関係者によってなされた資本代替的融資の衡平的劣後化であったと解される。ところがかかる規定は，1999年再改正法により修正され，事業再建支援意図でなされた融資は総じて劣後化の対象外となった（改正94条2号）。

上述した国際機関モデルの再建優位姿勢からすれば，かかる救済融資は，再建追求に資する新規資金投入としてむしろ既存債権者に優先させるとする

super priority論さえ説かれるところであるから，劣後化扱いの廃止は当然の措置ということになろう。しかしながら，改めてタイの経済的現実に当てはめて鑑みるならば，とくに間接金融主体の企業金融であり，過少資本に陥るリスクはつねに大きいだけに，債権者側からすれば財務的安定の一環としていわゆる「適正資本」が維持されることへの関心はことさら強い。再建追求志向に特化するあまり，金融促進を図る制度基盤たる倒産法の役割が度外視されるべきであるまい。画一的スタンダードの要請よりも，地場の金融構造に対応した現実的な政策議論が先立つべき局面と考えられる。そのうえで，一律劣後・一律優遇といった断定ではなく，あくまで政策課題に遡って劣後化の要件，対象などを特定していく緻密な制度設計努力が望まれる局面ではないか。

(3) **経営責任の追及**

1940年「破産法」は，あくまで手続規定の強制力を担保する趣旨での経営関係者に対する罰金・懲役刑を設けるのみで（法人債務者の発起人・取締役・支配人・従業員等につき175条，逃亡や破産手続阻害につき161条以下，手続申立前1年間の資産隠し・不実帳簿記載・資産処分等につき164条，破産手続違反の資産処分につき165条他など），とくに債権者側から追及しうる経営責任の特別規定を置くわけではない。あえて関連するのが，内部者取引の否認制度であるがその内容的不足は上述のとおりである。また上記の内部債権の劣後化規定も，例えば米国における自動的劣後化議論のごとく，不当経営責任追及や否認権制度に代替する新たな責任追及手段として発展させる余地もありえたかもしれないが，上述のようにすでに実質削除に等しい修正をみた。また，成文法主義のタイにおいて，法人格否認の法理などの法形成的な判例が展開する余地も聞かれない。

以上は，取締役責任はコーポレート・ガバナンスの課題であって倒産法制の関心事ではないとする，上記の国際機関モデルの志向に合致していよう。しかしながら，倒産法で規定するか会社法で規定するかの設計方針を問わず，両者の政策課題は深く重複しあっていると考えられる。すなわちコーポレート・ガバナンスにおいては債権者の監視機能もまた有用な手段であり，また逆にそうしたコーポレート・ガバナンス強化は早期の再建追求・倒産回避といった倒産法制課題とも重なり合う。ことに間接金融主体のタイの企業金融文化においては，そのような債権者の役割はいっそう期待される余地が大きいはずである。破産法で規定の乏しいタイについて，残る注目は会社法（公開株式会社法・民商法典会社規定）における取締役責任規定ということになるが，詳しくは第四章で後述するように，総じて責任根拠規定が乏しく，事前事後の免責範囲は広く，

しかも債権者による責任追及根拠は，代位行使・直接請求を問わず皆無といってよい。今後，こうした現状を改め，会社法制・倒産法制にまたがる制度設計に債権者主体の監視機能を有機的に組み込んでいく課題が示唆されよう。

3 債権者の実体的権利の変更

(1) 有担保債権者の譲歩誘導

上述のように，新たに成った事業再生手続では，有担保債権者は広く自動的停止に取り込まれ（90/12条），事業再建計画の交渉過程で権利譲歩を誘導されていく仕組みを伴う。とくに債権総額15％未満の中小有担保債権者については，不利な一括組分け（90/42ノ2条），権利縮減組の賛成を要しないクラムダウンの可決条件（90/46ノ2条）が存在し，また裁判所の再建計画承認に際しては，クラムダウン採決時に「同意ないかぎり破産配当の規定に従う」とする限界づけが働き優先弁済権が保障されるかに見えるが（90/58条2号），上記の不利な交渉条件下で「同意」が事実上強制されるならば，かかる保障は有名無実である。このように中小有担保債権者にとっては，担保目的物価額見合いの優先弁済権さえ確保されない仕組みに，手続上きわめて強引に取り込まれていく形で譲歩が誘導されている。有担保債権者としてはかかる強引な枠組みから逃れるべく，自動的停止の解除申請の道を探りうるが，解除事由が「担保目的物が事業再建にとって必要ではない場合」として認定された際は当然解除されるものの，解除事由が「担保権の保障不足」（担保目的物の減価分の支払いないし増担保などの保障が得られない場合）には，解除は裁判所の裁量に委ねられる仕組みである（90/13条・90/14条）。

このような強引なまでの有担保債権の譲歩は，どのような背景で許容されているのだろうか。一つの見方として，後述第三章で触れるように，タイの抵当権を嚆矢とする担保制度がきわめて排他的独占的な法的性格を示しているだけに，主要な資産はすべて別除権の対象とされうる事情が挙げられよう。有担保債権者と無担保債権者との権利保障の格差が歴然としているだけに，とくに無担保融資を拡大させていた外資系債権者を中心として，有担保債権者の譲歩を促す制度改革への要請が高まった経緯が想定される[108]。

(2) 救済融資劣後化の廃止に伴う新規救済資金の優遇

上述のように，破綻前後の救済融資については従来の劣後化扱いが廃止されたために（改正94条2項），新規資金提供者は，国際機関モデルにいう super priority こそ法定しないものの，さしあたり一般の無担保債権と同列に扱われることとなったといえる。さらにこのことで，事業再生手続においては無担保債券の自由な組分けが可能なことから，新規救済融資が独立の組分けを確保することで，再建優先なる「全体の利益」を根拠とする交渉力学のもと，中小有担保債権や他の一般債権の実体的譲歩を促しつつ，実質的に super priority 待遇の実現を図る余地も，手続上充分存在することとなったと言えるだろう。

(3) 優先債権の待遇

　政策的配慮に応じた優先債権の設定については，上述のように国際機関モデルが可能なかぎり廃止を推奨するところだが，タイの1940年「破産法」においては従来からさして過大な政策配慮は盛り込んでこなかった。一連の改正を経てもなお，従来どおりの消極的な規定傾向が維持されていると見られる。

　すなわち従来からの破産配当順序に従えば，別除権が保障されたうえで，まずは一般債権に優位して，財産管理費用，財産回復費用（一定率），裁判・弁護士費用全額，6ヶ月以内の租税債権，2ヶ月分の賃金債権につき一人300バーツ以内まで，の順で配当が行われてのち，一般債権の配当順序が回ってくる仕組みであった（旧130条）。1999年改正での修正点は，このうち賃金債権の配当優先限度が6ヶ月分に延長され，一人300バーツ以内なる限定が削除されたのみである（改正130条）。また改正前後を問わず，管財開始後の賃金債権については通知2週間以内の申出なければ消滅するとされる（131条）。このように租税債権・賃金債権といえども上限が法定されてきた。しかもとくに賃金債権については，300バーツ限度という日額最低賃金の一週間分にさえ満たない些額の優先扱いが存在したのみで，改正後に，管財開始後には一般債権にさえ容易に算入されない仕組みも継続している。

　なお先取特権として別除権の認められる対象も，きわめて限られている。タイの民商法典では，租税債権（過去2年分）や賃金債権（過去2ヶ月分につき150バーツ限度など）についての一般先取特権が存在するが（同253条），これ自身，特別先取特権（動産先取特権・不動産先取特権）や担保権に劣後する優先権に過ぎないところ（277条・284条），さらに1940年「破産法」のもとではその優先効果がまったく否定され，一般債権扱いとされてしまう。すなわちタイの「破産法」（6条）はそもそも別除権を認める「担保権」の範囲を独自に限定し，民商法典の規定する抵当権（民商702―746条），質権（同747―769条），留置権（同241―250条），および質権類似の占有を伴う先取特権（同251―289条），のみに限っているのである。こうした別除権の範囲確定は，とくに担保権の存在が

明示的に公示されない場合に別除権を否定することで，企業の手元資産見合いで無担保金融を行う一般債権者にとっての配当期待を重視する，一つの立法政策の反映と考えられる(109)。いずれにせよ，倒産処理上の要請が，民商法典の想定したミニマムな政策的配慮をも凌駕する側面である。

以上のように総じてタイ法の政策配慮は抑制的であり，近隣諸国との対比においても政策配慮が乏しい例に数えられる(110)。

4　総　括

(1)　グローバル・スタンダードの顛末

以上概観したタイの倒産法制改革を通じて，手続の全般的な構造は，従来からの債権者主導の自由な手続選択の基調を崩し，行政関与の私的整理とこれに連動した法的再建手続が清算型手続に優位する一連の手続統一化を通じて，経営救済型再建を制度上誘導する構造へと変質した。またかかる再建追求志向を現実のものとする戦略としては，債権者相互のゼロサム的な権利縮減ゲームを想定しつつ，とくに一部の有担保債権者の不平等取り扱いを含む特殊な手続操作を通じて，既存債権者の実体的権利の譲歩を引き出す仕組みが織り込まれ，いっぽう，かかるゼロサム・ゲームに活路を与える新規資金提供者に対しては交渉過程で最大限の厚遇が提供される余地がある。他方で，経営関係者の資産隠しなどを追及し流出資産回復を図る制度は必ずしも厳格に探究されず，むしろ巧妙に抜け道が工夫されている。また，このように債権者譲歩を中核とした再建追求方針と平仄を合わせるかのように，金融機関への公金投入プログラムが考案されている。全体としてみれば，民間当事者関係においては債権者譲歩による経営救済型再建を強引な手続操作のもとで誘導しながら，さらにかかる譲歩した債権者に公的支援の報奨を与える仕組みにおいて，実質的に，倒産企業に対する間接的財政支援を含む強力な救済枠組みが形成されたことが理解される。

以上の新たな倒産法制の構造は，総じて，国際機関推奨の法制モデルを忠実に踏襲した結果である。しかしながら細部においては国際機関モデルに見られないタイ特殊の制度設計も織り込まれ，とくに一部有担保債権者の不平等扱いのごとく，集団的債権回収制度たる倒産法制本来の債権者平等原則を歪める局面も見いだされる。おそらくアジア危機後の厳しい経済的現実のもと，すでに破綻著しく再建可能性の乏しい多くの実例を目前にしながら，なおかつ国際機関モデルの推奨する経営救済優位方針を実現するために，タイの立法関係者は

モデルと現実との激しいギャップに遭遇せざるを得なかったのであり，結果としてきわめて無理の多い特殊な制度設計を通じて債権者譲歩を強制していかざるを得なかったのではあるまいか。

かくして倒産法制の本旨を歪めてまで，国際機関モデル推奨の経営救済方針に偏重した結果，その後の制度利用の現実においては，既存経営陣の利害に発した手続操作が横行し，市場的規律にとってきわめて有害な状況を生じていることが次第に明らかとなっている。とくに日系企業などの外資が取引先債権者として絡む倒産事例において弊害は顕著であり，たとえばタイ進出中の日系企業に対する最近の広範なアンケート調査によれば，債務者側による不当な手続操作が行われる赤裸々な実態が明らかにされつつあり，また地場裁判所がこれらを追認する事例が見出されている[111]。国際機関モデルを踏襲した法制改革が，結果として深刻なモラル・ハザードを招じ，市場機能を促進するどころかその混迷をもたらす現実が露呈しているのである。

(2) 異なる選択肢

タイの倒産法制改革にとって，より望ましい選択肢はあり得なかったのだろうか。既存法制はたしかに，破綻著しい事態ではじめて発動されうる債権者契機の破産・和議手続と，会社清算手続からの破産移行しか有さず，破綻初期段階で経営再建を促す枠組みは欠いていたといえるであろう。したがって破綻初期段階を想定し，債務者契機の再建交渉枠組みを新設する必要はあったといえる。しかしながら国際機関モデルにおけるように，これを法的監視の外で交渉力学に委ねる私的整理として導入すべきであるとは思われない。タイの既往の現実において，支配株主や有力債権者主導の不当な私的整理がむしろ倒産処理の主流をなしてきた経緯は知られているだけに，債務者側の客観的な情報開示を促し，債権者側の合理的な判断を保障する交渉の土俵を整備する法的役割が存在しよう。同じ意味で，法的手続は単に私的整理の結論をプレパッケージド・プランとして持ち込んで形式的デュー・プロセスを踏むだけの正当化の場であるべきではないから，債権者間交渉の組分けや採決手続を操作し容易な合意を誘導するチャプター・イレブン流の手続操作は不当ではあるまいか。ましてやタイの改正法のごとく，一部有担保債権者の不平等な地位を強いてまで債務者有利の合意を誘導することが，至上課題とされねばならない根拠はあり得ない。

またこうした破綻初期段階の再建交渉枠組みの問題とは別に，破綻深刻化後の合理的な破綻処理枠組みの強化もまた必要とされていたと考えられる。アジ

第2章 倒産法制改革の検討

ア危機後の事例の多くは，じつはこうした破綻深刻化段階の問題であったと見られる。この点，国際機関モデルにおけるように一貫した再建追求優位の手続統一化を既定してしまうことで，硬直的な状況を生じ，たとえば即座の清算型処理しかありえない破綻深刻化事例においてさえ迂遠な再建追求手続から開始せねばならない。かかる時間的浪費の間，ことにタイの現実に鑑みるならば，有限責任制度に依存しすでに再建意思を喪失した債務者株主・経営陣による資産逃避などの危険が不当に高まるばかりであろう。こうした局面では改めて，債権者主導の合理的な選択の自由が保障される必要が考えられる。それだけに，既存の債権者主導手続の骨格を生かしながら，否認権の強化，また内部者取引や経営責任への監視を強める制度改革が検討されてしかるべきであった。しかしながら本稿でみたように，国際機関モデルを受けた改革の結果，債務者主導の再建手続統一化がこうした債権者主導手続を阻み，また監視強化型制度はむしろ緩和の道を歩むという，現実的要請とは対極の制度設計に帰結した。かくして本来，破綻初期段階を想定すべき再建促進枠組みが，破綻深刻化段階における債務者救済目的にとっての強引な手続枠組みとして応用されていった点に悲劇があると考えられる。こうした制度選択がたとえ，アジア危機という緊急事態への対応として正当化されえたとしても，危機ひとたび去った今後，改めてあるべき市場的規律を旨とする制度探究が開始される必要があるのではないか。

（1）前掲 IMF(1999) "IMF-Supported Program in Indonesia, Korea and Thailand: A Preliminary Assessment," p.105-112, とくにセクション158, 163, 165, 168, 170参照。
（2）前注 IMF(1999), セクション165, 170, また前掲 World Bank(1998) "East Asia: The Road to Recovery," p.124-128ほか。
（3）World Bank (1999) "Draft World Bank Principles and Guidelines for Effective Insolvency Systems". 1999年中に，同原則に依拠して欧州・アジア太洋州各地で度重なる倒産法シンポジウムが開催され，同原則に関する意見交換と周知徹底が進められた。
（4）IMF (1999) "Orderly & Effective Insolvency Procedures: Key Issues".
（5）ADB (2000) "Report No.5795: Insolvency Law Reforms in the Asian and Pacific Region," in *Law and Development at the Asian Development Bank*, 1999 Edition 所収。同報告書はフィリピン・インドネシア・韓国・マレーシア・タイを中心とするアジア諸国の実務弁護士の協力による情報収集を受けて，1999年10月マニラにおける ADB 主催 "Symposium on Insolvency Law Reform" を経てまとめられた。

（6） 世銀『倒産制度原則』2.2.2項 'Liquidation and Rehabilitation' の節参照。
（7） IMF『倒産手続の焦点』, 'Conditions for Commencement' の節（20頁），および同 'Conversion from Liquidation to Rehabilitation' の節（40頁）のそれぞれ Principal Conclusions（主要結論）部分参照。
（8） 世銀『倒産制度原則』6.2.2項，IMF『倒産手続の焦点』40頁「主要結論」。
（9） ADB『スタンダード』（3項）は再建型手続から清算型手続への移行確保についても述べているが，しかしその真意は，自動的停止効果の最大化を含むその他の規定と読み合わせるならば，あくまで再建交渉促進のためのアンカー機能への一般的言及として理解される。
（10） 世銀『倒産制度原則』6.2項；IMF『倒産手続の焦点』42頁；ADB『スタンダード』5.2項。
（11） 世銀『倒産制度原則』6.2項の「救済モデル：計画案の形成」，IMF『倒産手続の焦点』45頁，ADB『スタンダード』10.3項参照。
（12） 世銀『倒産制度原則』6.2項の「救済モデル：計画案の承認／裁判・法廷の役割」，IMF『倒産手続の焦点』46頁・49頁，ADB『スタンダード』10.1項・10.3項・11項参照。
（13） 世銀『倒産制度原則』6.2項の「救済モデル：事業経営の安定的存続」，IMF『倒産手続の焦点』52頁 'Pre-Commencement Financing', ADB『スタンダード』5.6項参照。
（14） ADB（2000）"The Need for an Integrated Approach to Secured Transactions and Insolvency Reforms," 第82パラグラフ参照。
（15） 世銀『倒産制度原則』6.2項の「救済モデル：計画案の検討と採決」，IMF『倒産手続の焦点』49頁，ADB『スタンダード』9項参照。
（16） 世銀『倒産制度原則』6.3項の「私的整理のための原則」，IMF『倒産手続の焦点』12—14頁，前掲ADB "Report No.5795," p.53-63 参照。
（17） 以下の記述につき情報源は，British Bankers Association (1998) "The London Approach, Draft as of 27th February, 1998" である。なお本文書は，香港銀行協会に対する制度的協力の趣旨で英国銀行協会が作成した文書である。
（18） 前注 British Bankers Association (1998), 'Introduction' 参照。
（19） 世銀『倒産制度原則』6.6—6.7項，ADB "Report No.5795," p.53-57参照。
（20） 世銀『倒産制度原則』脚注27，脚注40ほか。
（21） 世銀『倒産制度原則』6.6項ほか。
（22） 世銀『倒産制度原則』脚注40ほか。
（23） 以下主に，世銀『倒産制度原則』6.6—6.7項，またADB "Report No.5795," p.53-57参照。
（24） タイ対IMF第6回政策趣意書（Letter of Intent of Government of Thailand dated August 5, 1998）参照。
（25） インドネシア対IMF第4回経済金融政策合意（Memorandum of Economic and Financial Policy dated July 29, 1998），およびインドネシア対IMF第3回政策

趣意書（Letter of Intent of Government of Indonesia dated September 11, 1998）参照。

(26) IMF (1998) "Corporate Debt Restructuring in East Asia : Some Lessons from International Experience," IMF Paper on Policy Analysis and Assessment；また世銀研究者である Klinggebeil, D. (2001), "Asset Management Companies," in Claessens, S., Djankov, S. and Mode, A. (2001), *Resolution of Financial Distress*, World Bank Institute 参照。

(27) 前注 IMF (1998)の 'Conclusion and Policy Implication' 参照。

(28) 具体的な成功例として，スウェーデン1980年代の金融破綻処理過程におけるグッドバンク・バッドバンク方式のごとき，不良債権の民間内分離方式などが推奨されている。

(29) 倒産手続の不備ゆえにモラルハザードを生じた具体例として，1990年代の東欧諸国やメキシコ等の中南米諸国における公的救済事例が広く参照されている。

(30) 世銀『倒産制度原則』6.7項ほか。

(31) 金子由芳（1999）「タイ金融構造改革をめぐる制度選択の現状」『アジア研究』45巻3号，26頁以下参照。

(32) 世銀『倒産制度原則』6.1項；White, M. J.,(2001) "Bankruptcy Procedures in Countries Undergoing Financial Crises," in Claessens, S., Djankov, S. and Mody, A. (2001), *Resolution of Financial Distress*, World Bank Institute, p.39-42参照。

(33) Stiglitz, J. E. (2001), "Bankruptcy Law : Basic Economic Principles," in Claessens, S., Djankov, S. and Mody, A. (2001), p.4参照。

(34) 前注 Stiglitz, J. E. (2001), p.11-12参照。

(35) 前注 Stiglitz, J. E. (2001), p.16-21参照。

(36) Claessens, S. and Lapez-de-Silanes, F. (2001), "Creditor Protection and bankruptcy Law Reform," in Claessens, S., Djankov, S. and Mody, A. (2001), p.65以下。

(37) 世銀『倒産制度原則』6.1項。また IMF『倒産手続の焦点』'Objectives of Rehabilitation'（38頁）；前掲 ADB(2000) "Report No.5795," 第102パラグラフ同旨。White, M. J., (2001), p.25以下同旨。

(38) Jackson, Thomas, H. (1982), 'Bankruptcy, Nonbankruptcy Entitlements, and the Creditors' Bargain,' 91 Yale L. J. p.857参照。

(39) 米国における「ジャクソン理論」と「再分配論」との攻防につき詳細な紹介として，水元宏典「倒産法における一般実体法の規制原理（三）」法学協会雑誌118巻6号816頁以下。

(40) 英法系の伝統モデルはたしかに，債権者申立ての倒産手続はデフォルト契機の法的清算手続しかなく，いっぽうで再建余地を含む手続として債権者の主導性の高い任意清算手続があるも，その開始権限は債務者企業が握っており，有限責任制度に甘んじて手続開始を怠ることが考えられるだけに，債権者側が疑心暗鬼を募らせデフォルト契機の法的清算手続に直行する傾向がうかがわれるであろう。こうした英法系伝統

第 2 節　アジア危機後の倒産制度改革の実例

　　モデルを現在に至るも受け継ぐ例として，金子由芳（2003）ほか「ミャンマーの経済法制の現状」『国際商事法務』31巻11号参照。
(41)　世銀『倒産制度原則』の第 2 章「法的枠組み」で提示された"Common design features and issues"（以下「制度設計の共通の焦点」と略す）中の'Recapture of antecedent transfer'の項参照。
(42)　IMF『倒産手続の焦点』26―29頁。
(43)　ADB『スタンダード』14項。
(44)　たとえば危機否認の行使要件について比較法的には，相手方の主観的要件を問う例（ドイツ1999年新倒産法・130条 1 項 1 号やフランス1985年倒産法など）や，問わない例（米国1978連邦破産法・547条 b 項・c 項）があり，前者はまさに既述の IMF 提言のごとく取引の安全を重視する立場だが，後者では，否認権を行使する側にとって要件が客観的で便宜があるわけで，政策選択としては責任財産充実・債権者平等配当を重視し，実体法秩序・取引の安全の制限もやむなしとする踏み切りがあることになる。
(45)　荒木隆男「アメリカ破産法における偏頗行為法の生成と展開（一）」亜細亜法学22巻 1 号40頁参照。なお実体法秩序維持の原則論で知られる前述「ジャクソン理論」では，危機否認における実体法秩序の改変は，倒産法制の債権回収法たる本旨に由来する固有制度として正当化され，米国における厳格な否認権運用に理論武装を与えている（水元宏典「倒産法における一般実体法の規制原理（二）」法学協会雑誌118巻 5 号745―746頁）。
(46)　例えば近年の例で，「倒産実体法研究会（竹下守夫代表）の『要綱』（倒産実体法研究会（1995―2000）「倒産実体法の立法論的研究（一）〜（七）」『民商法雑誌』112巻 4・5 号〜117巻 1 号参照），また法制審議会・倒産法部会の検討（法務省民事局参事官室編（1997）『倒産法制に関する改正検討課題』商事法務研究会参照）などにみるように，丹念な比較法的検討を踏まえて多様な立法論的提言を行い，現実の法制改革に影響を与えている。一例として危機否認の要件の問題をめぐって，上記『要綱』では，現行の日本破産法（72条 2 号）が要求する相手方の主観要件を捨て，代わって，申立て前60日間（内部者につき 6 ヶ月，非債弁済について90日）のすべての弁済・担保提供行為につき，相手方が倒産状況の不在を立証しないかぎり否認をなしうるとする，推定による立証責任転換を行い，かつ否認権行使側が破綻状況を立証しえるかぎり申立て前 1 年以内の行為まで否認できるとする（『要綱』 8 - 1 甲案・乙案）。相手方の主観的要件を問わないながらも否認対象期間の長さの設定において主観的な帰責可能性の度合いが反映されていると見られる点で，取引の安全について客観的な形での配慮が施されていると考えられる。また米国連邦倒産法（547条 f 項）の債務超過推定規定などを参考にしつつ，自己の財務状況を最も詳しく解析しうる債務者自身に立証責任の中核を担わせ，否認権の実際の運用効率を高めていると見られる。
(47)　ADB『スタンダード』（14項の解説部分）参照。
(48)　たとえば否認対象行為の立証要件を緩和する例として，ドイツ新倒産法は危機否認（131条 2 項）で相手方が破綻企業と「親密なもの」である場合の主観的要件につ

き，また故意否認（133条2項）でも「親密なもの」に対する破綻企業の行為の主観的要件につき，立証転換を行う。英国倒産法は「会社関係者」につき，危機否認（239条6項，340条5項）破綻企業側の主観的要件につき，また廉価取引（249条，435条）で破綻企業の無資力要件につき立証転換を行ない，また浮動担保設定（245条4項）で無資力要件を不要とする。米国ではモデル法である統一詐欺的移転法（5条b項）において，倒産法と連動した「内部者」定義に従いつつ詐害性の推定を行うが，しかしいっぽうで「内部者」側からの防御事由（8条f項）を列挙し，新規資金導入の促進政策を反映している。いっぽう対象期間については，米国連邦破産法（547条b項）が通常は手続申立て前90日の危機否認を「内部者」について1年に延長し，英国倒産法（240条1項）は通常は倒産開始前6ヶ月の危機否認を「会社関係者」につき2年に延長するなどである。

(49) ドイツ有限会社法・32条aに立法化されているが，判例法理により株式会社の株主についても一定の要件で適用される。上原敏夫「会社の倒産と内部債権の劣後的処遇（下）」判例時報1283号ほか参照。

(50) 法人格否認法理の派生で形成された判例法で，1939年のDeep Rock判決（過少資本状況の子会社に不当経営を指導していた親会社の債権を，衡平の原則を根拠に，子会社の優先株主の権利に劣後させた）が知られる。連邦倒産法501条c項に盛り込まれるに至っている。

(51) 衡平的劣後化は，有限責任制度の例外ではなく，むしろ有限責任制度の恩恵を享受する前提として一定額の適正資本の拠出というリスク負担が要求されているのだとし，劣後化によってかかるリスク負担を貫徹させてこそ債権者平等が達成されるとする説明がある（Hackney & Benson (1982) 'Shareholders Liability for Inadequate Capital,' 43 U. Pitt. L. Rev. 837, p.858；Easterbrook & Fischel (1985) 'Limited Liability and the Corporation,' 52 U. Chi. L. Rev. p.89など）。しかしここで前提となる「適正資本」の判定基準については，財務分析専門家の判定，他資金源からの通常借入可能性，独立当事者間関係の有無，債務資本比率などの財務数値化，などの多様の議論があって確定していない。松下淳一（1990）「結合企業の倒産法的規律（一）」法学協会雑誌107巻11号1793－1810頁参照。またそもそも「適正資本」水準までのリスク負担を義務づける法的根拠は存在するのかの疑問も呈されている。吉原和志（1985）「会社の責任財産の維持と債権者の利益保護（一）」法学協会雑誌102巻3号12頁参照。

(52) 会社法における不当経営・忠実義務違反の責任追及手段，あるいは否認権制度・詐害譲渡法などとの関係で，選択的利用ないしそれらの要件から洩れる局面での補充的代替手段として，幅広く流用される向きがあるという。前掲・松下淳一「倒産法的規律（一）」1811頁以下参照。

(53) 一例として，米国連邦倒産法501条c項による衡平的劣後化法理の立法化過程では，内部債権の全額自動的劣後化が提案されたが，経済界の批判で阻止された経緯があるという。

(54) たとえば，米国「統一詐欺的移転法」における内部者の経営支援抗弁のごとく，

企業再建努力を活かす設計の研究余地もあろう。また前掲,倒産実体法研究会『要綱』(8-2-1項,「倒産実体法の立法論的研究」(六)所収)で,主にドイツの有限会社法や判例・学説に学びつつ,倒産前夜の正当な救済融資までを一律に萎縮させるべきでないとの見地からする解釈の方向性が論じられている。

(55) たとえばドイツでは,いわゆる「事実上のコンツェルン」における不当経営支配に際して,従属会社債権者による支配会社側への直接請求が可能である(株式法317条)。また株式会社・有限会社ともに,資本維持原則の派生として,支配株主・取締役等が高額報酬などのいわゆる「隠れた利益処分」を受けた場合の返還責任が規定され(株式法57・62条,有限会社法30・31条),とくに株式会社では会社債権者が直接請求をなしうる。

(56) 世銀『倒産制度原則』2.2.2項 'Common design features and issues' においては,「取締役責任は会社法分野における会社ガバナンス適正化の一環で設計されるべきであって,倒産法の対象とはなりにくい」などの否定的根拠を挙げる。ADB『スタンダード』15項も,倒産法制はコーポレート・ガバナンスに関する実体法ルールの欠陥補修役を担うべきではないとする見地で,不当経営に対しては債権者は直接の実害を立証しつつ一般的な民事責任を追及すべしとする。

(57) 世銀『倒産制度原則』2.2.2項 'Common design features and issues' 参照。

(58) IMF『倒産手続の焦点』42〜43頁も重大な不当経営・資産横領などの事実がないかぎり,旧経営陣の再建努力を保護すべしとする考え方を示す。

(59) 「信託基金理論(trust fund doctrine)」は,会社無資力状況に至っては,会社財産は株主配当等に先んじて債権者弁済に向けられる原資となるとする議論で,これに従い,経営陣が受託者として会社債権者に直接の忠実義務を負うとする根拠となり,実際にも,きわめて頻繁かつ多様な状況で同法理を根拠とする取締役責任追及が行われているという。佐藤鉄男(1987)「会社の倒産処理と取締役の責任—債権者救済構造の分析—(三)」法学協会雑誌105巻5号,また,前嶋京子(1981)「米国における取締役の会社債権者に対する責任」阪大法学115号,同(1982)「米国における会社支払不能時の債権者の地位」下関私立大学論集25巻3号など参照。

(60) 米国では,会社法分野で各州毎に取締役経営責任について多様な設計が存在する。ニューヨーク州会社法(720条)が責任範囲を不当経営一般に広げつつ,債権者による責任追及を無資力要件や債務名義の存在などの条件下で認める例が知られている。いっぽう,規制緩和志向で著名なデラウェア州会社法(174条)では債権者の責任追及は認めるが責任範囲は違法配当等に絞り込まれているし,さらに模範事業会社法(48条)では債権者の請求権になんら言及しない。いっぽうで,カリフォルニア州会社法(316条a項)で,会社無資力要件を問わず,およそ「すべての債権者や株主」が不当経営責任を追及しうるとする例もある。前掲・佐藤鉄男(1987),畠田公明(1981)「アメリカ法における取締役の会社先件者に対する責任法理の展開とその制定法について」福岡大学大学院論集13巻1号ほか。

(61) しかもこの際,債権者は直接の訴訟担当者として自己に対する直接支払いを要求しうるなど,単なる派生訴訟の性格を越えた積極的な責任追及が可能である(株式法

93条5項)。佐藤鉄男（1990）「会社の倒産処理と取締役の責任—債権者救済構造の分析—（四・完）」法学協会雑誌107巻2号244頁以下参照。

(62) 破産管財人による取締役の対会社責任追及について，挙証責任分配などの便宜を図っている（有限会社法43条2項）。また取締役の「破産申立義務」（有限会社法64条）により，破産原因発生後申立遅延中の資産流出につき賠償責任を生じさせるなどの効果がある。なお有限会社では取締役以上に社員の経営支配が強いとして，むしろ既述の過少資本規制法理に比重が置かれている（有限会社法32 a・b条）。

(63) たとえば，米国の上述の信託基金理論はことさら拡張され濫訴を招いているとして批判もある。同様の懸念は，日本商法322条ノ2の取締役の対第三者責任規定が，とくに中小企業のオーナー経営者に対する債権者側の懲罰的な債権取立て手段として，無資力時であると否とを問わず非常に広範に活用されている事情をも想起させる（実証分析として，霜島甲一（1981）「東京における私的整理の実態と法的分析(2)」判例タイムズ434号68頁など）。またドイツではたとえば上述の取締役の対会社責任や破産申立責任などは，否認権などの他制度と重畳的に機能しあい，債権者・管財人側はもっとも責任追及に成功しやすい手段を任意に選択できるわけで，倒産過程で取締役側が責任追及を逃れる余地がきわめて狭い。

(64) 世銀『倒産制度原則』2.2.2項の'Secured Rights'，また6.2.1項'Rescue Model'(2)項参照。

(65) IMF『倒産手続の焦点』44—50頁。ADB『スタンダード』5.3項，9.3—9.5項，また10.1—10.2項では清算価値保障原則や，独立専門家による商業的妥当性の監視などを示唆するが，やはりクラムダウン条件（有担保債権者の目的物価額保障や一般債権の絶対優先原則など）への具体的言及は欠く。

(66) 世銀『倒産制度原則』2.2.2項'Secured Rights'参照。

(67) たとえば不動産評価について，収益還元法ではなく，日本やアジア諸国におけるごとく，それ自身の市況で判断される経済慣行を想定するならば，市況上昇ないし停滞局面では一括換価の検討を待つ余裕がありえても，市況下降局面では一括換価が有用とは限らず別除権行使の要求は当然強い。IMF『倒産手続の焦点』23—26頁では，自動的停止を前提しながら，こうした場合の解除申請を想定しているが，それでは逆に一括換価がほとんど成り立つまい。むしろたとえば，日本における『倒産法制に関する改正検討事項』13(2)イ項の提言のように，別除権行使を原則としながら裁判所の客観的判断に従う個別的中止命令を可能とする設計などにより，実効的な政策的調整が可能となるのではないか。

(68) ADB(2000) "The Need for an Integrated Approach to Secured Transactions and Insolvency Law Reforms," in ADB (2000) *Law and Policy Reform at the Asian Development Bank*, 2000 Ed. Vol.1.

(69) 世銀『倒産制度原則』2.2.2項'Secured Rights'，IMF『倒産手続の焦点』24—26頁・33頁。ADB『スタンダード』5.3項参照。

(70) 前注 ADB(2000) "The Need for an Integrated Approach to Secured Transactions and Insolvency Law Reforms," 第71パラグラフ。

(71) 前注 ADB 報告書の基礎をなした，Fleisig, H. (1999), "Integrating the Legal Regimes for Secured Transactions and Bankruptcy : Economic Issues," Harvard University Center for the Economic Analysis of Law, presented at ADB Symposium on Secured Transactions Law Reform, October 25-28, 1999, Manila, p.13-16参照。IMF『倒産手続の焦点』36頁も租税債権についてほぼ同旨。世銀「『倒産制度原則』2.2.2項 'Employee' でも，労働債権に関して，「労働者も株主同様に営業不振についてのリスクを暗黙裏に負担している」とする英米の伝統的な考え方を紹介し，また発展途上国における社会保障制度の遅れに対する政策配慮は，倒産法制の限界を越える問題であるなどとする。
(72) 世銀『倒産制度原則』6.2.1項の "Rescue Model"中，'Stabilizing and sustaining business operations' の節参照。
(73) 前掲 ADB(2000) "The Need for an Integrated Approach to Secured Transactions and Insolvency Law Reforms," 第79パラグラフ・第84パラグラフ参照。しかし同報告書の元となったマニラ担保法シンポジウムにおいては，新規資金提供者への "super priority" 提供の実例として，米国や香港での制度化過程が営為紹介されるなど，かなり積極的な基調が存在した。
(74) "Letter of Intent of Government of Thailand dated November 30, 1997 (http://www.imf.org/external/np/loi にて本文・別表とも公表)。
(75) "Letter of Intent of Government of Thailand dated May 14, 1998 (http://www.imf.org/external/np/loi にて本文・別表とも公表)。
(76) "Letter of Intent of Government of Thailand dated August 14, 1998 (http://www.imf.org/external/np/loi にて本文・別表とも公表)。
(77) "Indonesia Memorandum of Economic and Financial Policies dated January 15, 1998" (http://www.imf.org/external/np/loi にて本文・別表とも公表)。
(78) "Letter of Intent of Government of Indonesia dated September 11, 1998 (http://www.imf.org/external/np/loi にて本文・別表とも公表)。
(79) "Letter of Intent of Government of Korea dated December 3, 1997 (http://www.imf.org/external/np/loi にて本文・別表とも公表)，17項，35項参照。
(80) "Letter of Intent of Government of Korea dated July 24, 1998 (http://www.imf.org/external/np/loi にて本文・別表とも公表)；"Memorandum of Understanding on World Bank Structural Adjustment Loan to Korea II dated July 23 : Policy Matrix" 1-a 項，2-e 項参照。
(81) "Praracha-Banyat-Lomlalay, Putasakra 2483" (仏暦2483年（1940年）破産法)。
(82) 新設手続の正式名称は "Krabuan-picharana-kiawkap-kaanfunfu-kichakaan-khon-lukni" (債務者事業再生に関する手続)。本手続の導入につき，草案・法案段階からの検討経緯を条文毎に辿る分析として，金子由芳(1998)「タイ通貨危機下の '会社更生法' 導入について」広島法学22巻1号99—131頁参照。
(83) 改正後の適用実態につき詳しくは，金子由芳(1998)「タイ・インドネシアの企業

倒産処理の現状」国際金融1024号38—47頁参照。

(84) 再改正経緯と内容の詳細について，詳しくは金子由芳（2000）「タイの倒産法改革動向（一）（二）」広島法学23巻4号—24巻1号参照。

(85) "Faillissements-Verordening/ Undang-undang tentang Kepailitan, Staatsblad Tahun 1905 Nomor 217"（1905年公布217号・破産法）。

(86) "Peraturan pemerintah pengganti Undang-undang Nomor 1 tahun 1998 tentang perubahan atas Undang-undang tentang kepailitan"（破産法を改正する1998年法律公布第1号）による。

(87) ただし国際機関の圧力下で緊急になされた立法であるだけに，技術的綻びも目立つ。たとえば，「権利停止手続」における和議成立不調の場合に破産手続に直行するとする「アンカー機能」を新たに持ち込みながらも（217条のA・1項），別に，「権利停止手続」が複数回繰り返されることを想定した否認権行使期限の遡及に関する規定（246条2項）が存在する。また破産手続や「権利停止手続」で，有担保債権者が新たに90日から270日の停止に組み込まれることとなったが，従来からの特色的規定である手続開始2ヶ月以内の別除権行使期限（57条）との関係で，具体的にどのような事態が生じるのか明らかでない。以上のような技術的問題について，法務省法務総合研究所／国際民商事法センター共催シンポジウム「アジア太平洋倒産法シンポジウム：アジア太平洋諸国の企業倒産と担保法」における，Zen Umar 報告参照（法務省法務総合研究所／国際民商事法センター（2000）『アジア太平洋諸国における企業倒産と担保法』所収）。

(88) 以上の改正経緯と適用実態について，前掲・金子由芳（1999）「タイ・インドネシアの企業倒産処理の現状」参照。

(89) 韓国の倒産手続利用の現実について，前掲・法務省法務総合研究所／国際民商事法センター共催シンポジウム「アジア太平洋倒産法シンポジウム：アジア太平洋諸国の企業倒産と担保法」における，金祥洙（Kim, Sang-Soo）報告参照（法務省法務総合研究所／国際民商事法センター（2000）『アジア太平洋諸国における企業倒産と担保法』17—21頁，193—207頁所収）。

(90) 1999年以降の改革動向について，金祥洙（2000）「韓国の改正会社整理法」『国際商事法務』28巻3号，同（2000）「韓国の改正破産法・和議法」『国際商事法務』28巻4号参照。

(91) 小松正昭（1998）「インドネシア金融部門〜金融自由化政策と今日の金融危機の背景」，大蔵省財政金融研究所『ASEAN4の金融と財政の歩み—経済発展と通貨危機』207—222頁，また，白石隆「アジア通貨危機の政治学」同上179—182頁など。

(92) 国際金融情報センター（2000）『アジア9カ国の倒産法整備の現状と実際の運用』87—95頁など。

(93) 中島弘雅（1998）「イギリスの再建型企業倒産手続（一）〜（三）」『民商法雑誌』118巻4・5号-119巻1号参照。

(94) オーストラリアの corporate voluntary administration の詳細につき，Cratchfield P., (1997) *Corporate Voluntary Administrations Law* 参照。なおオーストラリ

ア 2001年会社法を踏まえた紹介として，田頭章一（2001）「オーストラリアの個人破産・会社清算手続（上）（下）」NBL706・707号。
(95) 法務省法務総合研究所／国際民商事法センター共催シンポジウム「アジア太平洋倒産法シンポジウム：アジア太平洋諸国の倒産法制」における，タマサート大学 Sutee Supanit 準教授報告（法務省法務総合研究所／国際民商事法センター（1998）『アジア太平洋諸国の倒産法制』所収）参照。
(96) タイ法務省・事業再生手続局 Wisit Wisitsonraat 判事によれば，このような規定の趣旨は，少数派による交渉過程の膠着状況を回避する現実的解決を法が指し示すものとして，内外から評価も高いとする。また改正法では中小有担保債権者の優先弁済権の保障を明記してはいないが，交渉の中で保障されていくことをなんら排除するものでないとする。1999年12月のシンポジウム「日タイ経済制度改革セミナー：経済法と発展」における同判事報告（日本貿易振興会アジア経済研究所（2000）『日タイ経済制度改革セミナー：経済法と発展報告書』18―19頁，95―99頁所収）また同判事に対する筆者ヒアリング（1999年10月時点）。
(97) 1998年6月にタイ中央銀行・貿易委員会・タイ工業連盟などを取り込んだ「官民共同諮問委員会」受け，また1998年6月25日付タイ中央銀行通達215号を根拠に，企業債務整理助言委員会（CDRAC）を立ち上げた。
(98) 本稿では1999年3月タイ中央銀行の公表した英訳 "Final Draft : Debtor-Creditor Agreement on Debt Restructuring Process" を参照。
(99) 1998年6月に公表後，たびたび改訂を見たが，本稿ではタイ外銀協会英訳で1999年3月19日付 "Inter-Creditor Agreement on Restructuring Plan Votes and Executive Decision Panel Procedures," を参照。
(100) CDRAC（民間債務処理促進委員会）(1999) "Lukni-Jauni dai arai chak Inter-Creditor Agreement Le Debtor-Creditor Agreement"（債権者相互取り決めと債務者・債権者間取り決めから債務者と債権者が得られるもの）。邦訳として『週間タイ経済』1999年4月5日号10面参照。
(101) たとえば「私的整理ガイドライン」の主幹事が著者である，高木新二郎・中村清（1997）『私的整理の実務』（金融財政事情研究会）は，法的手続逃れとして不公正の横行する私的整理を，いかに適正化するかの視点で記述されている。
(102) 前掲 British Association of Banks, "The London Approach," p. 1 参照。
(103) タイ中央銀行調査によれば，1998年中のタイ製造業の平均設備稼働率は5割以下に落ち込んだ。Institute of Developing Economies-JETRO (1999), "The Study on Trade and Investment Policies in Developing Countries : Thailand," p.19参照。
(104) 最も著名な事例として，華僑系石油化学財閥 Thai Petroleum Industries 社（以下 TPI）の破綻事例がある。TPI は90年代に莫大な外貨借入に依存し「TPI 王国」とも称される東南アジア最大の石化一貫生産基地を構築したが，そもそも輸入原材料に依存し国内向け販売を主とする財務体質は常時為替リスクに晒される構造で，1997年7月，タイ中央銀行が通貨の米ドル・ペッグ制を放棄し変動相場制に移行するや，30億ドル相当に及ぶ膨大な債務を抱えたまま支払停止に陥った。その後 CDRAC

の介入でバンコク・アプローチのもとに入り，2年越しの私的整理交渉が続いたが，オーナー社長が支配株保有と経営権存続に固執したことから整理計画案はまとまらず，結局2000年3月に及んで，法定の事業再建手続が白紙の状態から開始された。

(105) タイ法務省司法振興局が1999年に作成・配布した政策紹介パンフレット「倒産・民事訴訟法関連5法案による経済利益」によれば，タイ社会に蔓延する破綻経営者の資産隠し・不正取得の克服が国家的課題であるとして強調する。

(106) タイで1998年の事業再生手続導入後に最初の申請事例として注目を浴びた"Alphatec Electronics"ケースでは，同社のオーナー経営者が不正経理を通じて倒産前夜に多くの企業資産を流出させていた事態が事後的に発覚した。ただし否認権行使や詐害行為取消権といった技術的議論よりも，刑事法的な責任追及が世上論ぜられた。同事例の詳細な経緯を辿るものとして，Fagan, P., Foley, C.F. and Gilson, S., Harvard Business Scgool (2001) "Alphatec Electronics PLC," in Claessens, S., Djankov, S. and Mody, A. (2001), *Resolution of Financial Distress*, World Bank Institute がある。

(107) たとえば，主観要件を推定するドイツ新倒産法133条2項，廉価取引で無資力要件を推定する英国倒産法240条(2)など。

(108) 実例として，たとえば上述の事業再生手続申請第1号(1998年3月31日)"Alphatec Electronics"ケースにおいては，1997年に開始されたプレ交渉過程で，英国スタンダード・チャータードその他の外銀とバンコクバンク他の大手地場銀行とが共闘し，債権総額の過半を占める有担保債権者であった国営クルンタイ銀行の大幅な有担保債権放棄を促したが，交渉過程はきわめて膠着した。最終的な合意はプレパッケージド・プランとして倒産裁判所に持ち込まれ，その後は迅速な承認を得た（倒産裁判所判決1998年6月4日）。同ケースの交渉過程の経験を踏まえて1999年再改正が成った経緯は，つとに知られている。

(109) 非占有移転型の権利や非典型担保の効果が否定される従来型の枠組みに対して，学界・経済界には破産法による担保実体法の書き換えである，経済的要請に応じる柔軟性に乏しいといった批判は根強い模様である。前掲・法務省法務総合研究所／国際民商事法センター共催シンポジウム「アジア太平洋倒産法シンポジウム：アジア太平洋諸国の企業倒産と担保法」における，Sahaton Ratanapijit 報告参照（法務省法務総合研究所／国際民商事法センター（2000）『アジア太平洋諸国における企業倒産と担保法』所収）。

(110) 例えば同じくアジア危機後に倒産法制を改革した韓国では，破産配当において労働債権を広く財団債権とみなす政策配慮を行っている（破産法38条10号・11号）。

(111) このような調査の例として，APEC-SELI (Strengthening Economic Legal Infrastructure) プログラムの一環で日本の経済産業省が主管する「債権回収法制研究」（成果として経済産業省 APEC 推進案（2003）『APEC 諸国・地域における債権回収手続の実情に関する調査報告書』）において，日本商工会議所を通じて2003年4月から6月にかけて実施された包括的なアンケート調査がある。細部の解析は未公表であるが，タイについては進出企業60社あまりの回答が得られ，現場の債権回収活動

における赤裸々な真実が明らかにされている。とくに倒産法制を通じた債権回収面では，破産手続における管財人や事業再生手続における計画策定人の人選が債務者優位に操作され，またこうした債務者由来の人材が，架空債権の積み上げや，外資側の債権の効力の否定，といったきわめて不当な手続管理を実施することで債務者有利の計画案採決を誘導する例が表れており，また破産裁判所がこれらを追認する実態などが浮き彫りになっている。

第 3 章　担保法制改革の検討

　担保法制は，国際機関がもっとも早い段階から法制モデルを公表し，法制改革を牽引してきた分野である。とくにソ連東欧地域の体制移行を受けて，これら諸国への外資参入促進の旗振り役として設立された EBRD（欧州復興開発銀行）は，1994年までに "Model Law on Secured Transactions"（以下『EBRD モデル担保法』と称する）をまとめあげ，関係諸国に鋭意採用を働きかけている[1]。いっぽう，アジア地域においても，とくに ADB（アジア開発銀行）が率先し，ベトナムなどの社会主義改革諸国における担保法制改革に力点を置いてきた[2]。さらにアジア危機以降は，IMF 世銀による構造改革が，担保法制を一連の法制改革メニューの要の一つに位置づけた[3]。
　アジア地域の担保制度改革においては，上記『EBRD モデル担保法』が頻繁に参照され重要な影響を与えているけれども，これとは別に，アジア危機に前後して世界銀行・ADB が独自の担保法制研究を実施し，新たな法制モデルを関係諸国に働きかける向きを強めている。その例として，前章で参照した世銀『倒産制度原則』中の5.2項「担保制度と破産手続外の実行」が挙げられ，「比較法的にみた最も先進的な担保制度の基本設計」とするモデルを提示している[4]。いっぽう ADB は1999年10月に担保法のモデル化へ向けた国際シンポジウムを企画するとともに[5]，この成果を受けて2000年にアジア諸国の担保制度研究報告を公表し，"Baseline Model"，また "Alternative Approach" といった具体的なモデルの提示を試みている[6]。
　こうした担保制度改革における政策目標は，一義的には経済開発に資する金融調達の促進である。すなわち高度工業化を意図した大規模インフラ開発や資本集約型産業で必要とされる大量資金調達を可能にし，外資導入促進にもつながる先進的な担保制度の構築が語られてきた[7]。また不動産主体の伝統的な担保制度のもとでは対象資産の不足しがちな中小企業や貧困層にとって，資金調達の可能性を開く新たな制度探究としての狙いも語られている[8]。さらにアジア危機以後の法制改革においては，とくに第一章Ⅲで言及した危機原因説を直接受けるかたちで，抜本的な担保制度改革が語られる傾向がある。たとえ

ば金融自由化に伴う制度基盤整備の不足を説くいわゆる「シークエンス」問題の文脈であり[9]，あるいはまた不動産投機経済の破綻から危機を招来した国内金融構造の病弊を糾す視点である[10]。

　国際機関の法制モデルやアジア諸国の改革実例は，はたしてこれら所期の政策課題にどこまで対処し得ているであろうか。この点を見極めるべく，本章では，まずは国際機関の法制モデルの規定傾向の読解を通じてその政策志向を明らかにし，そのうえで，これらモデルの強力な影響下で進められつつあるアジア諸国の改革実例を参照する。

第1節　国際機関の法制モデル

I　世銀・ADB モデルの特色

1　担保権の包括性

　世銀の示す「担保制度の基本方針」，および ADB の "Baseline Model" や "Alternative Approach" は，相互にきわめて似通った規定傾向を示しており，それらの点の多くは，後述する『EBRD モデル担保法』の設計とは際立った相違を見せている。その主な特色は以下の通りである。

　第一に，世銀モデル・ADB モデルともに，担保目的物として用いうる資産の範囲をきわめて広範に取りながら，いっぽうで被担保債権の特定性をなんら問わない。結果として，あらゆる多様な資産を対象として，債権額との対価的均衡性を問題にしない，いわば包括根担保を設定することが可能な前提となる。

　すなわちまず，担保目的物の範囲については，世銀モデル・ADB モデルいずれも，不動産・動産・無形資産を問わず，また特定的な記述なくして流動資産を対象となしえ，また現存物のみならず将来目的物をも含みうるとする[11]。他方で，担保権の効力の及ぶ被担保債権の範囲としては，現有債権のみならず将来債権を含むすべての債権を対象となしうるとされる[12]。ここで極度額の設定や基本契約等による被担保債権の特定といった要請は存在しないのであり，担保目的物価額と債権額との対価的均衡性への配慮は示されていない。以上の結果，包摂的に営業総資産を対象とした包括根担保の設定さえ可能となる。

2 担保登録制度の法的効果の最大化

次に問題は、このような包摂的把捉性を有する担保権が、具体的にどのような法的効果を賦与されているかである。この点、世銀モデル・ADBモデルともに、なんらの審査を要しないきわめて簡素な届出手続として新設される「担保登録」を想定し(13)、かかる登録による概括的な公示を根拠として、きわめて強力な他債権者への優先性や第三権利者への対抗力が獲得されていく仕組みである。

(イ) 他債権者への優先

すなわちまず他債権者との優劣関係について、世銀モデルでは一般論として「経済界にとって公正で合理的な結論が得られる設計」、「第一順位担保権者の独占的金融を回避しうる配慮」などを推奨する。しかしながら具体的な設計面では、売買代金担保権について唯一の例外というべき配慮を示す以外は、ほぼ全面的に、「担保登録」を先んじて完了した担保権が他債権者に優先する構造である(14)。ADB "Baseline Model" においても世銀モデル同様に、売買代金担保権への配慮以外は登録済み担保権の効果を最大化する姿勢であり、また同じ趣旨で倒産手続における各種の優先権の最小化を勧告している(15)。なおADBの "Alternative Approach" においては、各国の経済的文化を反映した政策配慮の余地もありとしているが(16)、やはり一般論にとどまり、政策配慮に応じた具体的な制度設計への提言は欠いている。

(ロ) 第三権利者への対抗(17)

担保目的物の第三取得者等との関係では、あくまで登録済み担保権の優位、いわば随伴性を原則としており、例外的に、商取引の通常過程上の善意有償取得者について配慮を行う余地を示唆している(18)。ここで、大陸法系の動産即時取得制度におけるような、取引の安全への一般的な配慮は前提されていない。世銀・ADBモデルの想定する包摂的な担保登録制度のもとでは、とくに流動資産を含む多様な可動性資産が広く対象となることに鑑みれば、取引の安全上の懸念は決して小さくないはずである。この点は逆に、これらの法制モデルの政策志向がいかに担保権の効果を意識的に最大化するものであるかを物語る。

3 私的実行の促進

かくして法的効果の絶大な登録済み担保権だが、実行段階においても、きわ

めて便宜的な私的実行手続を通じて，その効力を容易に達成することが想定されている。すなわち，司法手続を介する公的実行はコストと時間の浪費を招くとする断定に立って，世銀モデル・ADB モデルともに，自力救済による目的物の占有回復，実行方法選択の自由を強調し，とくに流担保特約（forfeiture）に一定の制限を設けるなどのミニマムな配慮を除いては，清算義務を問わない代物弁済型実行を広く許容するなど債権者側の便宜を重んじ，そのうえで最終的にこうした自由な私的実行の結果に法的確定効果を付与する仕組みである[19]。「担保登録」が上述のような簡素な届出手続に過ぎず，実体面でなんら公信的効果を有しないに拘らず，また担保実行時にも裁判所を介した債務名義の取得等の実体的確認をいっさい要しないに拘らず，私的処分の結果に確定的効力が認められるとするものである。

なお，以上のような私的実行過程で利害関係者間の調整を図る裁判所の役割については，これらモデルにおいてほとんどなんら言及されていない。

4　総　括

(1)　英米法由来の法的設計

以上のように，世銀・ADB モデルにおいては，まずは，目的物上に排他的な包括根担保を設定し，その代物弁済型実行に確定効果を与える基本的枠組みを，英米法系の担保制度から受け継いでいると見られる。こうした枠組みは総じて，後続権利者を排除し物理的実行性を確保する発想を前提としていよう。ここではさしあたり目的物の排他的把捉性が重視され，対価的均衡は配慮外とされている。

そのうえで世銀・ADB モデルはさらに，かかる排他的な包括根担保の及びうる対象資産を，流動資産・将来資産を含んで広く最大限に拡張しており，結果として，営業総資産上の包括根担保をも可能にしている。こうした包括根担保の拡張利用は，英法系の浮動担保（floating charge）を受けたものとされる[20]。

しかし問題はさらに，このような拡張された包括根担保の法的効果面である。この点，伝統的な floating charge じたいは法的効果の弱い担保権である。これを営業総資産担保として設定し債務不履行に際して経営権転換型実行を行う英法の receivership の制度慣行においても，債務不履行を契機とするいわゆるクリスタライズの瞬間まで，他権利者への優先・対抗はなしえない。しかしながら世銀・ADB モデルでは，これとは異なり優先性・対抗力の最大化が図られている。こうした絶大な法的効果はむしろ，英米法系の動産抵当（英法系の

bills of sales act や米国法の chattel mortgage 等）において，とくに伝統的な権原移転を擬制する考え方（title theory）を受け継ぐものと理解されよう。

このように世銀・ADB モデルの推奨する担保権は，floating charge の資産包摂性を伴う包括根担保に，動産抵当流の権原移転擬制型の法的効果が加味された結果生じる，きわめて広範にしてかつ強力な性格を示す。このような担保権の実例としては，米国統一商法典第9編（UCC-9）を挙げることができる[20]。

(2) 政策配慮の限界

ただし，世銀・ADB モデルにおいては，担保権の広範化・強力化・実行便宜化を図るあまり，米国 UCC-9 においてさえ一定程度示されている，債務者・債権者・第三取得者等の多様な利害関係に対するミニマムな配慮を捨象してしまう傾向が見られる。たとえば，米国 UCC-9 自身は，売買代金担保権に多様な配慮を示すほか，不動産法や質権はその埒外で独立して機能し，また各州法の設ける営業通常過程上のリーエンに優先できないとする原則を示し，また営業通常過程の買主への対抗関係をめぐっても細部の政策配慮が判例に委ねられる傾向は知られている[22]。しかし世銀・ADB モデルでは，まずは不動産等の固定資産も包摂的な担保登録制度の対象として想定している。英米系金融実務では，大手金融団が不動産固定担保と総資産浮動担保との重畳的設定・選択的実行を行う慣行で知られているが[23]，世銀・ADB モデルではこうした慣行を採らずとも，簡易な登録一過，コストをかけずに全資産に担保権を及ぼせる。また先取特権のごとき優先権については，一般論はさておき具体面では最小化を勧告している。また売買代金担保権や営業通常過程の買主の例外扱いについても，積極的な具体論を欠いている。他方で，こうした絶大な法的効果の契機となる「担保登録」は，米国 UCC-9 の 'filing' 同様に実体審査を含まない簡易なものであるが，米国 UCC-9 自身では最終的な担保実行段階で裁判所による「商業的合理性」の判断が実施されるゆえに，利害関係者への配慮機会は皆無ではない。しかし世銀・ADB モデルでは，裁判外実行の便宜，換価価値の最大化を重んじるあまり，このような配慮にさえとくには言及しないのである。

このように，世銀・ADB モデルは英米法の担保権の基本枠組みに従いつつも，最も広範・強力にして実行面で便宜性の高い担保権を想定するものとなっている。このような設計のもとでは，担保制度改革の政策課題とされる資金調達促進効果はあるいは，多いに促進される期待があるかもしれない。しかしながら同時に，法政策論的に様々な問題をもたらすように考えられる。まずは対価的不均衡を来たす包括根抵当の是非，とくにこれを営業総資産に及ぼすこと

で独占的・癒着的金融を助長する帰結についての懸念である。また，担保権に権原移転類似の強力な法的効果や実行方法を保障する結果，多様な利害関係に配慮する実体ルールや手続過程が捨象されることの是非が問われよう。とくに，企業金融の実態において，長期設備資金提供者たる大手金融機関の利害が保障されながら，中小金融機関や日常信用取引先といった運転資金提供者の利害が，制度上冷遇を決定づけられる懸念がある。

(3) 制度設計の技術的選択肢

　企業金融をめぐる多様な政策課題への配慮の方法としては，英米流に営業総資産をも取り込む包括根抵当を前提としたうえで，後付けの政策配慮で複雑な優先・対抗関係の例外を論じていく方法は，必ずしも唯一の選択肢ではない。ほかに，担保権じたいの及ぶ範囲を政策配慮によって限定する様々な方向性が考えられる。まずは被担保債権・極度額を設けることで対価的均衡に配慮し，債務者の金融獲得行動の自由に配慮する道がある。さらに，フランス流に先取特権などの優先権秩序を別途詳細に設計する方向性がある。またドイツ流に，包摂的な動産登録制度を避け，非占有移転型の営業資産は（財団抵当などとして不動産見做し扱いを行う以外は），むしろ一般に無担保債権者の利益のために取り置く考え方もありうる[24]。またこうした技術的設計に際しては，可動性資産を登録で公示していく制度運営のコストや，登録と現実との一致をめぐる物理的限界をどう処理するか，とくに動産即時取得制度などが代表する取引の安全の要請とどう調整していくか，といった制度運営面への目配りをも必要となる。しかし世銀・ADB モデルにおいては，こうした技術論的側面に立ち入ることなく，雑駁な計量的論証を根拠としながら英米流の制度構造を最善と断じる傾向にある[25]。

II 『EBRD モデル担保法』の特色

　1994年公表の『EBRD モデル担保法』は，その前文に謳われているとおり，主たる支援対象地域となった旧ソ連・東欧地域が大陸法系の素地を有することに配慮しながらも，プロジェクト・ファイナンス等の英米系の先進的金融実務が要請する新たな担保制度の導入を図ることを目的として掲げている[26]。そこで以下では，『EBRD モデル担保法』がいかなる点で比較法的な調整・折衷を図りながら，具体的にどのような性格の担保権を提言し得ているのか，とく

に上記でみた世銀・ADBモデルの規定傾向との対比において概観する。

1 包括根担保の否定

『EBRDモデル担保法』においても，世銀・ADBモデル同様に，担保権（charge）の対象となしうる目的物の範囲は広範に設定されている。特定性を要さず流動資産も将来目的物も含み，営業総資産の把捉も当然可能である（5.5条，5.6条）。しかしながら，世銀・ADBモデルとの決定的な相違点として，「被担保債権」の概念をことさら設け，被担保債権に将来債権を含む場合には必ずその「特定」を要し（4.4条），またつねに「極度額」の設定を必要とするとして（4.5条），担保目的物の把捉について限界を画している。こうした被担保債権特定化の要請は，包括根担保の政策的帰結に疑いを向ける大陸法系の見地に由来する[27]。しかしこうした折衷の結果，論理必然的に，資産総額に相当する債権額の貸し込みを行わない限り，英米型金融慣行の流儀に応じた営業総資産担保の余地は生じないことが意味されよう。

2 担保権の法的効果の限定性

『EBRDモデル担保法』においても，新たな「担保登録」が制度化されている（前文6，また6条）。すなわち6ヶ月以内の売買代金担保権と占有型担保を除いては，不動産担保も含むあらゆる担保権につきこの登録制度によって公示が一本化され，優先性・対抗力の契機となっていく。なお担保登録は，米国UCC-9流儀の簡易な届出制度でありなんら実体審査を要しないが，ただしUCC-9における担保設定文書の端的な'filing'よりも若干様式的であり，被担保債権の明示や極度額の記載などが要件化されたフォームを用いている（8条，別添Schedule-2）。問題はかくして登録を経た担保権の法的効果である。

(イ) 他債権者への優先

まずは他債権者との関係について，原則として登録済み担保権が優先するとする（17.2条）。しかし例外として，各国毎の政策判断に委ねるべく，モデル法上に意識的なブランク箇所が存在している。すなわち，6ヶ月分の売買代金債権や留置権が優先する点の言及に加えて，各国毎に「制定法による優先的担保権についての特別除外」の挿入を見込んでおり（17.7条），とくにこの点での具体的提案は示すことなく，各国法にいわば白紙委任している。

(ロ) 第三権利者への対抗

第1節　国際機関の法制モデル

　いっぽう第三取得者等との関係については，やはり登録済み担保権が優位することを原則とするが（21.1条），しかし例外として多様な項目に配慮が示されている。まずは上記米国 UCC-9 の例外規定でも配慮される在庫取引・通常商業取引については，'legal license' と称して強行法規的に例外的優先を認める（19条，21.2.1条）。このほかにも 'contractual license' と称して，目的物の処分一般について担保権者による一括許諾手続を設けている（20条，21.2.3条）。さらに，小額取引，また譲渡性証券や売買代金担保権の対象物について，即時取得的な効果による担保権消滅が規定されている（21.2.5─21.2.7条）。

　このうち 'contractual license' は，おそらく，英米流の国際金融実務においてしばしば，担保権者の同意なくして目的物の売却・担保提供等の処分を禁じる，いわゆる「ネガティブ・プレッジ」が約定される実態に鑑み，こうした担保権者の同意を個々に取得するのでなく事前に一括して画定しおく便宜を図っているものと考えられる。担保登録の当然の法的効果として上記のように追求力を原則認めていながら，別途，目的物の処分を制限する当事者間の特約をことさら想定することは，効果の面で屋上屋を重ねるようなものである。しかしここには，本来可動的な動産について，登録制度の公示効果のみに依拠して追求力を付与しようということの物理的限界を補い，動産取引の安全上の要請との調整を図る一つの現実的な折衷方針が表れていると考えられる。いずれにせよ，動産取引の安全への配慮をめぐって苦衷の検討がなされた跡を窺わせる。

　(ハ)　倒産手続との関係

　いっぽう倒産手続との関係で，あえて担保実体法の尊重を宣言する点が注目される（31条）。具体論として，危機否認に際する担保権に対する制限に限度を付すべきこと，また担保権に全面的な別除権行使を認めるかあるいは一時停止に取り込み総資産一括清算処理を図るかの判断において債権者利益を重視すべきこと，また担保権に優位する優先債権の設定を抑制的にすべきなどとする原則を打ち出している。前章でみたように倒産法制において再建優先志向が醸成しつつある有担保債権の譲歩誘導ムードに対し，あえて警鐘を鳴らす立場と見られる。

　以上のように，担保権の法的効果の設計において，ひとえに担保権の効果最大化を想定する上記の世銀・ADB モデルとは性格を異にし，政策的配慮による優先権の法定や取引の安全配慮など，多様な政策課題に目配りを行う姿勢がうかがわれる。とはいえ，例えば制定法による優先権の内容や即時取得対象となる小額取引の基準といった，担保実体法の具体的内容にわたる中核部分は各国立法に白紙委任しており，こうした点で具体的提案どころか考え方の基準さ

え示されていない。

3　清算型私的実行の公的促進枠組み

『EBRD モデル担保法』の担保実行手続は，担保権者にとって便宜の高い私的実行を促進する点では世銀・ADB モデルと同様だが，しかしながら，利害関係者への配慮規定や裁判所の関与を随所に組み込む点で，ユニークな手続き枠組みを提供している。

まずは，他債権者や第三取得者といった利害関係者への配慮として，私的実行は担保登録所における「実行通知登録」を通じて公示され（22.2条），しかも，登録後60日間の実行猶予期間（24.1条），また30日間の配当猶予期間（28.1条）が設定されるなど，利害関係者の異議が早期に十分出尽くすように，手続過程を用意しているといえる。異議申立てが行われれば裁判所が関与してこれを処理するが，この間も私的実行手続じたいは続行されるので（29条），その便宜性は阻害されない。また換価後は中立第三者による配当が行われることで公正性が確保される（27条）。また私的実行の全般につき，実行を行う担保権者による損害賠償根拠が明記されている（22.5条，30条）。

また債務者の利害への配慮としても，占有回復にあたっては英米流の自力救済を禁じて公的機関の介入を前提し（23.7条），また裁判所による保全手続を重視する（23.5条）。また換価方法としては売却処分が前提され（24.1条），また流担保契約が禁止され（24.2条），担保権者自身による代物弁済的取得は認められない。配当余剰は債務者に対して清算される（28.3.6条）。

なお営業総資産担保の実行に当たっては，英法系のreceivershipの金融慣行にならった企業管理人（enterprise administrator）による経営権転換型の実行を選択できるが，この場合にも以上のような利害関係者配慮型の手続規定が同様に適用される（25条）。

このように，裁判を介した債務名義獲得や執行過程の煩瑣な手続を排して換価価値向上を図る意味で，私的実行が促進される方針は明確だが，しかし英米流の端的な代物弁済型実行を意図するものではない。むしろ債務者・第三者の利害に配慮した様々な手続的工夫にこそ，『EBRD モデル担保法』の比較法的調整の真骨頂が現れている。

4 総括

 以上概観した『EBRDモデル担保法』は，世銀・ADBモデルとの関係では，多様な資産の把捉，私的実行の促進といった側面では共同歩調を示すが，しかし債権額に応じた対価的均衡の範囲でしか担保権を設定・実行しえない点，担保権の優先・対抗をめぐる具体的な法的内容は各国毎の政策判断に委ねている点，また利害関係者に配慮したユニークな私的実行手続きを提言する点などで，世銀・ADBモデルが想定する排他的な優先性・実行性を狙う担保権とはかなり性格を異にする。総括すれば『EBRDモデル担保法』は，英米法のfloating charge に代表される「多様な資産上の包括根担保」の発想を，大陸法の「被担保債権を特定した極度貸し」の文化と折衷した結果，新たに「多様な資産上における被担保債権を特定した極度貸し」を性格とする新手の担保権を生み出したと説明しうるであろう。ただしこうした担保権の具体的な法的効果は各国判断に委ねられ，結果として英米法伝統の権原移転型の動産抵当の効果に似るのか，あるいは大陸法系の抵当権のごとく他権利との体系的関係で相対的に制限を受けるのか，それぞれの選択に委ねられているということができる。

III 政策志向の検討

1 異なる金融制度基盤

 以上にみた国際機関の提供する担保法制モデルは，改めて，金融制度基盤としての視点から眺めるときどのような相違を示すだろうか。
 世銀・ADBモデルは，米国UCC-9の影響を受けつつ，広範な目的物を対象として最大限の優位性・実行便宜の保障された担保権を想定する。この結果，担保設定交渉において優位性のある大手設備資金提供者が，現有・将来におよぶ固定資産のみならず，流動資産を含む営業総資産に包摂的に包括根担保の投網をかけてしまう帰結が予想される。そのため債務者にとっては対価的不均衡の問題を生じ，新たな設備資金提供者を獲得する自由が阻まれる。結果，競争的な金融取引環境が阻害され，特定の金融機関との非対称的あるいは癒着的な取引関係が継続されるおそれがあろう。しかも担保権の優先性・対抗力を極力最大化し，例外はあくまで，後日の営業存続型担保実行の便宜となる日常取引

関係の範囲にとどめる傾向であるため，とくに継続的信用関係にある中小ベンダーや系列納入先ないし商社などの運転資金提供者にとっては，見合いの流動資産が包括根担保に自動的に吸い上げられていってしまうだけに，優先・対抗基準のわずかな例外項目に該当しないかぎりは，無担保債権者の地位を余儀なくされる。このように，金融制度基盤のありかたは，大手設備資金提供者の利益に大きく傾斜する結果を生じると考えられ，たとえ大規模な資金調達目的に資する効果があるとしても，担保目的物の有効活用の機会コスト喪失，癒着的金融，運転資金金融の阻害，といった多様な問題を併発するように考えられる。

他方で，『EBRDモデル担保法』では包括根担保を避けているので，通常，大手金融機関による独占的金融の弊害は相対的に小さいと考えられよう。つまりいかに大手金融機関といえども，提供した債権額見合いまでしか担保設定を受けられないから，債務者は，資産価値の残余分に応じて他の資金ソースを探究しえ，企業金融の促進に資する。また債権者としては将来の担保割れ局面などを想定しつつ担保依存を避け，別途，事業審査・企業審査が真摯に実施される契機をも生もう。また中小金融機関や日常取引先などの運転資金提供者にも，債権額に応じた担保取得機会が平等に保証されるわけで，金融取引環境は競争化される。

しかしながら包括根担保が避けられた結果，英米型金融実務の要請に応える『EBRDモデル担保法』にとって一つの売り物でもあったはずの「営業総資産担保」は，特定金融機関（金融団）が債務者の全固定資産・流動資産見合いの設備資金・運転資金の提供を一手に引き受ける場合にのみ可能になるといえよう。そのため具体的には，民活インフラ事業や資源開発等における「プロジェクト・ファイナンス」などの特殊な事業金融を除いては，特定金融機関が設備資金・運転資金ともに一手に担う「メインバンク化」の局面でしか，営業総資産担保は考えにくいものとなろう。このことはむしろ，金融取引関係の独占化・癒着化を助長することにつながりかねない。ただしこの場合のメインバンク化はあくまで総資産見合いの現実の融資を注ぎ込むというリスクテイクを伴っている点において，経営関係者の一部として経営責任をも問われうる地位であり，この点，世銀・ADBモデルにおける営業総資産担保が実際のリスクテイク以上の恩典的過剰担保を意味する点とは性格を異にしよう。

ただしこうした『EBRDモデル担保法』の折衷的性格は，ロシア・東欧等の改革対象諸国側からも，また欧米金融界からも，いま一つ積極的評価が聞かれない原因ともなっている。たしかに『EBRDモデル担保法』のごとき被担保債権特定型の「営業総資産担保」であっては，包括根担保になじんだ英米系金

融実務や，メインバンク化までは意図しない金融機関にとって，きわめて使い勝手が悪いものとなる。また他方，金融取引環境の競争化を図りながら，営業継続型担保の余地を拡げる制度設計としては，必ずしも『EBRD モデル担保法』のごとく全資産包摂的な新規の担保制度を導入せねばならない必然性はない。ほかに大陸法の従来型の枠組みを活かしながら，固定資産について「不動産」概念を拡張するなどの法技術を通じて既存の抵当権制度の対象を拡張したり，あるいは流動資産について譲渡担保慣行の精緻化などを追求していく道も考えられる。現に，『EBRD モデル担保法』が主たる射程としたロシア・東欧地域では，そのような大陸法系の既存体系を生かした改革方針が採用される向きがうかがわれる[28]。

2　動産担保登録制度の選択肢

　このように『EBRD モデル担保法』が意を砕いた比較法的折衷は，むしろ英米系金融界，大陸法系諸国の双方から否定的評価を招き，その後これを打ち消すように世銀・ADB モデルが登場し，改めて英米金融界の要望を代弁する内容でグローバル・スタンダード形成を図る動きを招いていると見られる。『EBRD モデル担保法』が意図した比較法的折衷をより現実的な選択肢としていくためには，たとえば表 3 − 1 で概略的に示すように，多様な制度設計毎の政策的な帰結の相違を見据えたうえで，より精緻な検討を喚起していく必要があると考えられる。

　なかでも参照可能な一つの選択肢は，世銀・ADB 型のモデルと同様に営業総資産の包括根担保を許容し便宜な私的実行を図っていく枠組みでありながら，担保権の法的効果じたいを限定していく方向性である（表 3 − 1 の第二タイプ）。世銀・ADB 型モデル（同第一タイプ）では担保権の優先性・対抗力を極力最大化し，例外はあくまで，後日の営業存続型担保実行の便宜の範囲内で，売買代金担保権や営業通常過程上の相手方にミニマムな配慮を行うのみにとどめる傾向であるのに対して，第二タイプでは政策的配慮に従って緻密な優先関係・対抗関係を設計しておき，いわば営業総資産包括根担保が包摂的に投網をかけたはずの総資産のパイが，担保実行に際してまずは多様な優先的権利に食い散らかされる図式となる。ただしこのような政策的配慮が全面的に優先すると，営業総資産包括根担保の性格は最終的に，なんらの見合いの企業資産をも想定せず，ただ単に債権者側の財務監視根拠条項としての機能しか有しない，実質的な無担保融資に近い性格に帰してしまうであろう。この場合，倒産手続における担

<表3−1：動産担保登録制度のバリエーション>

	担保権の対象範囲	法的効果（他債権者優先・第三者対抗他）	金融法制としての政策志向
第1タイプ	資産包摂型の包括根担保（包摂的登録制度，または固定担保・浮動担保の重畳的設定）	最大化（営業継続型実行における取引継続先のみ配慮）	設備資金提供者の利益最大化→ただし倒産手続で譲歩誘導へ（例：世銀・ADBモデル）
第2タイプ	資産包摂型の包括根担保	制限	財務監視型債権管理の根拠（例：英 recievership；仏の企業担保法；日本の企業担保法）
第3タイプ	資産包摂型の対価的均衡型担保	優先・対抗関係の詳細設計（弱い例：仏の先取特権）（強い例：独の制限物権）	多様な資金提供者間の調整配慮 営業総資産担保はメインバンク化（例：EBRDモデル担保法）
第4タイプ	特定資産（含，流動資産）につき対価的均衡型担保（別途，不動産抵当の拡張）	優先・対抗関係の詳細設計	各種資金提供者間の調整配慮 営業総資産担保を想定せず（例：ドイツ譲渡担保判例）

保実体法の変更といった論点も必要となるまい。このようなタイプの例として，債務不履行に際する「クリスタライズ」の局面で初めて優先・対抗効果が生じる仕組みで知られる，英法系 receivership の金融慣行があり，フランスや日本の「企業担保法」もその影響を受けた例とされる。

　もちろんこうした財務監視型の金融手法の発達は，担保依存を脱却した財務分析志向の金融健全化の趣旨からも，また債権者関与によるコーポレート・ガバナンス機能重視の意味でも大いに検討に値すると考えられるが，ただし併行して，金融機関の財務分析能力の水準が充分高められていく努力が前提である。たとえばアジア諸国の金融機関をめぐっては，財務審査能力に深刻な問題を抱える実状が報告されている[29]。このような現状のまま，財務監視型の新規制度が導入されようとも，単にこれを度外視した不動産担保依存が続行するのみと予想される。

　いっぽう大陸法系諸国においては，英米流の包括根担保型の動産登録制度を許容せず，あくまで既存制度の枠組みのなかで，従来活かされていなかった資産についての担保多様化を研究していく方向性も見られる（表3−1第四タイプ）。一つは「登録」で公示される生産金融型担保として社会的に根付いた抵

当権制度につき，対象資産を拡大していく方向性である。フランスの非占有質，前述したロシア東欧の法制改革における「不動産」概念の拡張，日本における各種の機械抵当や工場財団抵当制度などは典型例であろう。いわば動産のなかでも生産活動における「設備」ないし実質的に固定資産に該当する類の資産について，長期資金調達を可能にしていく工夫である。これとは別に，抵当権の対象とならない流動資産についても，長期資金調達見合いの生産金融型担保としての活用を求める動因が経済界には常時存在するが，例として，ドイツや日本における「譲渡担保」法理をめぐる一連の議論やその立法化の動きが参照される[30]。

　上記『EBRDモデル担保法』の示唆する第三タイプの方向性は，このような大陸法の「譲渡担保」法理を拡張発展させるなかで英米流の営業総資産担保を可能にする試みと解釈することも可能だろう。しかし大陸法の担保制度の伝統的枠組みにおいては，設備資金融資者は基本的に融資見合いの固定資産上に固定担保を保有し，いっぽう流動資産は，基本的に運転資金提供者の回収見合いに取り置く前提であったと理解しうるならば，「譲渡担保」の安易な拡張は運転資金提供者の利益を阻害する。それだけに，たとえ英米流のプロジェクト・ファイナンスや中小企業の資金調達といった新たな政策的要請に応じるにあたっても，ことさら英米流の営業総資産としての括りに拘泥することなく，むしろ「譲渡担保」の射程をあくまで個別特定化された流動資産に限定し，運転資金提供者その他の利害関係者との関係を配慮しつつ，新たな集合的担保権として検討していくことでも十分対応が可能ではないか。このような部分的な担保多様化では，あるいは一体化した営業総資産担保におけるほどの絶大な担保価値創出効果が得られぬかもしれない。しかしとくにアジア諸国の企業金融の現実に照らし合わせるならば，例えば不動産の投機的価値の活用といった伝統的な担保慣行をも引き続き活かすかたわら集合的担保権を漸進的に育成し，既往の担保依存慣行の解消，金融取引関係の競争化，財務分析能力の向上といった健全な金融文化の醸成へつなげていく，一つの現実的な道のりを考える余地がある。

第2節　アジアの担保法制改革の実例

I　問題状況

1　アジア危機前夜の担保慣行

　アジア危機に至る関係諸国の金融取引実態においては，きわめて問題の多い担保慣行が存在したと見られる。端的には，国内の大手金融機関がめぼしい担保資産を独占取得するいっぽう，外資系金融機関はもっぱら無担保信用貸しを展開するという，極端な二元的構造であった。

　すなわち国内金融機関のあいだでは，不動産を中心とする主だった企業資産を包摂的に担保取得し，しかも抵当権登記を通じて保障される相対的な優先効果に飽き足らず，後順位債権者や第三取得者の登場を完全に排除すべく関連資産の権利証の占有移転を受けるという二重方式で，排他的な担保独占を図る慣行が定着してきた(31)。とくにタイのような金融財閥の寡占状況が著しい経済では，大手金融財閥がこうした担保独占を進めるいっぽう，中小金融機関は落穂拾いのごとく非典型担保の余地をさぐる傾向があった。インドネシアのように，企業財閥が自家版の金融機関を乱立させる経済では，主な企業資産はあくまで系列金融機関に押さえさせたうえで，これを無担保資金調達の窓口として用いる構図があったと想定される。

　いっぽう外資系金融機関は「アジアの奇跡」ブームに乗って財閥企業への信用貸しを展開したが，その際，従来からアジア諸国の政府や国家機関向けに行われてきた「ソブリン貸し」と同様の契約枠組みが，そのまま転用される傾向が目立った。すなわちいわゆるネガティブ・プレッジ条項で未特定物件担保留保を約し，またミニマムな財務制限条項を設けて違反時の一括クロス・デフォルト扱いで強制力を持たせるという，一般的なソブリン貸しの契約スタイルが，財閥向けの多くのシンジケート・ローンでも踏襲されていた。しかし政府財政による暗黙の履行保証機能が想定される国家機関向けローンと異なり，財閥貸しにおいてこうした「ソブリン貸し」の枠組みが踏襲されることは，財閥のネーム・バリューのみに信頼した，実質は無担保無保証の信用貸しが注ぎ込まれていったことを意味しよう。タイでは，大手財閥向けの外銀融資は主にこのような無担保シンジケート・ローンとして実施され，しかし中堅以下の財閥については，短期融資のロールオーバーという限定的なリスクテイクにとどまる傾

向があった。インドネシアでは，外資系金融機関の仲介ないし自己引受けによるコマーシャル・ペーパーなどの無担保短期証券の発行が目立った。

このような担保慣行の二元的構造は，アジア危機後の倒産処理過程で財閥・国内金融機関・外資間の複雑な利害関係を膠着化させた一つの背景となったといえよう。しかしそれ以前に，そもそもアジア危機発生に至る過剰融資ブームを可能にしていった，重大な原因構造の一つと見ることができる[32]。すなわち1990年代のアジア諸国の不動産投機ブームは，国内金融機関にとって担保価値の膨張をもたらし，融資注ぎ込みを加速させた。またアジアで無担保「ソブリン貸し」以外の長期融資の経験を欠いた外資系金融機関は，こうしたブームに便乗し，現地の担保制度の研究にも，企業財務の客観的把握にもなんら努めることなく，貸し込みを加速させるばかりであった。

2　担保制度の改革課題

(1) 不動産政策是正か非不動産型担保登録制度の新設か

アジア危機の原因構造に加功した上記のような担保慣行の問題性から，担保法制の改革課題が浮かび上がる。なかでも以下のような改革の焦点が示唆されるであろう。

まずは不動産の投機価値に依存する従来型の担保制度の見直し問題である。アジア諸国では成長期の日本と同様に，都市部の限られた不動産価格が恒常的に高騰しつづけ，こうした不動産の投機的な取引価値じたいを担保評価の一つの基礎とする金融慣行が浸透している。すなわち，当該土地上で現実に実施される事業の収益性評価を旨とする「収益還元法」による担保評価とは異なり，実際の融資対象である事業活動とは切り離された，不動産の市場取引価値を基準とするいわゆる「取引事例参照法」が採用されている。いわば不動産の抽象的な利用可能性についての投機的な収益性予測が，担保評価の対象となっている。不動産価格の過度な高騰局面では，おのずと過剰融資への動因を生じ，また得られた過剰資金がさらに不動産投機へ振り向けられていく悪循環の危険性を伴う。

こうした担保評価については，右肩上がりの経済開発過程においては，不動産の抽象的価値も安定的に上昇するので，これを高度化する企業活動に見合った金融獲得にとっての有効な受け皿として最大限活用すべしとする考え方もあろう[33]。ただしその際には，不動産取引の行きすぎた投機化を阻み価格乱高下を避けるための，きわめて安定的な政策的舵取りが前提とされねばなるまい。

アジア諸国の土地政策をめぐっては，いまなお植民地時代以来の権利関係確定の遅れ，不徹底な農地改革行政の招いた権利関係のさらなる混乱，所有権の過度な絶対化と妥当な土地利用計画等の政策的調整の遅れ，などの多様な問題が山積しており(34)，こうした問題の抜本的処理なくして不動産取引の安定化は期待し得ない。

　いっぽう担保制度の設計選択肢としては，こうした不動産政策全般の抜本的是正を前提としつつ不動産価格の抽象的評価に依存した担保慣行を続行する道のほかに，むしろ不動産担保は収益還元法による抑制的評価にとどめ，不足する担保需要を充たすために，別途，不動産以外の多様な企業資産について，抵当権類似の使用継続型担保制度を構築していく道がありうる。既述のようにアジア危機を不動産バブルの顛末と見なす議論が高まるなか，不動産政策の限界が露呈し前者の選択肢への期待は減じた。危機後の国際機関のコンディショナリティにおいては，もっぱら後者の選択肢，すなわち新たな動産担保登録制度構築が要請されたゆえんと考えられる。

(2) 担保依存型の癒着的金融関係の是正

　たとえ不動産価値の膨張局面において担保価値の余剰が生じても，当事者自身の判断として，安易な過剰融資に直行することなく自制を利かせる選択はありえたはずである。にも拘らず，担保依存型の安易な貸し込みは加速されていった。その背景要因として，アジアの企業金融においては，担保取得と財務的評価とが相互補完的な関係ではなく，むしろ二者択一的な関係に置かれているがゆえに，担保価値の膨張局面であればリスク評価度外視の貸し込みが生じざるを得ない実態が指摘されている(35)。じじつ第一章でも触れた世銀のサンプル調査では，アジア危機前夜の関連諸国の企業金融において，重債務企業の過半が監査済み財務情報開示なくして融資を受けているとしているが，担保提供比率は7割に及ぶなどの実態を指摘している(36)。こうした財務的評価不在，担保依存型の融資慣行は，金融機関・企業間の癒着的な金融取引関係に由来すると理解され，それだけに今後の課題として，客観的な融資判断を可能にするビジネスライクな距離，いわば"arm-length"の関係の確立が論じられている。

　特定の金融機関と企業との癒着的な金融関係はさらに，競争的な金融提供を阻害し，また中小金融機関やサプライヤーなどによる運転資金金融を不当に無担保融資としてのリスクに晒すなど，総じて健全な金融取引環境の形成を阻む弊害が指摘されている(37)。

　ただし癒着的関係と称しても各国各様であり，たとえばインドネシアにおい

ては，企業・銀行間に系列所有関係が存在し，タイでは財閥相互の情実関係が根深く，韓国ではより政府の政策的誘導の色濃い関係であった(38)。担保法制がこのような癒着関係を助長してきた部分があるとすれば，各国の実情に応じてこれを克服し，かつ客観的な財務的評価と補完しあう設計が工夫されていく必要があろう。

とくに，大手金融機関がめぼしい担保目的物を独占し，あいまいな被担保債権の特定を行って事実上の包括根担保を設定し，かつ権利証の占有移転などを通じて他債権者・第三取得者の登場を物理的に阻む，といった担保慣行はきわめて排他的閉鎖的な金融取引関係を生み出すおそれがある。このような担保慣行を，担保法制のどのような部分が許容しあるいは助長しているのか，点検を必要としよう。

(3) グローバル・スタンダードの限界

客観的な融資判断を可能にする"arm-length"の関係を確立するために，グローバル・スタンダードへの接近が必要であるとする議論がある(39)。とくに，無担保融資者の地位に甘んじアジア危機後に膨大な不良債権を築いた外資系金融機関に同情的な視点から，短期的には無担保債権者に有利な倒産処理や公金投入型救済を求めるかたわら，中長期的には担保制度のグローバル・スタンダード化を求める論調が見受けられる(40)。しかし，現地の担保制度の向上に寄与するどころか，なんら研究を怠って無担保取引に甘んじ，自ら不良債権を築いた外銀について，いたずらな被害者扱いはモラルハザード問題を伴うであろう。以下IIで参照するアジア諸国の法制改革の具体例においては，担保制度の安易なグローバル・スタンダード化が，担保依存慣行や癒着的金融関係の是正といった課題に貢献するどころか，むしろ悪化させかねないおそれが指摘されるであろう。

II 法制改革の動き

アジア諸国の既往の担保慣行に，以上のような担保法制の問題性が露呈しているとすれば，ではこれらの改革はいかに進められたのか。以下では，アジア危機前後に国際機関の指導を受けて実施されたインドネシア，ベトナム，タイの担保制度改革の実例を参照する。

第3章　担保法制改革の検討

1　インドネシア譲渡担保法

(1)　経　緯

インドネシアの担保法制の基本構造は、不動産抵当権の対象が自己利用地に限定されて投機目的の不動産金融を阻み、また動産・流動資産については判例の譲渡担保法理が発達するなど、総じて不健全な不動産依存型金融を回避しうる枠組みがあったと考えられる。しかしとくに1980年代から1990年代の不動産投機ブームに伴って担保制度の規制緩和が進められたなかで、過剰融資の増大を避けられなかったと見られる。

すなわちインドネシアの戦後独立後の担保制度は、オランダ植民地時代の1847年「民法典」（物に関する第二編の20条質権・21条抵当権）の規定を継続する形でスタートしたが、1960年に同国の土地政策の憲法というべき「農事基本法」が成って、独自の不動産担保制度を構想した[41]。同法のもとでも、別途新たな担保法が成立するまでは民法典の抵当権規定が継続されるが（5条）、しかし抵当権を設定しうる対象財産に大幅な制限が加えられた。すなわち同法ではオランダ時代の絶対的所有権概念に対抗する趣旨で、土地保有・利用に関する慣習法上の多様な権利を重視しつつ総括する新たな保有権・使用権の体系を構築している。担保設定はこれらのうち、自己保有権（Hak Milik）、国有地耕作権（Hak Guna Usaha）、建設用土地使用権（Hak Guma Bangnan）に限って可能とされ、商業的用途で活用され外資も利用可能な使用権（Hak Pakai）については担保活用が禁じられた。つまりは担保権の利用を自ら行う生産活動用の資金調達に限定する趣旨で、土地保有者と現実利用者の同一化を促し、投機的な土地流動化を阻む政策意図が一貫していた。ところがその後しだいに、規制緩和が時代の趨勢となっていく。たとえば農事基本法の予定していた独自の担保法が、ようやく1996年に至って「不動産抵当法」として成立したが、同法では国有地使用権（Hak Pakai Atas Tanah Negara）上の抵当権設定を公認した。さらに金融実務では、判例法が動産について認めてきた「譲渡担保」を、不動産分野にまで拡張することで、「農事基本法」が担保設定を認めない不動産についても担保活用する慣行が浸透し、またこの趣旨を部分的に追認する1985年「コンドミニアム法」、1992年「家屋住居法」などの立法も登場していた[42]。

不動産以外の担保については、民法典上の「質権」以外に上述の「譲渡担保」が広く浸透し、在庫や売掛金といった流動資産の担保活用も進んでいたが、

法制化は遅れていた。そこでアジア危機後,国際機関はまっさきにかかる法制化をコンディショナリティに掲げた[43]。その結果成立を見たのが,1999年「譲渡担保法」である[44]。

(2) 新制度の骨子

新たに成った「譲渡担保法」の内容面を概観すれば,まずは既往の不動産登記制度とは別に新たな担保登録制度を設け,従来の譲渡担保慣行に代わる明確な公示手段を可能にした。対象資産は,物的資産・権利を含む広義の動産で将来目的物も可能とし(1条2項―3項,9条),また既往の抵当権制度から洩れてきた不動産にも及ぶとされる(1条2項,3条)。営業総資産担保が可能な趣旨であるかは明示されていない。いっぽう被担保債権の範囲については,担保登録に際する特定を求め(6条,13条),また極度額の記載や基本契約の存在を要件としており(7条b号―c号),包括根担保は認められていない。このように担保権の射程としては,担保対象資産を拡張しながらも被担保債権額との対価的均衡性を要求して包括根担保を回避する点,上述の『EBRDモデル担保法』に酷似した枠組みといえる。ただし別途,第一順位債権者のみが権利行使をなしうるとする明文規定が存在し(28条),特定の金融機関が担保目的物を排他的に独占する傾向のあった従来型の担保慣行を,事実上踏襲する向きも示していて一貫しない。

いっぽう担保権の法的効果については,明確でない点も散見される。まずは他債権者との優劣関係については,後続の担保登録への優先効果に関する一般的な規定があるのみで(27条),抵当権や質権などの既往の担保権や,「民法典」(1139条)の規定する各種の優先的債権などとの関係で重複が起こりうる局面について,なんら記述はない。立法を行うにあたって,あえてこうした肝心の法的効果の面をブランクとすることで,譲渡担保についての判例法理に委ねたわけでもあるまい。あるいは,既述のように『EBRDモデル担保法』が債権相互の優先関係の詳細をブランクのまま放置した箇所を,そのまま受けたものでもあろうか。

いっぽう第三者との対抗関係の面でも,『EBRDモデル担保法』の影響を感じさせる興味深い規定ぶりが存在する。すなわち担保登録が第三者に原則対抗しうるとしながら(19条,20条),債務不履行発生前の日常在庫取引について対抗できないとする例外を設け(21―22条),さらにいっぽうで在庫取引関係に寄らない一般の目的物の処分については,担保権者の同意なくして実施できないとするいわばネガティブ・プレッジを規定する点は注目される(23条2項)。

ここで既述の『EBRDモデル担保法』における一括事前同意 'contractual license' の仕組みの採用をなぜ排したのかは，興味を引く。担保権の追求力が上記のように原則とされているにも拘らず，別途，担保権者の同意なき目的物処分の禁止という物理的な制限を設けていわば二重効果を図ることは，設計としては一貫性を欠く。しかし現実問題としては，本来可動的な動産について新たに担保登録制度による公示を図ることの容易ならざる限界を想定した，実際的な配慮とも考えられる。とはいえ動産取引の相手方としては，必ず登録内容を確認したうえで，なおかつ担保権者の同意を待たなければ有効な取引が成立しないという二重の制限に服するから，動産取引一般が非常に煩雑で迅速性を欠くものとなってしまう点，妥当性が問われるだろう。

担保実行面の強化も特徴的である。すなわち，従来の譲渡担保慣行どおりの自由な私的実行も可能であるが，これとは別に新たに公的実行制度を設け，ともに選択可能とした（29条）。ただしつねに清算義務を伴っており（34条1項），安易な代物弁済型実行は許されていない。しかし新たな公的実行手続の問題点としては，担保権の登録申請当日になんらの実体審査もなく即時発出される担保登録証書について（14条），神への宣誓のみを要件として債務名義同様の執行力を付与し（15条2項），実行段階では判決を介さずに担保実行に直結しうる仕組みの当否がある。担保権者にとって便宜な実行促進に配慮するあまり，『EBRDモデル担保法』におけるような利害関係者への手続的配慮規定をまったく欠くため，執行後にもろもろの利害対立・異議が噴出し，かえって最終的決着を遅らせることが強く懸念される。

(3) 新制度の性格

このような新設「譲渡担保法」は，既往の担保法制にいかなる変更を加えたといえるだろうか。従来は，設備資金金融の手段として対象の限られた不動産抵当権や質権があり，また流動資産については譲渡担保法理が存在して，主に運転資金金融に奉仕していたと理解される。国際機関の政策意図が不動産担保依存を避ける担保資産の多様化にあったとすれば，そうした意図は既存の制度枠組みの維持徹底のなかでも十分追求できたのではあるまいか。これに対して，新たに成った「譲渡担保法」では，単に既存の譲渡担保慣行を法制化したという以上に，固定資産・流動資産を問わず既存制度に洩れる全資産を対象とする，担保権の対象拡大を行った。にもかかわらず，かかる担保権の法的効果は曖昧さを伴い，また実効面では過度な柔軟性が最終的な権利確定に不安を残すなど，全般として従来の譲渡担保慣行の便宜性をも限界をも踏襲している。

金融制度基盤として新たに可能になった状況は，一つは『EBRDモデル担保法』流のメインバンク化を通じた営業総資産担保の設定であると考えられる。また他に，「農事基本法」が許さなかった不動産担保の全面的解禁である。しかし，系列内部の閉鎖的金融取引関係が問題とされるインドネシアの状況において，メインバンク化志向がなんらかの積極的意味をもたらしうるのだろうか。また不動産担保の全面的解禁がさらなる不動産依存型金融を助長せずに済むのか，疑問なしとしない。法制改革が特定の国際機関の法制モデルの模倣として拙速に進められる際に，現実の政策課題と噛み合わず，悪化させる結果さえ生じかねない一例と見るべきではないか。

2　ベトナム担保付取引令

(1)　立法に至る経緯
(イ)　民法典以下の体系

ベトナムの担保制度は，1990年代初頭の金融改革過程で，中央銀行の規定群を通じて試行錯誤の形成を見たが，その後，日本やフランス等の法整備支援もあって成立した1995年「民法典」（第3編・民事債務民事契約）によって，ようやく基本原則が提示された。そこでの主流は不動産抵当権・動産質権である。すなわち担保権の種類は，旧ソ連の社会主義民法典由来の民事債務履行担保手段についての構成を受けて，質（cam co thai san），抵当（the chap thai san），手付け（dat coc），寄託（ky cuoc），預金寄託（ky quy），保証（ban lanh），違約罰（phat vi pham）が挙げられている（324条）。なお「民法典」はいわゆる物権の関連では，総則以外には，所有権（第2編・財産所有権）と土地使用権（第5編・土地使用権の移転）の規定を置くのみで，担保権は制限物権の位置にはない。これを受けて，たとえば抵当権目的財産の第三者への移転は禁止され（351条），もしかかる移転が起こった場合は物上代位の一般規定はなく，また新所有者の同意なくして追求力もない（358条）。

いっぽう「民法典」の規定する担保制度のなかから金融用途にとって有用なものを抜き出す形で，1996年「中央銀行総裁決定217号」が抵当権，質権（預金通帳をも対象），保証につき民法典を具体化ないし補足している。まずは抵当権では，抵当対象につき民法典（346条）は不動産（181条で土地・建物・土地付着物その他法令で定める財産と定義）とするのみだが，「決定217号」（5条）は，家屋・集合住宅・建中建物やその見返り保証金とともに，工場・ホテル・店舗・倉庫などの事業施設を，付帯する設備機械等と一括して対象とする一種の財団

抵当を想定し、また船舶・航空機その他法令で規定する動産抵当の類、また土地使用権を挙げる。また「民法典」は、合意により抵当権者が目的物の占有移転を受け（346条2項）、果実収取も可能とするなど（同条1項、354条）、抵当権制度本来の登記による対抗力を占有で補うかのような向きがあるが、「決定217号」もこれを継承するとともに（21条1号）、さらに占有移転を行わない場合には所有権証書の引渡により対抗力を補完することを強制し（18条3号、21条2号）、したがって抵当権設定は原則一物一権である（7条6号）。ただし同一債権者が複数債権を有する場合について（17条1項、ただし付従性の緩和はなく根抵当ではない）、また複数の債権者が相互に協定を結んで代表が所有権証書を保管する形態について例外が認められている（17条2項）。そのいっぽうで登記に当たって公証人による担保設定契約の真実性の公証が必須とされるなど（11条4項）、登記制度の公信性を高める意図もまた見受けられる。他方、抵当権の実行については、「民法典」（359条）が公の競売以外に当事者の合意する方法での実行を許容し、「決定217号」はこれを一般規定で踏襲しつつ（13条1項）、抵当権実行の特則では債権者が任意売却か公の競売かを自由に選択しうるとするなど（21条4項）、私的実行に総じて肯定的である。なお複数債権のある場合の配当は登記の順位に従う（民法典360条）。

以上のような「民法典」下の担保制度のもとで、非占有移転型動産担保は明示的に制度化されていたとはいえない。すなわち「民法典」（330条2項ほか）はそうした制度の存在余地を想定してはいるが、当該動産についての所有権登記制度が存在することを条件とするため、具体的に制度化された例はなかった。ただし実際には非占有移転型の動産利用は従来から行われており、たとえば抵当権では、土地保有・現実利用の一体化を原則とする土地政策を受けて、土地・建物一体の抵当権設定が行われるが（国立銀行総裁決定217号5条など）、この際、一種の工場財団抵当のごとく生産設備総体の担保利用が行われてきた模様である。また金融実務では、機械設備などの動産につき使用登録証などの権利証に準ずる公的書類の質入れを通じた、譲渡担保類似の慣行も行ってきた模様である。ベトナム政府はこうした非占有移転型動産担保慣行の正規の制度化を、金融改革過程の重要課題の一つと位置づけ、本節で扱う1999年政令164号「担保付取引令」の成立に及んだ[45]。なおその後2001年政令85号で本令を受けた司法省傘下の担保登録局が設置されているが、実際の登録実務は開始されてはおらず、本令を法律レベルで精緻化する立法草案が2004年度国会へ向けて検討過程にある模様である[46]。

第2節　アジアの担保法制改革の実例

㊁　土地法秩序と不動産抵当制度

なお動産担保制度化の課題とは別個に、ベトナムの担保制度が腐心してきた重大課題は、1993年「土地法」秩序のもとでの土地使用権の流動化問題である。この問題は社会主義経済体制の修正の具体的ありかたに関わって紛糾し、ベトナムの不動産担保制度の現状を独特のものとしているだけに、動産担保に関する新制度の検討に先だって、まずはこうした経緯を確認しおきたい[47]。すなわち「民法典」も「決定217号」も、土地使用権抵当につき独立した一章を設けている。「民法典」（第5編第5章）では世帯・個人の土地使用権に言及するのみだが、これは1993年「土地法」（20条）が農林水産・住宅用途の世帯・個人への土地使用権分配しか明示せず、その他の分配を下部法規に委ねた姿勢を受けたものと見られる。ところで土地法20条の委任を受けてその後、1994年「土地譲渡・リースを受ける国内法人の権利義務に関する法令」やこの施行細則である1995年「政令18号」が登場し、事業法人では公益・国防（政令2条）また農林水産塩業（土地法22条）が土地使用権無償譲渡をうけられる以外は、もっぱら国家から土地リース権を取得し得るに過ぎない仕組みとし（政令5条）、またこれら土地使用権、リース権の法的性格は、基本的に土地の使用価値を重視するが交換価値の顕現を厳しく制限する発想に依拠する、社会主義的な規制色の強いものとなった[48]。「決定217号」はこうした土地法体系と整合を取りつつ民法典を補ない、土地使用権の抵当を設定しうる場合や捕捉対象価値を限定する役割をも担っていた。しかしその後、国内事業主体の利用するリース権の実体的内容を大幅に自由化する方針転換が起こり、1998年末の「土地法」改正に結実し、担保制度も大きく変更を見るに至った。すなわち、第一に土地使用権の有償分配の対象が明確化され（22 a条）、第二に、かかる有償分配された土地使用権とリース権（無償分配された土地使用権の目的外転用が許可されリース転換したものも含む）における交換価値活用法として、従来の限られた担保・現物出資のみならず、譲渡・賃貸・転貸が広く解禁された（78 a条—78 d条）。第三に、かくして土地の権利獲得形態としては、①無償分配された土地使用権、②有償分配された土地使用権（主に住宅・工業団地開発）、③リース権に加えて、④他者から譲渡を受けた土地使用権、の四分類が整理されたことになり（改正1条）、その結果、土地使用権もリース権ともに流動化が許容されたわけであり、抵当権の設定機会もまた格段に広がったことを意味する。ただし政府が自由放任主義的な土地流動化を認めたわけではなく、むしろ譲渡・賃貸・担保・出資いずれも地上で許可された投資事業の目的の範囲内で実施すべき義務が改めて確認されたうえ（3条4項など）、かかる義務違反を阻む取引監視体制とし

て新たに、1999年「土地使用権の交換・譲渡・賃貸・転貸・相続ならびに土地使用権価値の抵当・現物出資に関する手続規定（政令17号）が成立している。同令（6章）は担保制度に関しても，上記「決定217号」が規定してきた公証人制度に依存する登記制度を大きく修正し，人民委員会（地方行政府）土地家屋管理局による権利証の真正性や担保設定契約の内容の実体審査を新たに導入している。

かくしてベトナムの不動産担保制度は，土地政策の転換に伴い活用機会が増したと同時に，従来なかった厳格な行政審査を経なければ利用し得ない体制とされるなど，試行錯誤の過程にあり，いわば金融獲得上の便宜と土地政策の安定化の課題との狭間で制度探究の渦中にあると見ることができる。

(2) 「担保付取引令」の骨子

以下，1999年政令164号「担保付取引令」で構想された新たな担保権につき，主な内容を概観する。

(イ) 制度の包摂的射程

本政令は1995年民法典の関連規定（第三編五節・債務履行担保）を具体化する下部法規と位置づけられている（政令前文）。ただしベトナムでは社会主義時代の経済秩序（生産関係・消費関係の二分）の遺制として，民法典は「民事関係」にしか適用されず（民法典1条），商業活動にはいまなお経済契約体系（1989年経済契約令）が適用されると解され[49]，さらに1997年には商法も新たに登場し，また外資系企業には外資法以下の法規で取引活動が制限されているなど，そもそも契約法ルールは一義的でなく混乱を生んでいる[50]。この点，本政令はこうした錯綜状況に深入りすることなく，適用対象は「原則として民事債務の履行担保に適用するが，異なる法規の存在しないかぎり経済・商業取引，また外資の関与する取引をも包摂する」ものと簡潔に記している（1条1・2・4項）。

この点は，たとえば『EBRDモデル担保法』（2条）が法人および商業取引を行う自然人にのみ適用されるとし，いわば民・商事二元的扱いを前提としていることとの比較において，一見，意識的な一元的選択と見える。しかし本政令の包括性の本意はあくまで錯綜する契約法理論の回避にあって，民商事取引全般に適用される基本法規の趣旨はなく，むしろ次に述べるように民法典の担保権規定とある種の棲み分けを図りつつ，生産金融などの商工業用担保制度を想定した特則を意図すると解される。

(ロ) 担保権の種類

本政令は質権（cam co thai san）・抵当権（the chap thai san）・人的保証（ban

lanh）を対象とし（2条4号），いずれもベトナム民法典の規定する主な担保権の種類（324条）に対応している。ただし同じ名称ながら本政令の担保権の内容は，民法典よりも拡張されている。たとえば民法典（329条1項）では質権の対象財産は動産のみだが，財産権（知的財産権・一般記名債権・社員権・開発利権など）に拡張している（政令7条4－6号）。また民法典（329条2項）では，占有移転を伴わぬ動産担保や，また一目的物を複数の被担保債権の担保に供する場合を，所有権登記制度の存在する場合に限っていたが，本政令が設ける新たな担保登録制度を利用することによって，いかなる目的物も担保登録を経れば占有移転を必要としないこととなり（政令15条2号），またいかなる目的物も複数被担保債権の担保に利用できることとなった（政令6条1項b号・14条）。また民法典（332条1号・351条3号）の質権・抵当権とも，目的物の登記済み所有権証書が存在する場合にその担保権者への引渡しを義務づけるが，本政令では設定者保有を前提とし，担保権者が保有している場合には逆に設定者への返還を義務づけた（政令18条2項）。また果実について，民法典（334条3号・352条1号）では質権・抵当権ともに原則設定者に帰属させるが，本政令では原則担保権者の帰属となる（政令7条8号）。

　以上の趣旨は総じて，営業活動を継続したまま担保提供をなしうる占有移転型担保の強化にあり，この意図で民法典の抵当権規定を当面政令で修正する異常さはあるものの，主眼は民法典の想定していなかった不動産以外に関する占有移転型担保権を新たに創出する点にある。なお15条2号の想定する「非占有移転型の質権」なる用語は混乱を招くが，フランスの営業用機械設備に関するいわゆる非占有質[51]，を踏まえると想像される。このように本政令は実質的に民法典の特則としながらも商工業金融用の担保制度を整備する意図を見せ，この点，『EBRDモデル担保法』（1条・2条）が同じく商工業金融に特化する形で既存の担保制度と棲み分ける構造と共通しよう。

　(イ)　被担保債権・担保目的物の拡張

　被担保債権は特約ないかぎり制限なくすべての利息・損害賠償額を含む（政令4条2項）とする広範な規定ぶりは民法典（325条）同様だが，新たに，将来発生する債権をも概括的に対象としうると明記された（政令4条1項）。継続的融資取引を前提とする根担保的利用が想定されるが，極度額の記載はとくに要求されていない。この点『EBRDモデル担保法』が将来債権については特定を要求し（4.4条），かつ極度額の設定を担保登録の必要的記載事項としていること（8.4.3条）と相違する。ベトナム法の過度に概括的な規定は，後順位担保権の設定にとって明らかに不利であり，排他的金融慣行の定着が懸念される。

いっぽう担保目的物として集合財産や将来目的物を包括的に対象となしうることも明示されており（4条3項），『EBRD モデル担保法』（5条）や米国 UCC-9（9—204条）の規定ぶりに対応し，英米流の浮動担保（floating charge）を可能にするものといえる。なおこうした包括的な担保権の実効性を高めるには担保権者にとって目的物の変動を常時監視するメカニズムが必要であるはずだが，政令では担保権者の査察の権利（19条）など若干の配慮があるに過ぎない。この点たとえば『EBRD モデル担保法』（16条）は担保管理者（charge manager）の制度を設けて監視を徹底しているが，このことは同モデル法が想定する集合的担保の目的物が，全営業資産または独立して営業継続が可能な部分資産とされ（5.6条），浮動担保の実質がいわば営業資産総体の譲渡担保に等しい構造と関連していよう。この相違は，ベトナム法が徹底した包括的浮動担保を想定しているのではなく，むしろ在庫や売掛金など個別に特定された集合物の担保利用を促進する意図が中心であることを示唆している。

㈡ 登録制度

本政令（14条2項ほか）では上述のように，目的物の種類を問わず，所有権登記制度の存在しないものを対象に，担保登録制度の新設を想定している。土地・建物・船舶・航空機などはすでにある所有権登記制度を通じて抵当権登記できるため（8条），本政令の眼目はこれ以外の動産・財産権を想定して，使用継続型担保権を可能とする登録制度を設ける点にある。とくに原材料・商品在庫といった営業用集合財産の総体価値を流動的に把捉する浮動担保が言及されている（17条1項b号）。

なお本政令では一般に担保権は書面による要式主義であるものの合意によって成立し，登録は成立要件とされていないが，しかし単一目的物に複数担保権の設定を意図する場合（14条）や非占有移転型質権（15条）には登録が必須とされている（16条1項）。いわば他権利との優先・対抗がとくに問題となる場面に限って，登録が対抗要件ならぬ成立要件として強制される仕組みである[52]。結論的に，EBRD モデル担保法（6条）が売買代金担保権と占有移転型担保権を除きつねに登録を成立要件とする態度とほぼ共通しよう。

㈢ 柔軟な実行方法

担保実行方法について，ベトナムでは民法典（341条・359条）が自ら当事者合意重視の簡単な規定を置くのみだが，本政令でも簡易な私的実行手続を記載するのみで公的実行手続への言及はない[53]。民事執行関連の法整備が遅れる同国の実状を反映しているといえるが[54]，同時に，国際機関の指導がもっぱら英米流の私的実行を推奨する影響と見られる。

第 2 節　アジアの担保法制改革の実例

　本政令の実行手続は担保権者が主導し（23条1項），まず設定者等への担保実行通知およびこの通知を登録することで開始し（26条1項），設定者は通知受領後すみやかに目的物および権利証を担保権者に引き渡す（29条）。設定者が迅速な引き渡しに応じない場合は主管行政当局の協力を得る（30条3項，なお金融担保に関する政令178号35条2項では主管行政として公安当局が想定されている）。実行期日は通知登録から質権対象財産は 7 日，抵当権対象財産は14日以内の日付を設定せねばならない（25条）。実行方法は当事者合意に従って売却・競売・代物弁済型を自由に選べるが，合意がないときは競売による（23条2項・24条）。代物弁済型の場合にも清算義務がある（33条2項）。配当は費用・元本・利息の順による（37条）。

(3)　新制度の性格

　以上の概略を示す「担保付取引令」は，全体としてどのような性格の担保権を創出しようとしたのであろうか。同政令は主に ADB の指導を受けて成立した経緯があるが，ADB 側の趣意としては，『EBRD モデル担保法』を参考に，大陸法系の基盤に整合的に英米法の先進的制度を導入する意図が語られている[55]。しかし同令（1条）自身はあくまで，民法典の下部法規として担保付取引全般の一般ルールを敷衍する趣旨を明示し，そのうえで，動産の使用継続型担保利用を法制化する担保登録制度を創設している（15条2項）。ここで動産の定義は流動資産・将来物を広く含むが（4条3項・7条），被担保債権の特定や極度額の要求に言及していないので，たしかに一見，上述した『EBRD モデル担保法』の方針とは異なり，むしろ世銀・ADB モデル流に営業総資産上の包括根担保を前提するかのように読める。しかし他方で目的物の特定的記載を要し（11条1項），また後順位担保の設定余地を明言し（14条1項），担保実行で債権者への所有移転型処分を実行方法の一として認めつつも清算義務が存在し（33条），また営業総資産担保を想定した経営転換型の実行方法になんら言及しない，など一連の傾向からして，新たに営業総資産上の包括根担保制度を導入する積極的意識は感じられない。むしろ主旨は，「民法典」の既存の抵当権制度から洩れてきた非不動産の担保活用を充実する趣旨での動産抵当制度にとどまるかと解される。

　担保権の優先・対抗面にも不明解さがぬぐえない。他債権者との優先関係について規定がない。この点，ベトナム「民法典」は先取特権のごとき優先的債権を想定していないが，しかしたとえば後続質権や土地と一体で抵当権の対象となっている動産などとの優劣関係が問題となる局面は現実的に充分考えられ，

こうした際の基準は不在ということになる。また第三取得者との対抗関係も明記されていないが，民法典の抵当権規定の解釈で処理できると考えられているのだろうか[56]。

担保実行面では，「担保実行登録」を契機とする簡易な私的実行が想定され（26条以下），公的手続への言及はない点，また占有回復過程で警察行政による補助（29条）など手続迅速化規定を含む点などで，『EBRDモデル担保法』の影響を色濃く感じさせる。しかし『EBRDモデル担保法』の実行手続が多様な利害関係への配慮に腐心する傾向に対して，ベトナムの本政令では実行手続全般はもっぱら当事者自治に委ねられ，関係者の異議等を裁く手続はとくに配慮されず，仲裁・裁判など事後的な一般の紛争解決手段に委ねるのみである（39条）。

以上，ベトナムの新たな動産担保登録制度は，設定範囲や法的効果について曖昧さが多く，金融制度基盤のありかたとしてどのような政策的狙いを有するのか，いま一つ定かでない。背景要因として，そもそも資本主義的な意味での金融取引が開始して日が浅く，金融慣行の蓄積も少なく，また民法典以下の基本法体系じたいが細部の解釈を含めていまだに定着していない状況があり，したがって立法者レベルでも目標とする制度イメージが明確には確立されていないことが挙げられよう。加えて，主に参照された『EBRDモデル担保法』が含む政策折衷的姿勢に拘らず，ADBの指導意図がおそらくはかなり強く英米法流の包括根担保を推奨したであろうことから[57]，ベトナム側の制度イメージ形成がますます混乱を余儀なくされた事情も想像に難くない。

3 タイ事業担保法

(1) 経 緯

タイの従来の担保法制は，大陸法系の「民商法典」（第三編契約各論）が規定する法定担保権（抵当権・質権ほか）が基本をなす。このほか動産の使用継続型担保制度の一種として，工業省主管の1971年「機械登録法」が存在し，民商法典の「不動産」概念の拡張という形で，生産活動用の機械類につき抵当権制度の範囲を拡張しているものの，社会的に目だった浸透は見られない。また一部の中下位商業銀行の融資慣行で，売掛金などの流動資産や不動産賃借権などを対象に一種の譲渡担保慣行が見られたが，1940年「破産法」（6条）の厳格解釈により倒産手続において非典型担保の別除権は否定されるので，実質的効果は期待できないと見られてきた[58]。総括すれば，タイの従来の制度のもとで

は，使用継続型担保は「不動産」定義に該当する資産に限って可能であり，この定義に含められる生産機械などを除いては，動産や流動資産は債務者が占有使用継続するかぎり一般に無担保債権者の配当見合いに取り置かれる仕組みであったといえる。こうした限定された担保法制のもと，地場の金融実務ではいきおい不動産抵当権依存が顕著であり，またいっぽう1940年「土地法」の外資規制のもとで不動産の担保取得を制限されている外銀にとっては，無担保融資を累積させる背景をもなしていたと考えられる。

　そこで，アジア危機後の国際機関の指導においては，さしあたり外資の土地保有規制緩和や，民事訴訟法改正による担保実行手続改善などの短期的措置が先んじ，加えてより中長期的な課題として，非占有移転型の動産担保制度の導入を柱とする担保実体法の多様化がコンディショナリティとされた[59]。これを受けて法務省レベルの「事業担保法」草案が，2000年初頭までに形成された。草案起草過程では，主に『EBRDモデル担保法』を参照したとされるが，起草会議には世銀との連携関係にある地場の英米系法律事務所の代表も参加し，先進諸国の制度例の比較検討に一役を担ったという[60]。なお，草案段階では本法をもって民商法典の該当規定を書き換えるとする末尾雑則規定を置き，この点に，体系的配慮を要する法典本体の改正を回避し，単行法の導入を通じていかに性急に実体法の改革が意図されたかの経緯が見てとれる。しかしながらこうした性急な改革方針はかえって裏目に出たと見られ，起草会議では経済界代表の反対により草案起案までに二年の時を要したうえ[61]，草案公表後も経済界の否定的受けとめを崩せず，国会上程スケジュールはその後の政権交替等の政治過程のなかで長く頓挫した。

　以下ではとくに，国際機関コンディショナリティを直接受けたタイの制度対応の特色を見出すために，あえてこの法務省草案に注目し検討を行う[62]。

(2) 草案の骨子

　事業担保法草案の主眼は，商業省主管で新設される担保登録制度を通じて，企業の営業資産総体ないしその一部分を対象とする「事業担保権」を設定し，商業上適正な方法によるかぎり自由な担保実行を可能にしていく点に置かれた（草案24—38条）。すなわち，新たな「事業担保権」の対象となる資産は，営業総資産やその一部に包摂的に及ぼしえ（同5条），将来物も可能で物権・債権を問わない（同6条）。いっぽう，被担保債権の特定性や極度額の要請はなく，つまり担保目的物の価額との対価的均衡は問われず，むしろ目的物の担保提供は一物一回限りで独占されることが前提とされ（同13条），たとえ複数債権者

があっても協定等で金融団を組んで内部順位を決定し，第一順位者のみが担保実行を開始できる構造である（同31条）。こうした仕組みは，起草過程で参照されたという『EBRDモデル担保法』とは異なり，むしろ英米法流の営業総資産上の包括根担保を肯定するものとなっている。またかかる「事業担保権」は既存の抵当権制度と重畳的に設定され，選択的実行に便宜を与える仕組みとされており（同19条・25条），まさに英国流の金融実務において，浮動担保と固定担保とを併用し債務者のあらゆる企業資産に独占的に投網をかける慣行を念頭に置いている。

問題はこうした「事業担保権」の優先・対抗等の法的効果である。他債権者への優先関係（同9条）では，民商法典や破産法の既存規定を書きかえるかたちで，新担保権の破産別除権が保障され，先取特権や一般債権者に一律に優先することとなる。しかし不動産登記や抵当権（機械抵当法も当然含むであろう）には優位できないとされ，別途，当該登記制度において先後を競う必要がある。また質権との関係は，占有と担保登録との先後で決される。以上は基本的に米国UCC-9の設計に似るが，破産法で優先弁済権を認められている動産先取特権にさえ一律に優位させる点は留意される。いっぽう第三取得者等への対抗については，担保実行開始以前は，「正当な方法」で目的物を取得するか対価を支払った主体に一律に対抗できないとして追求力が否定され（同10条），『EBRDモデル担保法』や米国UCC-9におけるような原則対抗・個別例外化方針とは大いに異なる。むしろ英法系floating chargeのクリスタライズ以前の性格を模すると考えられるが，あるいは動産即時取得制度（民商法典1303条）への配慮も想像される。なお担保実行開始の契機は商業省への実行通知じたいであってその公示時点ではなく（同23条），対外的公示とのタイムラグが起こるため，その後の第三取得者への利害配慮に疑問が残る。

いっぽう担保実行手続では，担保権者にとってきわめて便宜性の高い仕組みが想定されるいっぽう，利害関係者への配慮は不足する。まずは，「事業担保権」と他の担保権を重畳的に有している担保権者は，いずれを根拠に実行してもよい（同25条）。そして「事業担保権」自身の実行方法については，関連規定をすべて強行規定とするとしながらも（同22条），私的実行と公的実行とを自由選択できる（同24条）。このうち私的実行手続規定では，商業省への「実行通知」を契機に目的物の占有回復権が当然に生じ（同23条），穏便な範囲で自力救済も可能とされ（同30条），その後は基本的に自由な実行手段を選択できる（同32条・33条）。ただし最終的な清算が求められ（同32条），また代物弁済型の自己取得は入札・競売を介さない場合は禁じられ（同35条），かつ異議申立

てがあれば裁判所による最終的な「商業的合理性」判断に服する（同33条）。こうした規定以外にとくに債務者・第三者への利害配慮は見当たらないが，私的実行の結果については当然のごとく公信的効果が与えられている（同36条）。いっぽう公的実行（同26－27条）については，抵当権の実行手続においては，民商法典が限定的にしか許容していない代物弁済型実行につき，債務者側の同意などを基準に若干余地を拡大している点が注目される。

(3) 新制度の性格

以上のようにタイの「事業担保法」草案で想定された新制度は，従来「不動産」定義に限定されていた使用継続型担保権の対象資産を，あらゆる営業資産にまで押し広げるものである。しかしかかる担保権の性格は，債権額と担保目的物との対価的均衡を重視する『EBRDモデル担保法』とは異なり，包括根担保として設定可能である。実行手続面でも『EBRDモデル担保法』の工夫する多様な利害関係者配慮の枠組みを踏襲せず，もっぱら私的実行の迅速な便宜性を追求する。また固定担保との併用を想定する点，担保実行開始を契機に第三取得者に対抗するなどfloating charge類似の性格に鑑みても，総じて，英米系の金融実務を意識する制度設計と考えられる。

このような「事業担保法」の導入後に予想される結果は，交渉力の大きい大手金融機関が従来型の不動産抵当権と重畳的に，営業総資産上の浮動担保としての「事業担保権」を設定し，債務者の企業資産に対する独占的把捉をいっそう強める展開に他なるまい。ここで国際機関のコンディショナリティが促した今次の改革の課題に立ち戻るならば，一義的には担保実体法の多様化を通じた不動産担保依存の解消であったが，大手金融機関による重畳的利用が続くのであれば，不動産担保依存の解消には結びつかない。あるいは「事業担保法」が不動産担保依存を減じる効果を生んでいくとしても，しかしそもそもコンディショナリティで不動産担保依存が問題視された背景には，アジア危機前夜の投機経済を加速させた不健全な癒着的融資取引の問題が横たわっているのであり，新たな担保法制が結果として癒着的金融関係を悪化させる制度設計を伴うのであっては，本来の政策課題との矛盾を来たすといわねばならない。

III 検 討

以上，三か国の法制改革いずれの例でも，国際機関の指導に対応した，新た

な担保登録制度の導入が志向されている。しかしこうした新制度の導入じたいが改革の最終目的であるはずはなく，問題は，これら新制度を通じて果たして所期の政策課題が達成されうるか，制度設計の妥当性である。担保法制は上記でみたように各国それぞれの担保慣行の現実的問題性，ことに金融機関・企業間取引の癒着的関係や，金融寡占ないし国有商業銀行の支配などといった金融セクターの構造問題にも深く関わって，設計しだいではそれら問題構造を改善する方向にも，悪化させる方向にも寄与しうるはずである。それだけに，法制改革のありかたにおいて，国際機関や先進諸国の法制モデルを範として参照するにせよ，まずは自国の政策課題を見極め，当該先進モデルをかかる自国の現実に当てはめてみた場合の政策的帰結を冷静に予想する見地が不可欠と考えられる。ところが，アジア危機前後の国際機関の改革指導は，いずれも期限を設定して拙速な立法準備を強いた。

　その帰結ともいうべく，各国の改革実例は，充分な政策議論を詰めないままに国際機関の要求する新規の担保登録制度を促成した形跡を留めている。たとえばインドネシアで成った「譲渡担保法」は全般的な骨格において『EBRDモデル担保法』の影響を示しながら，その最大の特色というべき多様な利害関係間の政策的配慮については，法的効力や実行手続の細部の設計において必ずしも引き継いでいない。またベトナム「担保付取引令」は，ADBの指導方針を受けた営業総資産上の包括根担保であるのか，あるいは日本などの協力を経て成立した「民法典」下の，大陸法型の抵当権制度の拡張であるのか，制度像がなお不明である。いっぽうタイの「事業担保法」草案は，アジア危機後の世銀等の指導方針を反映するごとく，英米金融実務慣行に忠実な総資産包括根担保の新設，また既往の固定担保との重疊的設定方針が際立ち，結果として金融機関優位の制度選択に帰している。このような各国の改革状況が，金融財閥あるいは国営銀行の寡占，また癒着的金融取引関係といったそれぞれの問題状況に果たして実効的な解決をもたらしうるのか，疑念なしとしない。

　また以上のような動産担保の導入が，はたしてアジア危機の原因論において論じられた不動産担保依存の解消に実効性を発揮しうるかの点にも懸念が残る。すなわちインドネシア「譲渡担保法」は，既存の土地法秩序が規制してきた投機的な商業利用意図での不動産担保設定について，新たな規制緩和を行うなど，却って不動産担保依存型の金融取引を拡大するおそれが懸念される。ベトナムでも「担保付取引令」下の動産担保制度の新設とは別個に，土地法体系下の規制緩和が試行錯誤の模索過程にあり，相互に代替的関係にあるとは考えられない。タイでも，アジア危機後の法制改革は既存の不動産法じたいの問題状況に

第2節　アジアの担保法制改革の実例

なんら実質的な手を加えることなく，国際機関のコンディショナリティを受けとめた「事業担保法」を端的に追加し，不動産担保と重畳的に利用する方向性を想定している。

　以上のように，アジア危機に前後した改革実例はいずれも，国際機関の示す動産担保登録制度のモデル移植を拙速な形で進める過程で，かかる制度そのものも肝要な点で政策的配慮が不足するなど遺漏を示すが，のみならず，不動産担保の役割等をも見据えた担保制度全体の整合的な再構築を論じることなく終わった点が憾まれる。いずれの実例も，国際機関モデルの単純な移植のみではかえって既存秩序の混乱を助長し，総合的な制度像を見失なわせてしまうおそれを示唆しているであろう。国際機関の圧力去った今後も引き続き，地場の実情にねざした政策的議論に立ち戻り，金融法制の課題にしたがった実効性ある制度探究が改めて必要とされていると考えられる。

（1）　『EBRDモデル担保法』の経緯と内容につき，EBRD (European Bank for Reconstruction and Development) (1996) "An Introduction to the European Bank's Model Law on Secured Transaction," EBRDホームページ (http://www.ebrd.org)，また佐藤安信・赤羽貴・道垣内弘人（2000）「欧州復興開発銀行・模範担保法の紹介と解説（上・下）」『NBL』695―696号。

（2）　金子由芳（1999）「ベトナムの担保制度をめぐる改革課題」広島法学23巻2号，同（1999）「ベトナムの担保付取引に関する新政令」『国際商事法務』28巻6号参照。

（3）　金子由芳（2002）「アジア危機後の担保制度改革の検証」『アジア経済』43巻4号参照。

（4）　World Bank (1999) "Draft World Bank Principles and Guidelines for Effective Insolvency Systems," Sec.5.2 'Security devices and non-bankruptcy enforcement systems'.

（5）　ADB Symposium on Secured Transactions Law Reform, October 25-28, 1999, Manila.

（6）　ADB (2000) "Secured Transaction Law Reform in Asia: Unleashing the Potential of Collateral," in *Law and Policy Reform at the Asian Development Bank*, 2000 Edition, Vol. II, ADB.

（7）　『EBRDモデル担保法』'Introduction'，世銀『倒産制度原則』Sec.5.1 'Modern Credit Systems' など。またADB (2000) "Secured Transaction Law Reform in Asia ...," 'Preface' A-5 も同旨で，とくに日本における債権証券化をめぐる担保制度改革の遅れを資金調達上の障害の代表例としてことさら取り上げている。

（8）　前掲ADB (2000) "Secured Transaction Law Reform in Asia ...," 'Preface' A-2, A-5, A-6，またILO (International Labor Organization) (1995) "Collateral,

Collateral Law and Collateral Substitutes" など参照。また世銀・EBRDがアジア太平洋地域で共同実施した中小企業の資金調達実態調査に基づき、担保制度の限界を指摘する報告として、Muent & Pissarides (2000), "Impact of collateral practice on lending to small and medium sized enterprises," EBRD Law in Transition, Autumn 2000 がある。

(9) 世銀『倒産制度原則』Sec.5.1 'Modern Credit Systems', 前掲ADB (2000) "Secured Transaction Law Reform in Asia ...," 'Preface' A-3, A-4、また Cabllero and Krishnamurthy, "International and Domestic Collateral Constraints in a Model of Emerging Market Crisis" Massachusetts Institute of Technology, Department of Economics Working Paper Series, September 2000 など。

(10) 第1章で触れたアジア危機の原因論をめぐる内因説における、Krugman, P. (1998) などの見解参照。

(11) 世銀『倒産制度原則』Sec.5.2 'Security devices and non-bankruptcy enforcement systems'(1)〜(3)項、前掲 ADB (2000) "Secured Transaction Law Reform in Asia ...," 第75、第76パラグラフ、また同 "Baseline Model" 第101パラグラフ。

(12) 前注・世銀 'Security devices and non-bankruptcy enforcement systems' (4)項。

(13) 前注・世銀 'Security devices and non-bankruptcy enforcement systems' (6)、(8)項、前掲 ADB (2000) "Secured Transaction Law Reform in Asia ...," 第78、第89パラグラフ。

(14) 前注・世銀 'Security devices and non-bankruptcy enforcement systems' (9)項。

(15) 前掲 ADB (2000) "Secured Transaction Law Reform in Asia ...," 第83パラグラフ。

(16) 前掲 ADB (2000) "Secured Transaction Law Reform in Asia ...," 第103、第477、第485パラグラフ。

(17) 担保目的物の第三取得者等に担保権の効果を主張できるかの問題であるが、ここでは米国統一商法典第9編を受けた国際機関の用語法（perfection）に従い、日本において通用している訳語である「対抗」と称する。なお日本・ドイツ流に担保権を制限物権として位置づけると追求力が当然導かれるが、アジア諸国では制限物権構成を採用しない例が多く、改めて法的効果の限界地点を論じる必要がある。

(18) 前掲 ADB (2000) "Secured Transaction Law Reform in Asia ...," 第85、第101パラグラフ。

(19) 世銀「担保制度と破産手続外の実行」(7)項、前掲 ADB (2000) "Secured Transaction Law Reform in Asia ...," 第101、第505、第511パラグラフ。

(20) 世銀『倒産制度原則』Sec.5.1 参照。

(21) 米国における動産担保制度の経緯と詳細について、大和田実（1985）「米国における動産担保法の形成」『法学協会雑誌』95巻2号、柏木昇・沢木敬郎（1981）『アメリカの担保付取引』国際商事法研究所、ほか。

(22) 米国 UCC-9、SS9-310、SS9-304(1)参照。

(23) 中島弘雅(1999)「イギリス倒産手続における担保権の処遇」、『民商法雑誌』120

巻4・5号660―663頁など。
(24) 中西正（1999）「ドイツ倒産手続における担保権の処遇」『民商法雑誌』120巻4・5号584―587頁。また，永田誠／ロルフ・ゼーリック（1997）『ドイツ譲渡担保法：概念と基本的思惟』テイハン所収各論文参照。
(25) ADB (2000) "The Need for an Integrated Approach to Secured Transactions and Insolvency Law Reforms," in ADB (2000) *Law and Policy Reform at the Asian Development Bank*, 2000 Ed. Vol.1.
(25) たとえば Fleisig, H. (1999), "Integrating the Legal Regimes for Secured Transactions and Bankruptcy: Economic Issues," Harvard University Center for the Economic Analysis of Law, presented at ADB Symposium on Secured Transactions Law Reform, October 25-28, 1999, Manila は，前掲 ADB (2000) "Secured Transaction Law Reform in Asia ...," の主要な結論について計量的手法などによる裏づけを提供している。主に，一部の東欧諸国等を例とする UCC-9 型動産担保登録制度の導入前後の融資額の伸びや，今後のコンピュータ・ネットワークの浸透を想定した登録制度維持コストの縮小見込み，といった大まかな論拠により，UCC-9 型制度の国際的採用を推奨している。
(26) こうした大陸法・英米法の調整の主旨で，起草過程では主に英国・ドイツの実務弁護士が参加し比較法的な研究成果を挙げたとされている。前掲佐藤安信・赤羽貴・道垣内弘人（2000）695頁参照。
(27) 被担保債権の特定性の問題を融資関係の健全化の見地から論じる例として，高木多喜男「集合債権譲渡担保の有効性と対抗要件（上）」NBL234号9―10頁など。
(28) 例えばロシアでは1992年担保法，1994年民法典第一部，1997年不動産登記法，1998年抵当法，などの一連の担保法制改革を通じて，公信力を伴う抵当権につき「不動産」概念を拡張するいっぽう，あくまで公示効果のみの動産登録制度を設けて流動資産の担保活用に道を開いている。小田博（1998）「ロシア担保法制の現状」（『日本輸出入銀行海外投資研究所報』9―10号）参照。その他，東欧諸国の動産担保登録制度の導入実態について，EBRD (2000), "Securing Progress in Collateral Law Reform: the EBRD's Regional Survery of Secured Transactions Laws," *Law in Trangition*, Autum 2000.
(29) たとえば，国際協力事業団鉱工業開発部（2002）『「産業競争力基盤強化に関する検討会：市場インフラ整備分科会」報告書』第二章参照。
(30) 日本においても，譲渡担保の立法化の提言としてかつて，四宮和夫編「譲渡担保法要綱（改訂第二試案）」が注目を浴び，最近も債権譲渡登録制度の創出などの例がある。しかしその法的効果の性格づけは定説を見ておらず，いわゆる所有権構成・担保権構成の対立もさることながら，そもそも抵当権制度を中核とする既存の担保法体系との関係において，最終的に既存体系に組み込んでいくのか（米倉朗『譲歩担保法の法理』），あるいは既存制度を変更して英米型の私的実行文化に持ち込んでいくのか（たとえば加藤雅信「非典型担保法の体系」『別冊 NBL31：担保法理の現状と課題』），政策的方向性が決着していないこと周知のとおりである。

(31) アジア諸国の地場金融における担保取得慣行の実態については，各国の実務弁護士による国際比較セミナー等での報告からの推測が近道である。例として，Suwit Suwan (1996) "Security Devices in Thailand," presented at Inter-Pacific Bar Association Seminar on the Cross-border Banking Securities in the Emerging Countries in Asia and Pacific Region, March 1996 in Tokyo; P.D.D. Dermawan (1996) "Indonesia," ditto など。またほかに，鈴木康二 (2000)『アジア諸国の倒産法・譲歩担保法』中央経済社。

(32) このような見方につき詳しくは，金子由芳 (2002)「アジア危機後の担保制度改革の検証」『アジア経済』43巻4号。また法務省法務総合研究所・国際民商事法センター『アジア・太平洋諸国における企業倒産と担保法（国際民商事法シンポジウム・平成11年2月)』47—54頁の金子発言参照。

(33) たとえばこうした見方は，筆者が1998年中にベトナム担保制度の現地調査過程で行った，同国司法省，中央銀行金融政策局，また複数の国有商業銀行へのヒアリングにおいて一様に支持されていた。

(34) 野村好弘・作本直行 (1996)『アジア諸国の不動産法制：北東・東南アジア編』日本住宅センター，また金子由芳 (1998)『アジア法の可能性』第6章。

(35) アジア5ケ国の企業調査に基づく国際シンポジウムの議論の総括として，World Bank (1999) "Asian Corporate Recovery: Corporate Governance, Government Policy: Report of the Regional Conference based on Firm-level Surveys in Indonesia, Korea, Malaysia, the Philippines and Thailand, March 31-April, 2, 1999 in Bangkok" World Bank, section 4.2 参照。

(36) 前掲 Dwor-Frecaut, Hallward-Driemeier, and Colaco (1999), Chart 13 によれば，サンプル調査対象のうち，タイやインドネシアの重債務企業の4～6割が融資に際して監査済み財務情報を開示せず，いっぽう担保提供は7割が行っていたとする。

(37) 前掲 ADB (2000) "Secured Transaction Law Reform in Asia ...," 'Preface' A-3 ほか。

(38) 国際協力事業団国際総合研修所 (2001)『「金融に関する政策支援型協力基礎研究」報告書・現状分析編』の各国別記述を参照。

(39) たとえば前掲・世銀『倒産制度原則』Sec.5.1 'Modern Credit Systems' 参照。

(40) たとえば，前掲 ADB (2000) "Secured Transaction Law Reform in Asia ...," 'Preface' A-4, また前掲 Muent & Pissarides (2000), "Impact of collateral practice on lending to small and medium sized enterprises" 参照。

(41) 平成11年2月法務省法務総合研究所・国際民商事法センター主催「国際民商事法シンポジウム・アジア・太平洋諸国における企業倒産と担保法」における，インドネシア弁護士 Zen Umar Purba 提示の英訳 "Law No.5 Year 1960 on Basic Regulation for Agrarian Affairs" を参照した。

(42) 以上の規制緩和の経緯につき，Smariam D. Badrulzaman, SH (1997) "Posisi Hak Tanggungan Dalam Jaminan National （国家の担保制度における抵当権の位置づけ)," *Jurnal Hukum Bisnis,* Vol.1 参照。

(43)　1997年10月の対IMF第1回政策趣意書（33項）。
(44)　インドネシア法務省非公式英訳(1999) "The Law on Fiduciary Security" に拠った。
(45)　英文官報 *Cong Bao* 1999年12月13日号掲載 "Decree No. 164/1999/ND-CP on Secured Transactions" によった。
(46)　2003年8月時点でのベトナム司法省民商法部副部長 Nguyen Am Hieu 氏，ベトナム社会科学院・国家と法研究所教授 Nguyen Nhu Phat 氏らへのヒアリングによる。
(47)　ベトナムの担保制度の形成経緯について，金子由芳（1999）「ベトナムの担保制度をめぐる改革課題」『広島法学』23巻2号，149―172頁参照。
(48)　土地使用権では事業上の必要に限ってのい現物出資（政令6条）・担保（政令7条）が可能で，土地リース権でもやはり事業用途に限った担保（政令9条）は可能だが，現物出資は国有企業・社会政治国防団体にしか認められず（政令10条），またいずれの場合も譲渡や転貸は許されないなど。
(49)　ディン・ゴク・ヒイエン「裁判所における契約紛争解決に対するベトナム民法の各規定の適用の実際」（国際民商事法センター『ICCLC』10号「日越民商事法セミナー特集」53頁以下）に対する質疑応答（98―100頁）参照。
(50)　とくに資本主義先進国に学んだ1995年「民法典」が，社会主義由来の経済契約令よりも取引の安全に踏みだし，逆にいわば業法として経済契約を補う1997年「商事法」が消費者保護などの社会的配慮に発しているなど，いわば民・商逆転現象が注目される。金子由芳「ベトナムの経済契約法をめぐる問題状況」広島法学22巻2号参照。
(51)　新美育文ほか「ECの譲渡担保」『法律時報』65巻9号59頁以下など。
(52)　登記の効力は民法典・政令の条文からは判然としないが，いずれにしても実務上（登記制度への不信もあり）登記の公信力は期待されていない。
(53)　金融機関による担保権の私的実行について公的な側面支援を定める，2001年通達3号があるのみである。
(54)　2004年度国会に上程予定の「判決執行法」では，民事訴訟・経済契約訴訟の双方に共通する執行手続を設けるほか，担保実行手続も規定される予定である。
(55)　ADB Technical Assistance No.2832-VIE。
(56)　なおベトナム民法典は全般に取引の安全より財産秩序維持を重視する傾向があって，動産即時取得制度も採用していないため，動産担保登録に不動産抵当権同様の対抗力を認めても大きな矛盾はないと見られる。
(57)　前述の1999年10月ADB担保法シンポジウムの基調である。
(58)　平成11年2月法務省法務総合研究所・国際民商事法センター主催「国際民商事法シンポジウム・アジア・太平洋諸国における企業倒産と担保法」における，タイ Tammasat 大学 Sahaton Ratanapijit 準教授報告参照（法務省法務総合研究所・国際民商事法センター『アジア・太平洋諸国における企業倒産と担保法（国際民商事法シンポジウム・平成11年2月）』241―249頁）。
(59)　1998年5月の対IMF第4回政策趣意書（Letter of Intent of Government of Thailand dated May 24, 1998）参照。

(60) 草案起草委員であった Tammasat 大学法学部 Suda Visrutpich 準教授に対する2001年6月時点ヒヤリングによる。
(61) 起草会議では大手財閥CPグループ他から派遣された経済界代表委員が，金融機関優位の制度設計に異議を唱え，審議が膠着する経緯があったという（同会議に関与した英系弁護士事務所フレッシュフィールズに対する2000年3月時点ヒヤリング）。
(62) 2002年2月作成のタイ法務省草案 "Prarat-banyat-Lak-Prakan-Turakit（事業担保法）" によった。

第4章　コーポレート・ガバナンス改革の検討

　コーポレート・ガバナンス改革は，アジア危機後の国際機関の指導過程で微妙な位置づけを担ったように考えられる。当初はアジア危機の原因論をめぐり，金融・通貨破綻をもたらした元凶として，政策的保護に依存し危機前夜に過剰なリスク投資を拡大していた企業セクターの問題体質を問う「クローニー・キャピタリズム」批判が昂揚し，アジア型企業経営を改めて特殊視する議論を呼んだ[1]。なかでもファミリービジネスの所有構造に着眼する「収奪仮説」(expropriation theory) などが論じられ[2]，これを受けた改革議論も，大株主支配の解消による「所有改革」や，少数株主による監視機能強化などの論点に集中した[3]。いっぽうアジア諸国の経済界には「所有改革」に対する激しい反発が広がり，これに同情的な日本の研究者のあいだでは，むしろファミリービジネスの経営実績の再検討を促し，アジア型企業経営をあえて肯定評価する文脈で，所有問題に拘泥する国際機関周辺の議論に疑念を向ける傾向も見られた[4]。
　しかし国際機関コンディショナリティの具体的な内容面に注目するならば，実際には抜本的な所有改革とは相容れない規制緩和型のモデルが採用されている。しかも1998年末にかけてIMF理事会レベルに企業セクター救済優先論が浮上し，クローニー・キャピタリズム批判や所有改革議論はしだいに聞かれなくなってゆくとともに，コーポレート・ガバナンス改革の射程は，社外取締役制度の導入を柱とする狭義の経営監視構造の問題に特化されていった経緯がある。こうした改革方針の動揺，またその法制モデルとの乖離は，指導対象諸国の現実の法制改革に混乱や停滞をもたらしているように見受けられる。以下本章においても，はじめに国際機関の指導する制度内容を確認したうえで，これを受けたアジア諸国の改革実例に注目する。

第1節　国際機関の法制モデル

　コーポレート・ガバナンス改革は，アジア危機後にIMF・世銀のコンディシ

ョナリティがことに力点を置いた法制改革分野の一つでありながら，これら国際機関自身は当該分野ではあえて法制モデルを公表していない。いっぽう，1998年にOECD（経済協力開発機構）が『コーポレート・ガバナンス原則』を公表している(5)。その前文はことさら，発展途上国やIMF・世銀の法制改革経験に示唆を受けたと明記しているが，内容的にはIMF・世銀の路線を反面教師とするかのごとく，異なる方向性を示している。とくにアジア地域ではOECD『コーポレート・ガバナンス原則』を真摯に受けとめる気運があり，関連する国際シンポジウム開催が相継いだほか(6)，APEC（アジア太平洋経済協力）において日本政府の呼びかけで2000年以降に開始された「経済法制基盤強化プログラム（SELI）」が，その方針書で同原則の尊重を明記するなどの動きがある(7)。しかし現実の法制改革面では，IMF・世銀のコンディショナリティがあえてOECD『コーポレート・ガバナンス原則』を度外視した路線を維持していることから，同原則はいまだ現実的な影響を及ぼすには至っていないと見ることもできる。以下では，とくにIMF・世銀らブレトンウッズ・グループの制度設計が，どのような点でOECD『コーポレート・ガバナンス原則』と性格を異にするのかに注目しつつ，政策的志向の特色と限界を概観する。

I　IMF・世銀コンディショナリティの焦点

1　市場型監視と非市場型監視との二本立て

コーポレート・ガバナンス改革は，アジア危機後のIMF救済融資のコンディショナリティとして，改革が強制された主要分野の一つでありながら，既述のように，IMF・世銀による法制モデルが公表されていないために，指導内容を窺い知る材料はさしあたりコンディショナリティ本体ということになる。

すなわち，まずいち早くコーポレート・ガバナンス改革が論点となった韓国においては，すでに1997年12月の対IMF第1回政策趣意書で(8)，「市場的規律に応じた法制強化，会計基準・開示ルールの強化，国際的に公認された会計士事務所による監査」（28項・34項），「負債─資本比率において過度に借入依存型の進んだ企業金融の見直し，証券市場の育成，系列内相互保証慣行の縮小」（37項）などを約した。さらに1998年2月の対IMF第3回政策趣意書にかけてより具体的に，「上場企業につき国際的標準に従った監査済み財務諸表の義務化，連結財務諸表公開の義務化，系列企業間の相互保証慣行の縮小，上場企業

と大財閥につき公認会計士の独立性を高める趣旨で社外取締役や債権者をもメンバーとして含む'外部監査人選任委員会'の設置」といった内容に収斂されていった[9]。また世銀の1998年3月構造調整融資の政策マトリクスでは[10]、「財務情報開示の質的向上趣旨で、外部監査人選任委員会を設置すべく外部監査法改正、上場企業および資産規模70億ウォン以上の大企業につき国際的標準の会計原則に従った監査の義務化、連結財務諸表の義務化」、また「取締役会や株主による内部監査効率化趣旨での、取締役会における監査委員会設置、取締役責任の強化、株主代表訴訟提訴権・議題提案権・閲覧権にかかる権利行使基準緩和を通じた少数株主権の強化」についての法改正を約させている。いっぽうタイでは、1998年5月の対IMF第5回政策趣意書以降で、「上場会社について、内部経営監視機構としての社外取締役監査委員会の義務化」、および「市場的監視強化の趣旨での情報公開強化・会計基準国際化」が約定された[11]。またインドネシアでは1999年3月の対IMF第6回政策趣意書（第39項）が、企業再編枠組みの一環として「証券取引規制や上場基準の強化と合わせた、会社法・会計法の改革方針の官民研究」を約している[12]。

　以上のようなコンディショナリティの趣旨を総括すれば、まずは基本姿勢として、コーポレートガバナンスを企業自体の存在形態の問題でなくあくまで、投資家による経営監視の設計問題として想定したうえで、資本市場育成を通じた直接金融型の企業金融を強化していく大方針がある。企業資金調達に占める間接金融依存度の高い現状を修正する意図である。そのうえで、こうした資本市場における経営監視機能を活用するために、上場基準の適正化、情報公開の強化、外部監査の質的向上、会計制度の国際標準化などが図られる。また同時に、企業内部の経営監視機構として、社外取締役による監査委員会設置などの独立性を伴う内部監査制度の強化、また取締役責任の強化と、これを追及する少数株主権の強化、などが意図されている。

　以上の指導方針につき留意される点は、資本市場におけるコーポレート・ガバナンスと、経営監視機構としてのコーポレート・ガバナンスとが、二本立てとされる構造である。こうした二本立ての戦略は、とくにアジアのように証券市場が未発達の段階にあり間接金融主体の企業資金調達が継続する経済において、とくに重要な意味を持とう。すなわち資本市場に上場中の企業にとっては市場型監視がたとえ有効に機能しえているとしても、上場しない企業にとってはこの道はあり得ないから、別途のガバナンス・メカニズムが検討されねばならない。その選択肢としては、内部監視機構の強化も有効な選択肢の一つであろうし、このほか会社登録制度等の情報公開の強化を前提としつつ債権者など

の外部的監視の活用，また行政による介入主義的監督など，多様な方向が考えられる。今後たとえ国際機関がいかに直接金融促進を図っていくにせよ，企業金融が完全に市場調達に一本化されることは想定し難いだけに，非市場型のコーポレート・ガバナンスの役割が残り続けるはずである。

2 市場型監視の具体的設計

以上の二本立て強化方針の趣旨からして，問題は，市場型監視・非市場型監視それぞれがバランスをとりながらそれぞれがいかに実効的に強化されていくか，質的な内容面の設計ということになる。

まずは市場型監視の実効的なありかただが，国際機関のコンディショナリティが挙げる，世界的に著名な監査法人の採用や会計制度の国際標準化といった部分的な対応のみでは，必ずしも開示情報の適正化につながり得ないこと，昨今の米国における上場大企業や大手会計監査法人の不祥事・破綻といった一連の事例の示唆するところであろう。市場型監視とは一般に，経営情報が市場価格に的確に反映される環境を前提としつつ，その価格の低下局面では敵対的企業買収などを通じた経営支配権争奪圧力が働く仕組みを意味するとすれば，その前提たる制度基盤としては，経営情報を厳密に公表させる趣旨での情報開示規則・会計原則・監査制度，また不当な価格操作を回避する趣旨でのインサイダー取引規制や証券取引業者規制，さらには公開株式買付などの敵対的M&Aを合法的に制度化する枠組み，などが必須ということになる。ところが，例えば1990年代の米国においてはこれら市場型ガバナンスの制度基盤全般について，もっぱら規制緩和が進んだと見受けられる。情報開示規制面では，たとえば海外投資の情報開示免除（レギュレーションS）や機関投資家向け私募債取引の情報開示免除（規則144A）が注目を集め[13]，世界的なマネー・ゲームを演出するとともに市場全般に規制緩和ムードをもたらした。いっぽうヘッジファンドを通じた価格操作，また大手監査法人が粉飾情報を黙認するといった業者の暗躍に対して，監督行政は緩やかであった。他方，敵対的M&A圧力に対しては企業経営陣側がpoison pillなどで知られる多様な防御策を工夫してゆき，これらはデラウェア州判例法の主導する審査基準のもとで許容され[14]，各州会社法がこうした防御策を明示的に合法化する動きへとつながったこと，周知のとおりである。さらに，防御策の当否を問う裁判において会社の客観的利益の所在が論点とされていくなかで，いわば経営側の防御余地を客観的に保障する趣旨で，取締役行動指針や社外取締役制度が位置づけ直されていった経緯が

知られている(15)。またかっての M&A ブームを現出させた立役者である機関投資家の行動形態が，短期の売買行動によるいわゆるウォール・ストリート・ルールの市場圧力重視から，むしろ中長期的な経営権行使を見込む安定株主化へと誘導されつつある(16)。

こうした一連の規制緩和を通じて，市場型ガバナンスの機能低下がもたらされていた実態は，昨今の米国の相つぐ上場企業不祥事が示唆するところだろう。一口に市場型監視と称しても，具体的な設計モデルしだいでは，実質的には規制緩和に働き機能不全に陥りかねない危険は，いまや共通認識を必要としている。IMF・世銀のコンディショナリティの概括的な内容のみからは，そのような詳細の設計方針を窺い知ることはできない。

3 内部型監視の具体的設計

いっぽう企業内部の監視メカニズムについては，IMF・世銀のコンディショナリティの基本的枠組みは，比較的明確に読み取れる。第一に，取締役会内部に社外取締役をメンバーに含む監査委員会その他の委員会制度を導入することで，執行体制に対する客観的監視を図ること，第二に，少数株主の権利を保障することで取締役責任追及圧力を強めること，がその焦点である。設計の枠組みとしては総じて，米国型のガバナンス・メカニズムと見ることができる。とくに執行役員が経営実権を有し，これを取締役会において監督する経営内部の自己監視型体制を採用すること，また所有・経営の分離を際立たせ，株主総会の関与は不当経営が露呈したのちの最終的な責任追及場面まで持ち越される想定とされている。

しかしここで問題はやはり，実効性ある内部型監視の詳細設計である。内部型監視はしばしば論じられるように，比較法的に多様な選択肢があり得る(17)。取締役会による執行監督の客観性を社外取締役制度で補完する米国流の自己監督モデルは唯一の選択ではなく，ドイツ株式法に代表される監査会が共同決定方式を伴いながら取締役の人事権さえ有するより厳格な二階制構造もあれば，日本のように常設機関たる監査役（会）と米国流の取締役会の自己監督体制とを併存させてきたモデルもあり，いずれも多様なバリエーションの追究過程にある。米国モデルをことさら最善のグローバル・スタンダードとみなす根拠は存在せず，むしろ米国型モデルは比較法的視点では監督機能の脆弱性も目立つ。たとえば社外取締役委員会の権限は限定的に細分化され，とくに取締役会の執行監督機能を客観化する役割が期待される社外取締役監査委員会の権限は，英

国法の会計監査制度の伝統を受けて会計面の監督権にとどめられるのが通常であり(18)、独・日等の監査役が広く業務監督権を有する性格とは異なる。またそもそも米国型のガバナンス強化は「所有と経営の分離」を前提とする上場会社を主たる対象としており、非上場会社のガバナンスには十分な関心が行き届かない。こうした限界を伴う米国モデルを、国際機関が画一的に推奨する決定的な根拠はない。

さらに、たとえ米国モデルを採用するにせよ、詳細設計面でいかに実効性を図るかが問われねばなるまい。たとえば社外取締役委員会制度を導入するとしても、その資格要件をいかに画するのか、任命・解任権は取締役会にあるのか株主総会その他が有するのか、報酬決定は誰が行うのか、その職責を促すに当たっていかなる取締役責任を問うのか、免責をどう考えるのか、などの多様な選択が問われる。これらの設計しだいでは、現経営陣と親密な関係にある情実人事が可能とされてしまい、経営内部の自己監視体制が名目化する帰結は避けられない。また少数株主による経営責任追及についても、そもそもの取締役責任の根拠規定がどのような射程を画しているか、また責任軽減を図る判例・立法を許容するのか、また経営責任追及の手続面でどのようなハードルを課するか、和解などの個別的解決をどの程度認めるか、などの詳細設計しだいでは、事実上骨抜きにされる余地も大きい。

一例として、米国法律協会（ALI）が1994年に完成公表した『コーポレート・ガバナンス原則』は、米国の会社判例の動向を総括するリステイトメント的な性格を有し(19)、しかも米国内部のみならず、1990年代に日本を含む多くの先進諸国で財界主導で展開されたコーポレート・ガバナンス改革に影響を与えているが(20)、その内容は米国法自身の規制緩和基調を浮き彫りにしている。たとえば社外取締役制度を推奨するに際しても、その資格要件は上級執行役員との関係で過去2年以上20万ドル以上の雇用関係等の有無などで定義される「重要な関係」の有無を基準とし（1.34項）、このようなゆるやかな縛りで情実人事を阻むことは困難であって、じじつ実証研究では、社外取締役制度の実質的効果につき否定的な結果が多数示されている(21)。取締役の対会社責任についても、米国では従来から判例・州法の規制緩和傾向が知られ、ALI原則もこうした傾向を明文化している。たとえば不当経営等の注意義務違反の追及局面では、取締役の厳格責任を設けないのみならず、執行委員会他への権限委譲や、判例法の形成した「経営判断の原則」に基づく原告側による注意義務違反・損害・因果関係の立証義務づけなど、総じて取締役の免責余地を拡張する方針で制度設計がなされている（4.01条）。また自己取引・利益相反取引等を追及する

忠実義務違反の局面でも，ALI原則では各州会社法の規制緩和動向を受けて，利害関係にない取締役の単純多数決などによる事前事後の免責制度を工夫しており（5.02条(2)ほか），またこのほかにもアメリカ法曹協会（ABA）の『改訂模範会社法』（8.60—8.63条）におけるように，詳細な制限列挙方式でセーフハーバーを拡張する向きなども知られている。さらにこうした実体的な責任根拠の軽減に加えて，手続的手段による規制緩和も多様に試みられており，たとえばALI原則では，代表訴訟提起に対して取締役会訴訟委員会の申立てに応じた訴訟却下が「経営判断の原則」を基準として制度化され（7.07—7.13条），また取締役の損害賠償額の制限（7.19項）や会社による保険費用負担（7.20項）などが知られ，また代表訴訟において妥協余地をさぐる個人的和解手続（7.14—7.15項）などの工夫がある。こうして少数株主による経営責任追及は，実体面・手続面ともにハードルの多い設計とされつつあるのであり，結果として内部型監視圧力の機能低下をもたらしていると見られる。

　このような米国流のモデルにおける規制緩和基調は，自由放任主義的な経済学的思想の反映であると見られると同時に，米国特殊の経済的実態をも反映すると見るべきであろう。米国では，1980年代までに敵対的M&Aブームや少数株主による株主代表訴訟が過剰なまでの隆盛をみた結果，こうした厳しい経営監視圧力に晒された企業経営側が，現有経営体制を保障する制度枠組みを強く要請するに至ったと考えられる。結果，社外取締役の客観的機能をことさら強調した自己監視型ガバナンスを称揚し，またM&A防御策の客観化や少数株主による監視圧力の制服を狙った制度モデルが定着をみた経緯が想像される[22]。このような見方が可能であるとすれば，こうした米国特殊の事情を背景とする規制緩和型モデルを，そのまま他国の経済事情のもとへ持ち込まねばならない理由は存在しない。とくに敵対的M&Aブームや株主代表訴訟が米国のごとく隆盛を見ているわけではない諸国において，社外取締役制度や取締役責任の免責制度といった米国流の設計の形式的模倣に固執する必要はあるまい。

　こうした意味では，IMF・世銀のコンディショナリティが，規制緩和基調の米国型モデルについて，形式的な制度移植を図る傾向は問題といわねばならない。むしろ米国型ガバナンスの本来の政策的趣旨である経営的監視機能の強化課題じたいに立ちかえり，その実効的な実現のために，各国それぞれの実情に見合った詳細設計を研究し支援する態度こそが望まれているのではないか。

II　OECD『コーポレート・ガバナンス原則』の焦点

1　非市場型監視の多様性：非上場会社への視線

　IMF・世銀のコンディショナリティに窺われた米国型モデルの形式的移植姿勢とは異なり，OECD『コーポレート・ガバナンス原則』は，各国の実情に見合った詳細設計を促す，より相対的な視座を開いているように考えられる。同原則では，まずは前文における方針説明として，上場会社に限らず私会社や国営企業など非上場会社にも配慮すると明記のうえ（前文第一パラグラフ），特定のモデルを前提せずむしろ経済実情に見合った実効的な制度を設計する際に役立つ共通事項を論じるとする（同第七，第八，第九パラグラフ）。また「所有と経営の分離」を前提とした株主―取締役関係のみならず，その他の多様な政策的課題にも配慮するとし（同第四パラグラフ），とくに債権者や従業員などのステークホルダーの役割を強調する（同第六パラグラフ）。このように多様な政策課題の実効的な織り込みに関心を有する態度からして，上記のIMF・世銀コンディショナリティにおける米国型モデルの移植姿勢と大きく相違する。同原則前文導入部では「IMF・世銀に示唆を受けた」とことさら明記しているが，むしろこれを反面教師とする皮肉な表現とさえ理解される。こうした独自の態度は具体的本論でも貫かれており，とくに内部型監視メカニズムの面で，IMF・世銀コンディショナリティがもっぱら社外取締役制度導入や少数株主権の発動基準の問題に画一的に特化する傾向とは異なり，株主総会の役割，また株主のみならず債権者や労働者など広くステークホルダーの役割へと，大きく視野を広げている。

　すなわち，まず「株主の権利」と題する第1章では，米国モデルにおける「所有と経営の分離」の徹底とは異なりむしろ株主による経営参加の促進が語られ（I-B項），株主総会の手続的適正化を促し（I-C項），他方で経営支配的地位にある株主についての開示を求めている（I-D項）。また「株主の平等待遇」と題する第2章で，投票の妨げとなる措置などを広く禁じている（II-A-3等）。以上における株主像は，通常は配当の多寡のみに関心を有し，不当経営露呈後に初めて経営責任追及に乗り出す経営授託者ではなく，むしろ株主総会という一会社機関の機能強化を通じて経営過程に参画していく権利を主張する，能動的な経営監視者である。また株主総会を支配し経営陣を統制する支配株主の存在が白日のもとに晒される点も，一般株主との利害関係の相違を明示

することで，株主の経営参加（ないしは退出）に関わる主体的な判断の基盤を保障する趣旨と理解される[23]。

いっぽう「ステークホルダーの権利」と題する第3章では，まずは一般的に，ステークホルダーの権利・利益の保障が語られ（III-A・III-B），そのうえで具体的に，労働者や債権者といったステークホルダーの経営参加の促進を語り（III-C），この目的に資するべくステークホルダーへの経営情報開示を求めている（III-D）。また「取締役の責任」と題する第5章において，ステークホルダーの利害に関する取締役の義務が論じられ，ステークホルダーによる直接の責任追及余地を示唆すると見られる（V-C）。以上でいうステークホルダーとは，単なる経営監視者の役割を越えて，たとえばドイツ株式法の共同決定方式に代表される社会的参加の文脈で理解される。ここではそもそもの会社制度の目的を，単なる株主配当最大化を超えて，長期的な事業活動の存続に見出す視点があり[24]，したがって利害関係者としても，株主（直接金融手段）のみならず，債権者（間接金融手段），従業員（人的資本），取引先（暖簾の顕現というべき生産・販売系列関係）などおよそ事業基盤に関わる当事者全般がステークホルダーとして意識されることになる。とはいえ，こうしたステークホルダーの役割を強行法規として制度的に組み込むか否かは，各国の立法判断に委ねる姿勢が明記され（III-A・III-B），またステークホルダーの経営参加を義務化するのではなく，あくまでその「促進メカニズム」の義務化にとどめ（III-C），またステークホルダーへの情報開示もあくまで経営参加が行われる場合にとどめられるなど（III-D），企業経営側に配慮した妥協的性格も見逃せない。

また「開示と透明性」と題する第4章では，単に会計情報のみならず，営業事情，所有関係，経営体制，ステークホルダー，経営監視体制に及ぶあらゆる重要事項の開示を促している（IV-A）。また利用者だれもがこうした情報に平等，迅速，安価にアクセスできる実効的システムの構築が求められるとしているが（IV-D），このことは上場企業に関する証券市場での対株主開示のみならず，たとえば英法系における会社登録制度のような行政的措置にせよ，あるいは日本法（商法282条等）における本店備え置き義務のような個別的開示方式にせよ，非上場会社をも射程に含み，かつ株主以外のステークホルダーにとってもアクセスしやすい，網羅的な情報開示システムの必要性を示唆するものであろう。

また第五章では，米国流の自己監視型モデルにおける取締役会，またドイツ流の階層型監視モデルにおける監査役会の双方を内包するBoardの観念を設け，その機能として業務全般の妥当性監督を前提しており（V-D），米国法モ

デルに限定されない比較法的な視座を提供している。ただし，とくに執行体制から独立した取締役（監査役）の役割として，会計面の監視，指名，報酬決定に限って言及する点では（V-E），あくまで客観判断を要する事項についてのみ限定的に社外取締役を活用する米国流モデルを想定した提言となっている。

このように，とくに非市場型監視メカニズムのありかたについて，OECD『コーポレート・ガバナンス原則』は企業経営をめぐる多様な利害関係者の，個々の利害関心に応じた監視圧力を想定しながら，より実効的なモデルの探究を促している。このような非市場型監視の多様化・重層化は，ことに市場における外部型監視に服さない非上場企業について，実効的なガバナンス・メカニズムを検討していくにあたって有用な方針と考えられる。少なくとも，財閥ファミリーによる閉鎖的経営が残るアジア諸国において，同原則の示唆する重層的ガバナンスの方向性は積極的な研究に値しよう。

ただし同原則の記述はあまりに簡素であり，また複数利害に配慮して妥協的でもあり，これじたいに具体的な設計上の参考は見出しにくい。現実の法制改革においては，同原則の説く重層的ガバナンスの有用性を一般論として採用しても，具体的な制度設計過程で結局は政治的妥協が重ねられ，実効的な監視機能の確立に到達しえないおそれが懸念される[25]。

2　市場型監視における規制緩和モデルへの批判

OECD『コーポレート・ガバナンス原則』は，若干，市場型ガバナンスについても興味深い言及を行っている。すなわち，市場におけるM&Aを通じた経営支配権争奪圧力に有効な経営監視効果が期待されるとして，これを阻害するM&A防御策を批判する（I-E項）。また機関投資家も一般株主同様に自己利害に見合った議決権行使を行うべしとし（I-F項），機関投資家に安定株主としての特殊な経営支援的役割をいたずらに期待する議論が結果として市場における敵対的圧力を殺ぐ結果に，疑問を呈するごとくである。またインサイダー取引や不当な自己資本取引による価格操作等につき，規制厳格化を促している（II-B）。いずれも，M&A防御策の合法化，機関投資家の経営監視機能を殺ぐ安定株主化志向，市場操作に対する摘発の後退，といった米国における近年のような規制緩和傾向に疑問を投げかけ，市場型監視の本来の機能を回復させる意図として理解される。米国流の規制緩和論が市場の万能性を前提する自由放任主義的な立脚点に依拠するならば，同原則は，証券市場が未熟であったり不正に晒される状況において「市場の失敗」を想定し，市場型監視を有効に機能

させるなんらかの基盤づくりが不可欠と見る，自由主義的立脚点を前提とするものと理解される。

3　グローバル・スタンダード化への疑念

　以上のように，OECD『コーポレート・ガバナンス原則』は，あくまで抽象的な原則論の羅列スタイルではあるが，実効性ある監視機能の探究を促すもので，IMF・世銀のコンディショナリティの米国型モデル移植姿勢とは一線を画している。こうした多様性を重んじる制度探究姿勢は，先進諸国の財界が主導する米国型モデルのグローバル・スタンダード化の潮流とは対立する方針といえるであろう。

　いっぽう，IMF・世銀側が途上国に対する法整備支援で，OECD『コーポレート・ガバナンス原則』への言及に難色を示す向きが知られている。IMF・世銀側がグローバル・スタンダード化の気運に同調し，同原則の多様性への志向を意識的に排する態度とうかがわれよう。しかしながらグローバル・スタンダードの採用が自己目的化されていった場合に，結果としてモデルとされた制度内容の当否が問われず，各国の実情に見合った制度設計も論じられず，結果として本旨であるコーポレート・ガバナンス向上が達成されない。本末転倒が生じる。OECD『コーポレート・ガバナンス原則』は，そのような政策議論度外視の風潮に一石を投じた意義があると考えられる。

第2節　アジア諸国の法制改革の実例

I　各国の制度改革経緯

アジア危機後の関係諸国では，上述した IMF・世銀のコンディショナリティを受けて，期限を切った立法対応を各々強制された。その結果，はたして実効的な監視メカニズムを実現し得ているのだろうか。以下では指導対象とされた韓国，インドネシア，タイにつき，それぞれ過去の制度的経緯に遡りつつ，アジア危機後にどのような法制改革課題を抱え，またコンディショナリティにどのような対応を示しているかを点検する。

1　韓　国

(1)　沿　革

韓国におけるコーポレート・ガバナンスの基盤をなす「商法典」会社規定は，過去，日本法の変遷に強く影響を受けながら変化を辿ってきた[26]。まずは日本統治時代に許可主義的色彩の強い1911年「会社令」が発されたが，1912年「朝鮮民事令」で日本商法の依用が開始し，その後，戦後独立を経て，なお日本法の適用が継続され，1962年に至ってついに独自の「商法典」が成立した。日本商法依用時代のコーポレート・ガバナンスは，日本の明治23年旧商法の内容を受けて，会計の違法性のみならず業務全般の妥当性について幅広い監視機能を有する「監査役」制度を設け，株主総会無効の訴え，会社設立無効の訴え，資本減少無効の訴えなどの権限を通じて，少数株主や債権者を含む多様なステークホルダーの利益調整機能が期待されていたといえる。しかし1962年「商法典」では，日本の昭和25年（1950年）商法改正を受けて，合議制の取締役会を設け経営の自己監視機能に期待するいっぽう，「監査役」の権限をもっぱら会計面の違法性審査の役割に縮小した。その後，日本で昭和49年（1974年）商法改正・商法特例法が，監査役の権限を再び業務妥当性監査にまで拡大し，加えて大会社については外部監査を義務化し，ただし中小企業については従来どおりの違法性監査にとどめる枠組みとしたために，韓国でもこれを受けて，1980年の「外部監査法」で外部監査制度を一定規模以上の非上場会社にも及ぼし，また1984年商法改正を実施して，監査役の権限を妥当性審査にまで拡張した。しかし韓国では1995年の商法改正で，監査役の選任における定足数不問・決議

要件緩和，また監査役の任期延長などの改変があり，結果として，既存制度の枠内で財閥企業における監査役の情実人事の余地を広げる効果があったと見られる。

(2) アジア危機後の改革

　財閥が1990年代半ばの過剰借入れ・過剰投資に踊った結果，韓国経済はアジア危機の「感染」を蒙り，IMF・世銀コンディショナリティは既述のように，当初からコーポレート・ガバナンス強化を促した。これを受けて，外部型経営監視の面では，上場会社と非上場大会社に関して連結財務諸表公表の義務化，また敵対的M&Aの全面解禁といった迅速な制度改革が起こるとともに，内部型経営監視をめぐっても一連の法改正が相継いだ[27]。まずは1998年商法改正において少数株主権強化の趣旨で，権限行使基準の一律緩和，定款で排除できるものの取締役選任における累積投票制度の新設，また従来「証券取引法」で上場会社にしか認められていなかった株主議題提案権の新設等があり，また取締役責任強化の趣旨で，従来明文規定のなかった忠実義務の明文化，さらに「業務執行関与者」なる新たな概念を設けて，狭義の取締役のみならず経営関与を示唆する名称を伴う関係者に広く経営責任を問う根拠を新設し，注目を集めた。

　さらに1999年の商法改正，2000年の証券取引法改正等が続き，従来から証券取引所規則で開示事項として任意制度化されてきた社外取締役中心の「監査委員会」を，従来型の監査役制度との選択式で制度化し（415条の2第2項），またとくに上場会社については導入を義務化した。ただし社外取締役の資格要件は，過去2年以内の役職関係の有無等を問う緩やかな排除基準にとどまり，情実関係を厳格に排除するものとは言いがたい。

　以上のように，アジア危機後の韓国では迅速な立法対応がなされ，とくに閉鎖的な経営体質が問題視される非上場企業のコーポレート・ガバナンス強化に目配りがなされたと見られる点，注目に値する。すなわち，外部型監視の面で，一部大企業については連結財務情報開示の強制が財閥経営の閉鎖性を揺るがすものとなったのに加えて，内部型監視強化の面では証券取引法のみならず商法の会社規定本体が改正されることで，非上場会社に改革の射程が及んだ。とはいえ，こうした内部型監視を内容的に点検するならば，不充分さは否めない。とくに少数株主権・取締役責任強化の面では，韓国法が従来から日本法を標準としながらも，経営専決性を重視する立場から日本法における漸進的な改革箇所を意図的に排除・変更してきた側面が，ようやく日本並みに是正されたという

に過ぎまい。あえて新奇性のあるのは「業務執行関与者」の責任規定であるが、たとえば経営関与性ある職務名称などの要件の射程をめぐって解釈余地が大きく、財閥支配の監視強化にどこまで実効的に貢献しうるか予想しにくい。いっぽう社外取締役・委員会制度の導入については、社外取締役の資格要件が上述のALI原則の流儀に倣って緩やかであるために、政財官癒着の強い韓国の現実に照らして情実人事を実効的に阻むことは期待しがたいであろう[28]。IMF・世銀の圧力という重大な改革契機に当たり、本来ならば実効的なコーポレート・ガバナンスをめざして多様な研究余地が可能であったところ、短期の期限を切って拙速に進められた改革は結局、米国型モデルの形式的移植に終わったと考えられる。

2 インドネシア

(1) 沿革

インドネシアでは、オランダ植民地時代に1848年「商法典」下のわずか21か条の会社規定（36条—56条）が存在し[29]、戦後独立後も唯一の会社根拠規定として継続して適用されてきたが[30]、1995年に至ってようやく自前の「有限責任会社法」（129か条）が成立した[31]。

「商法典」下の会社規定は、設立や重要事項の変更について法務大臣による内容的判断を含む許可に服し（36条）、また条件付き許可が下される場合もあるなど（37条）、全般に裁量余地の大きい許可主義の性格が濃厚であった。いっぽう新たに成った「有限責任会社法」は、前文で1945年インドネシア憲法の掲げる公正・民主的総意形成などの建国五原則（パンチャシラ原理）や国民経済発展への貢献など独特の立法理念に言及するが、しかし全文わずか129か条（およびその公式解釈）のみでは十分詳細な準則を提供し得ているとはいいにくい。むしろ「商法典」の基本的骨格を継承する傾向が目立ち、とくに会社設立（7条6項）や定款変更（15条）につきなおも法務大臣の承認を必要としていて、従来型の許可主義的骨格を変えていない。また経営体制の面でも、取締役による業務執行に対して業務監査役たるコミサリス（Komisaris）が全般的な監督を及ぼす、階層的な経営監視体制を「商法典」から受け継いでいる。ただし新たに「公開有限責任会社」（Perseroan Terbatas Tbk）の概念を設け（1条6号）、経営監視や情報公開などの面で若干の強行規定を追加している。

いっぽう同じく1995年に「証券市場法」が成立しており[32]、1952年「証券取引に関する緊急法」に代替した。かくしてインドネシアでは会社法・証券法

改革がごく最近実施されていただけに，アジア危機後の IMF・世銀のコンディショナリティにおいては，韓国・タイと異なり即座の立法対応は要請されず，単に今後のコーポレート・ガバナンス改革へ向けた研究が課題とされたにとどまる(33)。ただしこのことは，従来のコーポレート・ガバナンスのありかたに問題がなかったことを意味しない。アジア危機に至る投機経済を現出した主役は，まさに1995年の法制改革を受け，"Perseroan Terbatas"（有限責任会社）あるいは"Perseroan Terbatas Tbk"（公開有限責任会社）として再登録された財閥企業群であった。

(2) 内部監査制度の限界

ここでとくに，1995年「有限責任会社法」の規定する内部型の経営監視メカニズムに注目すると，上述のようにオランダ時代以来，取締役の任免権限を有する業務監査役（Komisaris コミサリス）の存在を特色とする，一種の階層性コーポレート・ガバナンスが特色となっている。「商法典」（44条）では常設機関としては定めていなかったが，しかし経済実務面では深く浸透してきたため，「有限責任会社法」ではこれを株主総会・取締役と並ぶ必須の会社機関とした（1条2号）。またとくに公開有限責任会社では，コミサリスの複数任命を義務付け（94条2項），また合議体（コミサリス会）をとることを強制している（94条3項）。そこでさしあたり，こうしたコミサリスを中核とする監視機能がなぜ十全に発揮されえなかったのかの問いが生じる。

(イ) コミサリスの機能不全

「有限責任会社法」下のコミサリスの機能は，取締役の業務執行の監督であり（1条5号），その権能は経営の基本構造における株主総会の主権に由来している。すなわち，株主総会は経営の全権を有すると宣言され（1条3号，63条），株主総会またはその代理としてのコミサリスが取締役の経営権限を定めるとされる（81条）。かかる株主総会の代理としてのコミサリスの経営監視権限は広範であり，単なる会計面の適法性監査を超えて経営方針の妥当性審査や助言に及び（97条），また懲罰的権力として取締役の一時的解任権を有するとともに（92条），株主総会の委任により経営権の代位行使をもなしうる（100条）。

ところが株主総会の代理たるコミサリスの選任・解任権じたいは，必ずしも株主総会にあるわけではない。すなわち，コミサリスの選任・解任手続は定款の自由に委ねられており（95条4項），いっぽう定款変更は厳格な特別決議要件を伴う（75条）。したがって，たとえば設立定款において株主総会以外の機関にコミサリスの実質的な選任・解任の権限が与えられ，あるいは選任・解任

手続が支配株主などの利害に有利に歪められているような場合，その後の変更は容易ではない。

なお株主総会の意思決定過程そのものはかなり民主的に組みたてられているのであるが，実態としては，株主総会の意思決定も支配株主の統制のもとにある。すなわち株主総会では，裁判所の最終的監視を伴う穏当な定足数規定（73条）[34]，伝統的な全会一致原則（74条）[35]，また定款変更（75条）や合併・破産・解散（76条）や重要資産譲渡・担保提供（88条3項），などの重要な経営判断事項に関するきわめて厳格な特別決議条件[36]，といった特色ある手続的強行規定のもとで，少数意見の反映も可能な枠組みが想定されているといえる。しかし，経済的現実として，インドネシアの大手企業の大半が財閥ファミリーの支配下にあり[37]，重要経営判断事項に関する特別決議規定なども，かえって支配株主による拒否権の発動余地を生み出していると見られる。つまり株主総会主権やコミサリスの広範な権限といった制度設計に拘らず，主権の発する株主総会じたいが財閥ファミリーの支配を受け，また財閥ファミリーと人的つながりのある，多くは経営知識を欠く政財界要人などがコミサリスとして任命される傾向を許してきたと見られ，結果，経営監視は有効に機能しえなかったと考えられる。

(ロ) 少数株主やステークホルダーの監視圧力

そこで別途，少数株主，また債権者などステークホルダーによる経営責任追及圧力が注目される。しかしまずは少数株主権について，権利の射程や行使基準は限定的である。すなわち，株主総会招集権（66条2項），議題提案権（モデル定款19条2項），また株主代表訴訟提起権（対取締役85条3項・対コミサリス98条2項）について，いずれも権限行使基準は発行済株式総数の10％を法定上限として具体的な設定は定款に委ねている。また解散発議権（117条1項b号）や，検査役選任権（110条3項）の権限行使基準は発行済株式総数の一律10％とされ，とくに検査役の選任コストは申請者側が取締役・コミサリスとの分担のうえで負担する必要があるなど，使い勝手に限界がある（113条3項）。いっぽう株主代表訴訟の具体的根拠となりうる取締役責任規定は，内容的に十分とは言いがたい。注意義務（85条1項）の内容は判例による具体的な解釈の蓄積が待たれるし，また忠実義務の面では，自社・他者の保有株式について時期を問わぬ報告義務が規定されるのみである（87条）。

いっぽう，破産に際して不当経営を根拠とする会社債務連帯責任規定（90条2項）が存在し，ステークホルダーたる債権者による経営責任追及の根拠として注目される。ただし「商法典」時代における取締役破産責任（47条）は不当

経営の有無の立証を要しない、いわば結果責任の性格であったのに対して、「有限責任会社法」のもとでは不当経営の立証を要することとなっただけに、その具体的基準をめぐって新たに判例の蓄積を待たざるを得ない。また他方で、債権者らステークホルダーに対する情報開示制度は欠如しており、不当経営責任の追及に当たっても情報収集は容易ではない。すなわち公開有限責任会社では、公認会計士の監査済み貸借対照表・損益計算書が一般公表されるが（59条）、その他の情報（たとえば56条の掲げる連結財務諸表や営業報告書等の株主総会提出資料）は公表義務が明示されておらず、また私会社ではそもそも情報開示義務についてのなんらの強行法規も欠く。結果として、現実の金融取引における情報開示は交渉上の力関係に従うこととならざるを得ず、とくに歪んだ借り手市場と化したアジア危機前夜の金融取引において、債権者が適切な情報開示なくして融資を迫られる状況は避けられない現実であったと見られる。たとえばすでに触れた世銀のサンプル調査において、インドネシアの重債務企業の大半が監査済み財務情報の公開なく融資を受けた事実が指摘されている[38]。

以上のように1995年以降に成立した新たな会社法制のもとでも、インドネシアの内部型経営監視メカニズムは十分に実効的な制度枠組みを提供しえていたとは言いがたい。とくにコミサリスの機能実質化やステークホルダーによる経営責任追及基盤の拡大など、今後の改善余地は大きい。またここでは詳述しないが、市場における外部型監視メカニズムについても、規制緩和一途の上場基準、限定的な情報公開基準、監督行政の裁量的介入余地の大きいM&A規則、といった制度環境のもとで、実効性を発揮しえない実態があった[39]。

3 タイ

(1) 沿革

アジア危機の発端をなしたタイでは、コーポレート・ガバナンスの欠陥による企業経営破綻が、危機の主因の一つであったとして深刻に論じられている[40]。とくに、経済を寡占する財閥企業で根強い大株主の支配体制[41]、また債権者による財務監視機能の欠如[42]、といった従来漠然と叙述されがちであった経済的現実が、しだいに具体的データを伴って分析されつつある。では、そうした経済的現実を許してきた法制面には、どのような欠陥が見出されるか。

この点、タイの会社法体系じたいが過去、財閥の利害に応じておりおりの改変を辿った経緯が指摘される。当初は、1928年「民商法典」の会社規定（第三編債権各論22章「パートナーシップと会社」）を唯一の根拠としていたが、経営監

視メカニズムとしては行政的監督以外には，内部型監視として，監査役による会計面の違法性審査を想定するのみであった。そこで政治的に民主化運動の起こった1970年代半ばに，既存法制は財閥企業の大衆資金調達の具に堕しているとする批判が高まった結果，1978年「公開株式会社法」が新たに上場企業の根拠法として成立し，情報公開や少数株主保護などの現代的な監視メカニズムが盛り込まれた。また同法は，資本構成の過半数を少数株主保有とする大株主規制を強行法規として定めて注目を浴びたが（旧15条），当然ながら財界の厳しい反発を呼び，財閥企業はもっぱら同法を無視して民商法典上の会社登録を維持しつづけた。ただし上場による大衆資金調達は図りたかったために，別途1984年「証券取引法」改正を実現させ，もって民商法典上の会社形態のままで「公開株式会社法」の適用を回避しながら，公開資金調達を行いうる抜け道を実現した。かくして適切な経営監視メカニズムを欠いたまま，1990年代前半にかけての証券取引ブームが現出されていったのである。1992年に至って新たな「公開株式会社法」が成り，これを機会に上場不能な民商法典上の私会社"borisat jamkat"と，上場可能な公開株式会社"borisat mahachon jamkat"との二分化整序が果たされたが，しかし経営監視メカニズムの面で目立った改善があったとは言えない。とくに，1978年法があえて設けた上述の大株主規制にかかる強行規定は，1992年法においては削除され，別途1992年「証券取引法」を根拠とするおりおりの証券取引所の上場規則に委ねられ，行政裁量による大株主規制緩和が可能な仕組みが定着した[43]。

以上の経緯が示唆するようにタイの会社法制は，財閥企業にとって閉鎖的な私的支配の実質を維持したまま，公開市場で大衆資金調達を図ることを可能とする制度設計を維持してきたと見てよい。そこでの経営監視メカニズムは，内部型監視・外部型監視ともに制度の遅れや抜け道が顕著である。アジア危機後に，IMF・世銀コンディショナリティがこうした既存法制の見直しによるコーポレート・ガバナンス強化を指導したことは，当然の措置でもあった。

(2) アジア危機後の対応

しかしながらコンディショナリティを受けたタイの制度対応は，もっぱら証券取引所規則という行政法規形式にとどまり，内容的にも上場企業に関する社外取締役監査委員会の強制などに限定された。別途，立法対応としての「公開株式会社法」草案が準備され，項目的にはIMF・世銀コンディショナリティの促した少数株主権強化・取締役責任強化に対応して，少数株主権行使の形式基準の見直し，取締役解任決議要件の緩和，などが盛られたが，いずれも部分的

な対応にとどまり,既存法の限界であった株主総会の定足数・決議要件や取締役責任の内容的射程など,経営監視の実効化をめざした抜本的見直す向きは皆無であった[44]。しかも「公開株式会社法」のみの改革では,財閥経営の中枢をなす非上場会社のコーポレート・ガバナンスについて,なんら具体的な改革を及ぼすものではあり得ない。このような限定的な立法対応に拘らず,同草案じたい2000年9月時点で閣議了承以降,審議が頓挫した。代わって2001年に,債権の株式化や準備金取崩しの明文根拠設定など,単に不良債権処理促進趣旨からする「公開株式会社法」の部分修正が行なわれたにとどまる。このようにタイの改革対応は総じて,実効的な経営監視メカニズムの創出には程遠いものに終わっている。

II タイのコーポレート・ガバナンス改革の帰趨

以上で3カ国の改革状況を概観したなかで,とくにタイについては,IMF・世銀コンディショナリティへの対応という意味では,行政法規を通じた迅速な改革をアピールし,はやくも2000年6月までに国際機関の経済管理終了を勝ち取るなど優等生ぶりを発揮しているものの,実効的な経営監視メカニズムの構築をめざした独自の制度研究は頓挫すると見受けられる。以下ではこうしたタイの問題状況をとくに取り上げ,より実効的な制度設計余地を探究する趣旨で,主に現行会社法制である1992年「公開株式会社法」[45],1928年「民商法典」[46]の会社規定を検証対象としつつ,証券取引委員会の規則やガイドライン,また成立には至らなかったものの法務省レベルの公開株式会社法改正草案,などを必要に応じて参照する。以下ではまず,市場型経営監視メカニズムの現状に言及し,ついで非市場型の経営監視メカニズムとして,内部監査システム,少数株主の役割,債権者の役割,行政的監視,の順で検討する。

1 市場型監視の実効性

第1節でみたようにIMF・世銀コンディショナリティが最も重視した改革項目は,証券市場における外部型経営監視の強化であるが,この趣旨を実現するには本来,情報開示規制の強化,会計原則国際化,また敵対的M&Aの促進を通じた経営支配権争奪圧力の強化,などの基盤的な制度対応が求められるところであろう。しかしながらタイの既存制度ではこれらの点で不足が目立った

とともに，アジア危機後の改革過程では強化どころかむしろ規制緩和が進む実態が指摘されねばならない。

すなわちまず，上場企業の情報開示についての既存制度として，1992年「公開株式会社法」では，監査済み貸借対照表，損益計算書，以上および利益処分に関する株主総会の承認議事録について会社登録所への公示を要求するに過ぎない（127条）。いっぽう証券取引所の上場規則等のおりおりの情報開示規制においては，過去に遡った財務諸表や営業成績，また連結財務情報などの情報開示が原則であるが，大規模インフラ事業・基幹産業・地方型産業などの政策的促進分野では，情報開示義務の免除や営業成績の不問といった規制緩和が実施される仕組みである[47]。現に，1990年代のインフラ開発ブームに際して多くの財閥グループがこうした規制緩和に便乗した新規上場を展開し，バブル経済を演出していった経緯がある。

いっぽう敵対的M&Aをめぐる制度として，1992年証券取引法（第二部第8章）が公開市場買付け制度を規定しているが，実質的な規制内容をほとんど証券取引委員会規則に委任している。留意されるのは証券取引委員会当局の裁量の大きさと水面下の交渉余地であり，たとえば持ち株比率が5％に達して以降は一律に報告を義務づけながらも，公開買付け制度の適用対象となるのは株式保有割合25％以上のもののみであり，このほかについては個別の行政指導が予想される。公開買付け制度のもとでは当局への届出を条件とし，買付け開始は当局がおりおり定める一定期間以降とされ，また証券取引委員会規則（1995年KK5/2538）では買付け側と対象会社との随意交渉の余地を設け，また公開買付けオファーの取り下げは理由を付してつねに自由である。総じて一般株主の関知の外で，当局が仲介する水面下の当事者交渉の余地があり，いずれにせよ市場における公明正大な経営争奪戦を回避する設計と見られる。

いっぽう興味深い点は，タイ証券取引所規則が，アジア危機後の国際機関コンディショナリティを受けた社外取締役制度の導入などと併行して，別途，大株主規制の大幅な緩和に動いている点である[48]。すなわち上述した旧1978年公開株式会社法の大株主規制に拘らず，同国の上場基準では従来から6～7割の大株主支配が許容されてきたが，さらにアジア危機後の規則改正によって，たとえば払込資本100億バーツ以上の企業について少数株主保有が1割でよいとされるなど，いわば大企業ほど大株主保有の便宜が高められている。同様の規制緩和は，アジア危機後に新設された中小企業専門市場（MAI）でとくに徹底されつつある。MAIが，財閥にとって系列分社化戦略を用いた新手の資金調達手段であることは知られており，じじつ上場資格の一としての中小企業要

件が内容的に緩和されて大手企業の上場に便宜を与え，同時に財務情報の公開要件などで緩和が相継いでいる。こうした規制緩和の根拠は，公式には，アジア危機後の経済情勢への配慮，またアジア危機が間接金融依存から生じた反省からする直接金融促進意図として説明されているが[49]，しかし，アジア危機後に活発化した外資によるM&Aブーム（日本でいうハゲタカ投資）への対抗趣旨で，地元資本の経営権喪失に歯止めを掛ける意図がもっぱら囁かれている。こうした大株主所有の規制緩和は，上記の公開買付け制度の設計とも平仄のあうものであり，証券取引法全般が支配株主の経営権掌握を保障する方向を示唆している。

このように，目下のタイにおいて証券市場をめぐる法制は財閥企業の利害優位に設計されていると見られるなか，市場型経営監視メカニズムの構築・強化が，現実問題として困難な状況を見出しうる。

2 内部監査制度の実効性

(1) 既存制度の限界

「監査役」(phu-shop-banchi) 制度を骨子とする内部監査は，タイの「公開株式会社法」下の上場企業にとって内部型監視制度の中核を占めるとともに，「民商法典」下の非上場の有限責任会社にとっては，現行ほぼ唯一の経営監視メカニズムである。しかしこうした重要な位置づけに拘らず，従来から監査役の権限範囲はきわめて狭く，情実人事の余地も大きく，適切な監視機能は期待しにくい設計であった。アジア危機後の制度改革はこのような「監査役」制度の問題を放置したまま，別途，社外取締役監査委員会の常設化を図り，結果としていずれも不十分な制度を複数平行させる帰結を招いていると見られる。以下ではまず既存の監査役制度の概要を確認する。

(イ) 公開株式会社の監査役

1992年「公開株式会社」における監査役は，監査権限は財務諸表の違法性審査にとどまり経営の妥当性を監視する権限のない，英法系の会計監査の性格であって，調査権を有するが助言権はない（122条）。しかもその監査対象たる財務情報は貸借対照表・損益計算書に限定されている（113条）。また株主総会において任命され報酬決定されるため（120条），経営陣との直接の人事関係には立たないが，しかし株主総会の意思決定手続じたいが以下にみるように財閥支配に有利な制度設計を伴っており，また監査役の任期が限定されていないこととも相俟って，経済的現実として，支配株主・経営陣との癒着著しい情実人事

が通例化している。

すなわち既存の会社経営体制では，基本構造において英法系の影響を受けた取締役への権限集中が見られ，たとえば法定の株主総会決議事項はきわめて少なく（107条2項），取締役の権限は「定款の自由」を基本とし（77条），しかも定款変更は設立総会時からしてすでにきわめて困難な特別決議要件に服し（31条），当初の定款登録が以後の経営体制を既定しやすい。いっぽう，かくして権限の集中する取締役の任免権じたいは株主総会に属するが，しかし株主総会の手続面に大株主支配に有利な多くの規定が見出されることから，全般として大株主が経営統制しやすい構造であると考えられる。たとえば株主総会の取締役選任手続では，1978年旧法が強行法規化していた累積投票制度について定款による例外余地を認めており（70条），またきわめて特殊な定足数規定が反対派の出席を排除できる巧妙な仕組みとなっており（103条）(50)，決議要件も出席株主数要件を伴うゆえに，支配株主による拒否権発動ないしは株主数の暫定的操作慣行が定着するなど（107条）(51)，総じて支配株主による誘導人事に余地を作っている。また取締役は欠員が出れば取締役会が自己選出でき（75条），また選任決議は単純多数決であるのに，解任決議については，出席株主数の4分の3かつ発行済株式総額の2分の1という最も厳しい特別決議要件を課し（76条），支配株主の拒否権発動が保障されている。以上のような一連の手続規定のもとで，支配株主・経営陣が会社意思決定を操作しやすい構図があり，監査役の選任といえどもこれら支配体制のもとに組み込まれてきたと考えられる。

以上のように，タイの公開株式会社においては経営の妥当性監視を行う内部機関が制度上存在しないのみならず，会計面の違法性審査に限っても，監査役の選任が支配株主・経営陣主導の情実人事に支配され，事実上，内部型監査の不在を来たしていたといって過言でない。

(ロ)　私会社の監査役

民商法典上の有限責任会社についても，以上のような監査役の限定的機能，また背後の支配株主優位の構造はいっそう顕著であり，むしろ以上の「公開株式会社法」の独特な設計の原型をなしていると見られる。すなわち監査権限は会計面の違法性監査にとどまり，しかもその監査対象は貸借対照表のみに限られる（1214条）。監査役の任命は株主総会によるが（1209条），そこではやはり反対派排除意図の定足数規定や（1178条・1179条），挙手方式で出席株主数を基準とする決議要件が存在して（1190—1194条），支配株主による情実的操作を可能としている。いっぽう取締役の権限は定款の自由に委ねられるが（1158条），定款変更はきわめて困難で設立定款での権限配分を保障しており（1145条・1194

第2節　アジア諸国の法制改革の実例

条)(52)，またその選任手続については，上記のような支配株主による株主総会の操作余地に加えて，定款の自由が重視され累積投票制度は任意化されるなど（1151条)，総じて支配株主の意向を体しやすい仕組みである。

　以上のような支配株主の統制契機に満ちた経営構造を前提とするかぎり，監査役の監視機能を実質化するには，権限事項の拡大もさることながら，その人事上の地位を経営陣のみならず株主総会からさえも相対化し，よほど独立的な性格を保障する制度設計が必要であったと考えられよう。

(2)　改革後の三重監査体制とその限界

　内部監査強化に関するIMF・世銀のコンディショナリティの要請は，タイの既存制度の改革に言及することなく，もっぱら米国型モデルに応じて，上場企業に関する社外取締役監査委員会の設置を義務化するにとどまった。これを受けてまずは，1998年にタイ証券取引所のガイドラインとして「取締役業務規範」が公表され(53)，上場企業に，社外取締役の任命や監査委員会・取締役指名委員会・報酬委員会などの設置が提言されていった。さらにこれら提言項目は，1999年12月の証券取引所規則に至って法的に義務化され，すなわち，上場企業では2名以上の社外取締役の任命，また社外取締役からなる3名以上の監査委員会の設置を行なわねばならないとしている。ただし興味深い点は，この場合の監査委員会の権限が会計面の違法性審査を超えて，経営妥当性審査全般に及ぶものとされたことである。

　以上の対応は，既存の監査役制度の改革に手をつけぬまま，別途，米国流の経営自己監視型モデルの骨格を導入するものであり，ただし米国モデルの内容面に修正加味し，あたかもドイツ法の監査役会を思わせる経営全般の監督権限を盛り込むものとなっている。その結果，上場会社については，新規導入の社外取締役監査委員会による経営全般の自己監視と，従来の監査役による会計面の違法性審査と，公認会計士による外部監査との三重の監査体制が成立することとなったわけだが，はたしてこのような三重の監査体制は実効的なものとなり得るのか。

　じっさい，三重の監査体制の実効性ははなはだ疑問と言わざるを得ない。まずは，新規導入の社外取締役監査委員会は，取締役会自身によって選任・解任されるものとされ，資格要件は証券取引所規則のおりおりの方針次第で規制緩和が自在であるなど，従来の監査役以上に情実人事の余地を伴うことが予想される。また社外取締役の適切な監視機能に動因を与える経営外的モニタリング圧力として，少数株主等による取締役責任の追及根拠が問題となってくるはず

だが，ここで，今次の改革が証券取引所規則の設定やガイドラインの公表に留まり，会社法本体の抜本的改革に及んでいないために，取締役責任規定そのものは，従来どおりのきわめて狭量かつ免責余地の大きい設計からまったく変更を見ていない（後述3）。このような現状のもとで単純に社外取締役を導入しようとも，情実人事の余地が大きく，モニタリング圧力も不足するなかで，実質的な監視機能が期待されるとは考えがたい。いっぽう今次の改革で改善のなかった監査役制度にも，引き続き期待できない。最後に期待の残るのは外部監査ということになるが，じじつ市場型経営監視強化の文脈においてタイ政府が鋭意改革の力点を置く領域であり，証券取引所における認定済み公認会計士リストの作成や公認会計士協会における脱会措置強化キャンペーンなどを通じて，監査の質的向上が図られつつある。しかしその実効性のほどは，昨今の米国における大手会計監査法人破綻などを他山の石としつつ，今後の成果を見守らざるを得ない。このようにそれぞれ設計上の詰めの甘い三重の監査制度を重畳的に課した必然性は見出しにくく，各々の実効的な設計をより入念に検討することこそが課題とされるべきであったであろう。結果としてたとえば上記韓国や日本の2002年商法改正におけるごとき，複数制度間の選択方式への帰結もありえたのではあるまいか。

(3) 私会社の経営監視強化へ向けて

　より深刻な問題は，以上の改革項目が公開株式会社に特化されており，「民商法典」下の非上場企業についてなんら改革が及ばない点である。とくに第一章で触れたように，地場経済を寡占的に牛耳る財閥企業の多くが巧妙な系列展開を通じて市場資金調達を図りつつも，経営の中枢は「民商法典」上の有限責任会社，つまり情報公開規制等の市場的監視の及ばぬ私会社形態にとどめる傾向が顕著であるなか，まさにこれら私会社の経営監視メカニズムの強化策なくして，アジア危機後の構造改革は論じ得ない。

　タイにおける私会社の経営監視強化の手段としては，既往の監査役制度の改善を論じることが当面現実的であろう。しかし，「民商法典」有限責任会社規定の具体的な改革準備はなんら聞かれない。ただし，一般論としての改革議論は存在し，たとえば監査役の独立性を確保すべくフランス法に示唆を得た公認資格制度化を図り，個別企業における監査役の人選は監査役協会からの推薦制度に基づくべしなどとする，一種の社外監査役制度の実践的提案も語られている(54)。このような地場の実情に見合った制度研究の深まりのために，比較法的な情報収集は有効であるはずで，とくに同じく監査役制度の実質化を意図し

て試行錯誤を辿ってきた日本の経験が，豊富なヒントを提供しうるように考えられる。たとえば，監査役人事の独立化の趣旨では社外監査役制度（平成5年商法改正）が参照に値する。また監査権限の射程をめぐって，経営の妥当性評価全般に拡大していく方向性も検討を要するはずであって，この具体化した手法としてたとえば日本独特の常勤監査役制度（昭和56年改正商法特例法18条），などの参照が有用ではないか[55]。

またこのほか，上記の韓国や日本の2002年商法大改正におけるように，非上場会社であっても社外取締役監査委員会の採用を図っていく選択肢もありえようが，その際，単なる機械的な導入では済まされず，情実人事を排する選任手続・資格要件や取締役責任強化によるモニタリング圧力創出を前提すべく，該当する「民商法典」有限責任会社規定の大掛かりな改正を先行させなければ，実効性は生み出せまい。長く財閥企業の閉鎖的経営の牙城ともなってきた私会社規定につき，どこまで実質的な改革が可能か，政治的な帰趨が問題ともなろう。

3　少数株主による経営責任追及の実効性

(1)　現行規定の限界

　少数株主による経営責任追及圧力を構築していくに当たって，タイの現行規定は多くの問題を含んでいる。まずは現行法の想定する少数株主の役割そのものが，以下のように極めて限定的である。

(イ)　公開株式会社法における少数株主権

　「公開株式会社法」では，まずは株主総会における経営参加の契機となる少数株主権は，限定されている。まずは総会招集権（100条）が存在するが，発行済み株式総数の20％シェアなど厳しい権利行使基準を伴い，さらに上述した少数株主招集にとって意図的に不利な定足数規定（103条）に晒される。また議題提案権（104条）では発行済み株式総数の3分の1シェア基準，総会決議取消請求権（108条）で同20％シェア基準など，権利行使の要件は総じて厳しく，経営参加のイニシアティブはとりにくいしくみである。なお従来から自己株式取得が全面禁止であったため（66条），特別決議（107条2項）に際しても反対株主の株式買取請求権の根拠規定が存在せず，退出圧力を行使する道がなかったが，この点につき2001年法改正で若干変更があり，「議決権および配当請求権に関する定款変更」についてのみは買取請求権が発生することとされた（66ノ1条1項）。

第4章 コーポレート・ガバナンス改革の検討

いっぽう経営監視の契機としての少数株主権としては，単独行使が可能だが貸借対照表・損益計算書・監査報告書のみに対象の限られた閲覧権（126条），シェア基準20％要件を伴う検査役選任請求権（128条）など，やはり限定的である。また取締役の注意義務（85条），また競業避止義務（86条）の違反について株主代表訴訟が設けられ，資格要件は従来からシェア基準5％とされているが，しかしながらそもそもの訴訟提起の根拠である取締役責任の範囲が限定的で，またきわめて免責余地が大きい。

すなわち取締役責任規定は，まずは対会社損害賠償責任として，設立過程の資本払込み完了に関わる責任違反，設立登記前資本金使用禁止違反，注意義務違反，自己貸付禁止違反，特別報酬手続違反，違法配当，不実記載，について，個別の反証ないかぎり全取締役が連帯して服する厳格責任とされている（91条）。また対株主その他会社関係者に対する責任として，市場資金調達に際する情報開示，会社登録，公開財務諸表にかかる不実記載についての損害賠償責任がある（94条）。このほか，各取締役の義務として競業避止（86条），自己取引制限（87条）がある。このようにメニューとしては比較的豊富であるものの，しかしながらこれら責任の内容面はきわめて限定的かつ免責余地が大きい事実が注目されねばならない。たとえば，注意義務（85条）について判例解釈がほとんど蓄積されておらず具体的内容が定かでなく，また競業避止義務では旧1978年法の株主総会承認規定を1992年法で緩和し株主総会への事前報告で免責可能としており，しかも2年の除斥期間が明記され（86条），また自己取引制限は取締役会内部の承認のみで免責可能であり（87条），また利益相反取引では会社への事後通知で可とされ（88条），また会社による融資提供制限では「福利厚生」の名目で配偶者や未成年の子女やその経営支配する会社への資金提供を広く例外化しているなど（89条），およそ経営陣・財閥ファミリーによる会社資産私物化を阻む契機は骨抜きにされていると見られる。また，株主総会による事前事後の承認を根拠とする広範な免責の一般規定があり，この場合，会社，株主，債権者に対していっさい責任を問われないと明記されている（95条）。

さらにこうした責任内容面の問題に加えて，責任追及を行う権限面にも限界がある。すなわち株主代表訴訟の対象として明文の根拠規定のあるものは，注意義務違反（85条）と競業避止義務違反（86条）に限られている。なお権限者は株主に限られ，債権者その他ステークホルダーの関与余地はない。債権者等にとって取締役責任を追及し得る道は上記の不実記載責任（94条）に基づく直接請求に限られるとみられる。

(ロ) 私会社における少数株主権

第 2 節　アジア諸国の法制改革の実例

いっぽう民商法典上の有限責任会社規定では，そもそも少数株主による経営監視なる発想に乏しく，めぼしい規定としては，シェア比率20％基準による検査役選任申請（1215条）がある程度だが，この場合も検査実施費用は申請株主による自己負担が原則とされているなど（1218条），実際の権限行使を阻む障害を設けている。

取締役責任追及の手段としては，単独株主権としての株主代表訴訟が規定されているが（1169条），その根拠たるべき取締役責任規定は，注意義務（とくに払込み完了・計算書類・適正配当・株主総会決議実施の責任）と競業避止義務が明記されているに過ぎず（1168条），しかも株主総会の承認があれば全面的免責となる（1170条）。既述のごとく株主総会が特異な定足数規定や議決要件のもとで支配株主の意向による操作余地を伴うことに鑑みれば，免責決議はつねに容易に獲得可能であろう。オーナー経営者の経営行動に対する少数派の責任追及は，現行法のもとではほとんど不可能に近いとみてよい。

以上のように，現行の公開株式会社においても，民商法典上の有限責任会社においても，少数株主による取締役責任追及は，大枠の仕組みとしては存在するも多様な限定や免責余地を通じて事実上行使不可能といってよい設計のもとにある。

(2) 公開株式会社法改正草案の妥協性

少数株主権，および取締役責任の強化は，アジア危機後の国際機関のコンディショナリティの主眼であり，この趣旨を受けて「公開株式会社法改正草案」が準備され，2000年9月に第2次草案が閣議了承を経た[56]。しかしその後の国会審議で成立した2001年改正では，草案の意図した少数株主権関連の改革はすべて見送られている。

かくして未成立となった同草案であるが，これじたいも内容的には財閥経営の利害に配慮した妥協が散見され，抜本的な改革志向とは言い難いものであったといえる。たとえばまず少数株主権強化の趣旨として，総会招集権（100条）・総会決議取消請求権（108条）・検査役選任申請権（128条）などの権利行使要件が一律株式保有シェア5％基準へと緩和される提案となっていたが，このような手続的側面での改善アピールに拘らず，たとえば閲覧権（同126条）の対象の拡大といった権利行使の実際的な基礎をなす内容的側面の改革には及んでいなかった点が留意される。また真意は量り兼ねるが株主の議題提案権（105条）について廃止が提言されていたなど，縮小傾向をも伴っていた。いっぽう，従来の厳格な自己株式取得禁止原則に例外を設けて株式買取請求権の根

拠が示され（66条），反対株主による退出圧力の創出が期待される局面といえたが，しかしその射程は，定款変更（31条）・営業譲渡・合併（107条・146条）・増減資（136条・139条）に限られ，他の特別決議事項である買収や重要資産の借入・受託（107条 b，c 号）といった重大な経営事項は排除されるなど，限定的であった。なお2001年改正法では，この点につき最終的な射程を「議決権・配当請求権にかかる定款変更」のみに絞る形で，規定が残されたこと上述のとおりである。

いっぽう取締役責任強化の趣旨として，上記の解任決議要件緩和に加えて，株主代表訴訟（85条）における提訴資格要件の緩和（取締役行為時の株式保有要件廃止）や訴訟費用の会社負担なども草案で見込まれていた。しかし，そもそもの訴訟提起の根拠たる取締役責任規定じたいについては，上述のような内容的限界や責任追及権限の限定性をめぐって，なんらの改革も論じられていない。なお取締役責任強化に関してはアジア危機後にいち早く，タイ証券取引所が，米国財界における「取締役行動指針」の議論に倣ったガイドラインを公表したが，取締役の責任範囲の単純化・限定化を図るいっぽうでこれを拡張する向きはなく，いずれにせよ既往の会社法制における広範な免責規定を揺るがす内容ではありえない[57]。

このほか草案では，取締役人事における支配株主の統制を緩和する趣旨で，従来から過度に厳格な特別決議を要し支配株主の拒否権発動を許してきた取締役解任決議（89条）につき，出席株式総数の2分の1を基準とする議決要件緩和が提案されていた。しかし既述のように証券取引所規則の側で大株主規制が緩和の一途を辿るなか支配株主が過半数支配を実現する余地が確保されていることから，実質的な効果は疑わしい。しかも肝心の取締役選任手続の面ではなんらの強行規定も新設せずに従来からの定款の自由の前提を維持し，累積投票制度の任意化の方針も変えていない。いっぽう草案は，株主総会における支配株主の議決操作への対処として，経営側招集にとって有利で少数株主招集を阻んできた定足数規定（103条）につき，一律3ヶ月後に再召集という妥協の線を示していたが，しかしながら従来から支配株主による操作の具として批判のある出席株主員数を基準とする議決要件については，なんら言及がなかった[58]。

以上，同草案の改革方針は総じて，少数株主権の行使要件や株主買取請求権といったあくまで米国型モデルの手続的・形式的な外観を移植する向きに徹しており[59]，少数株主による経営監視を真に実質化すべく，既存規定の批判的分析に立ち入る探究姿勢は乏しいものであったと見られる。

さらに同草案の重大な限界は，私会社の監視強化課題である。閉鎖的経営体

質の色濃い私会社について，証券市場における機関投資家等の存在を前提した米国型モデルの形式的当てはめは不適切である。改めて株主総会の権限強化や民主化の文脈において，私会社独自の少数派による監視契機を探究する方向性が必要であったと考えられる。

4 債権者による経営責任追及の検討

タイにおける企業資金調達の大半が銀行融資によって賄われる間接金融型の現実に鑑みれば，本来，債権者による経営監視動機は強いと考えられ，この制度設計への盛り込みが有用視されてしかるべきと考えられる。ことに民商法典上の有限責任会社では，上場による資金調達がありえずもっぱら借入資金調達に頼るだけに，債権者による監視は貴重な外部的監視の契機である。またたとえ財閥企業の系列展開において子会社の上場，あるいは大衆資金調達意図に特化した持株会社の上場などが進むなかでも，経営の中枢は，連結情報公開規制等の市場的拘束を巧妙に回避しつつ，有限責任制度を享受できる有限責任会社形態に留め置かれる現実が見出される。こうした財閥系列の巧妙な規制回避ショッピング行動を阻止するためにも，市場型監視と同時併行で，間接金融サイドの監視機能についても強化を進める方針が強く求められていると考えられる。しかしながらタイの既存制度は，債権者という重要なステークホルダーの監視機能を重視してこなかったと見られる。

(イ) 債権者による経営責任追及の手続根拠

第一に，債権者による取締役責任追及の手続的契機が不足する。1992年「公開株式会社法」では，一般的な不当経営責任追及規定は存在せず，民商法典の「代理」規定を準用するとするほかは（97条），不実記載について直接損害を蒙った利害関係者に対する取締役連帯責任規定があるも（94条），その対象は証券市場や会社登録における開示情報や株主総会提出資料に限定され，債権者の融資判断に関わる計算書類一般には及んでいない。

また取締役に対する直接の責任追及ではないが，債権者による経営監視契機という意味では，違法配当の会社への返還について債権者による代表訴訟規定（118条），また減資に際する異議申立て手続（144条）がある。しかし違法配当返還では要件として自己の不利益の立証を要し，善意で受領した株主は返還不要であり，またいずれも除斥期間が1年とされるなど，制限が多い。

いっぽう「民商法典」の有限責任会社規定では，債権者による代表訴訟の一般規定が存在するが（1169条後段），債務不履行状態にあることが要件とされて

いるために，事実上は会社倒産時の経営破綻責任追及根拠として理解される。取締役の倒産回避努力を促す一定の経営監視効果が期待されるものの，非倒産状況における日常的な経営監視根拠ではない。なおこのほか民商法典の「代理」規定の準用による取締役対第三者責任規定が存在する（1167条）。民商法典「代理」の対第三者責任規定（820―825条）は，表見代理や双方代理についての規定のほか，無権代理や権限愈越について追完なきかぎり代理自身が善意の第三者に責任を負うとする内容だが，こうした一般原則から不当経営責任追及の契機を導き出すことは至難であろう。

　㈠　債権者保護制度

　第二に，債権者による経営責任追及の実体的論拠となりうる債権者利益配慮規定が，既存の会社法制では乏しい。たとえば資本充実は徹底せず，「公開株式会社法」では設立過程で所定の過半数の引受けがあれば一切の払込みなしで設立総会を開催でき（27条），払込完了とともに設立登記をなしうるが（39条），ここでたとえ現実の払込み遅延が起こっても取締役・発起人の払込担保責任があるわけではなく，出資金返還義務も免責余地がある（44・45条）。また旧1978年法に存在した払込み済み最低資本金要件は削除された（18条）。

　また資本剰余金は資本準備金に組み入れられる仕組みであるが（51条），利益準備金の積立基準については配当重視の方針が顕著である。すなわち旧1978年法が登録資本の25％に達することとしていた基準を，1992年法で同10％に規制緩和している（116条）。その他の配当制限としては，各期の累積損失差し引き後利益の5％以上の積立が求められ（116条），また累積損失が一掃されていることが条件とされているのみである（115条）。さらに2001年法改正では，資本準備金・利益準備金の取崩しが株主総会の承認しだいで随時可能とされた（改正119条）。

　また減資に際しては，債権者異議手続（141―144条）が設けられているが，異議申立て期限が通知から2ヶ月に限定され[60]，また会社側が意図的に債権者通知を怠った場合にも，上記のように債権者の減資取消しの申立ては短期除斥期間に服するなど，制限は多い。

　以上のような傾向は，間接金融依存がより著しい「民商法典」の有限責任会社規定においても同様で，設立過程では出資引受けの25％の払込みがあれば会社登録が可能であるし（1111条），会社登録に至らなかった際の取締役・発起人の出資金返還義務その他について広く免責余地が存在している（1112条・1113条）。最低資本金制度はない。また利益準備金積立や利益配当の基準は上記の規制緩和後の「公開株式会社法」の線と全く同一であるほか，資本準備金の積

立基準に登録資本10％の上限が想定されている（1202条）。なお減資に際する債権者異議申立て手続では，異議申立て期間が3ヶ月（1126条），取消し申請の除斥期間が2年であるなど（1127条），「公開株式会社法」の線よりは若干配慮が厚い。

　(ハ)　情報開示

　いっぽう，債権者による会社経営の監視機会を実質的に保障する意味では，上述のOECD『コーポレート・ガバナンス原則』が示唆するように，債権者に対する情報開示を促す強行法規が重視されよう。しかしタイの既存制度ではこのような情報開示規定は一切存在しない。したがって債権者としては，融資契約上の交渉関係において十分な情報開示が受けられない場合，会社登録所における一般的な公開情報以外に頼るものがないが，その公示内容はきわめて限定的であって，公開株式会社では監査済み貸借対照表・損益計算書・利益処分のみであり（公開株式会社法127条），有限責任会社では監査済み貸借対照表のみである（民商法典1197条）。

　アジア危機前夜のタイの融資取引の現実として，すでに触れた世銀調査で見たように，調査対象の6割強で財務情報開示を受けない担保依存型融資が行なわれていた実態があり[61]，当事者自治任せの情報開示は期待しがたい。たとえば英法系の会社登録制度を意識しながら公示情報の抜本的な充実を図る道なり，あるいは日本商法（282条2項）のような債権者の情報開示請求根拠を設けるなり，なんらかの制度的対応が求められる局面であった。

5　行政的監視

　他方でタイの会社法制は，行政による経営監視契機を比較的多く含んでいる。しかしその効果のほどには疑念がもたれる構造がある。

　(イ)　行政罰

　まずは行政罰の効果である。たとえば「公開株式会社法」では刑罰規定が多く存在するが（191条〜222条），その多くは手続面の強行規定につき行政罰で強行性を確保する趣旨を出ない過料であり，しかもその水準は罰金2万バーツなどの軽微なものにとどまることから[62]，強制的効果は名目的と見られる。いっぽう会社法独自の取締政策意図に発すると見られる罰則規定として，取締役等の特別背任行為（215条）・不実記載（216条）・虚偽公告（217条）などにつき禁固刑または数万〜百万バーツの罰金刑が課されているが，たとえば日本法などとの比較法的見地では限定的なメニューといわざるを得ない。なかでも取締役

責任の関係では，会計情報の不実記載（91条）が禁固・罰金の対象である以外は，代表訴訟や競業申告についての若干の手続違反が過料の対象とされている程度である。したがって，上記のように少数株主その他関係者による取締役責任追及メカニズムが脆弱であるなか，とくにこれを罰則規定が補う関係にあるともいえない。

　㈹　登記官

　つぎに登記官の役割である。タイの登記官は法務省ではなく商業省傘下の行政機関である。「公開株式会社法」におけるその職務は，登記事務を受け付け何人もアクセス可能な情報開示（10条）の拠点たるにとどまらず，少数株主の請求ないしは自らの主導において検査役を任命し（129条・130条），また検査報告を受けて会社に改善命令を発するなど（132条3号），会社監督行政の要ともいうべき重要な位置付けにある。とくに検査役任命に当たっては債権者，大衆投資家，会社目的，少数株主などの利害を代表する公益的役割が期待されており（129条），この機能次第では，上述の各種の経営監視システムの脆弱性を補う重要な役割が期待されるはずである。しかしながら商業省傘下の一介の役人であってなんら独立的地位を保証されてはいない登記官が，実際にこうした公益的役割を十全に行使することは考えにくく，現実の運用も抑制的なものにとどまっている。

　㈹　税務監査制度

　他方，タイでは2000年度より，日本の税理士制度を参考としつつ大蔵省主管の「税務監査制度」の試行を開始した。これは日本の税理士制度が税務行政を民間部門において補完しつつ中小企業の財務体質健全化に寄与してきた実態に学んだものとされ[63]，この意味では，従来型の会社制度のもとでは実効的な経営監視メカニズムを欠く私会社について，行政主導の新たな経営監視システムを検討する動きとして理解される。ただし資本規模の大きい大会社については同制度の対象外とされており，会社法のコーポレート・ガバナンス制度全般の補完効果は期待できない。

　以上のように，会社法制における許可主義的な行政的監視契機，あるいは会社法制の枠外での行政的監視システムが，従来から制度上織り込まれてきたわけであるが，こうした制度の実際の運用は行政裁量に依存するものであるだけに，不効率や怠慢から，あるいは流動化する経済的現実に追いつき難い限界から，必ずしも適切に行使されうるとは限らない。結果としてルール不在の自由放任的状況を許してしまうおそれがつねに付きまとい，アジア危機の発生じたいがまさにその例であったと言えなくない。行政依存を脱却し，市場の自律的

秩序としての経営監視メカニズムの強化へ向けて，会社法制の基本的設計方針の再考が求められていると考えられる。

III 総　括

　以上，アジア危機後に実施されたコーポレート・ガバナンス改革は，当初「クローニー・キャピタリズム」などの厳しい批判圧力を受けて，実効的な経営監視メカニズムへ向けた飛躍を期待させたが，志なかばで頓挫した感がある。IMF世銀のコンディショナリティじたいが米国流の規制緩和志向を受けた内容であり，上記タイの実例に顕著なように，こうしたコンディショナリティの傾向を形式的に踏襲する最小限の制度対応にとどまって，既存法制の抜本的な見直しを通じた独自の制度探究には至らなかった。千載一遇と称してよい改革契機に遭遇しながら，このような形式的かつ最小限の制度対応に終わった一因が，国際機関の指導じたいの問題性，すなわち実効的な制度探究を阻む画一的性格や，そうした探究の猶予を与えない立法改革の性急さにあることが想像に難くない。

　今後再び抜本的な改革機会がめぐってくるとすれば，おそらく今回先送りされた企業法制の構造課題が改めて露呈し，次なるアジア危機を招来する局面ということになろうか。そのような悲劇の輪廻を繰り返さないためにも，コンディショナリティの圧力去ったいま，改めて主体的な政策論的研究の開始が求められていよう。その際，アジアにおける企業金融の実態に厳しい内省の目が向けられ，実効的な制度探究に結び付けられていく必要がある。とくに第一章で触れた財閥企業行動に見られるごとく，系列分社化などを通じて，持株会社上場等による市場型金融と私会社形態での借入調達とを巧妙に使い分ける企業金融の実態があるとすれば，経営の中枢をおのずと市場的規制の及ばぬ私会社部分に集約してゆくなどの経営監視回避工作は自在であろう。こうした企業金融の現実に鑑みれば，コーポレート・ガバナンスが市場型監視と非市場型監視との両輪で強化されていく課題が強く意識されるべきであろう。

　　（1）　たとえば，Khan, Haider, A. (1999), "Corporate Governance of Family Business in Asia: What's Rights and What's Wrong?," ADB Working Paper 3参照。Khanは，米国型の「証券市場主導型コーポレート・ガバナンス」，欧・日型の「銀行

第4章　コーポレート・ガバナンス改革の検討

主導コーポレート・ガバナンス」とは別に，アジア諸国の企業経営構造を「家族経営主導型コーポレート・ガバナンス」として分類し注目を集めた。

（2）　Shleifer, A. & Vishny, R.W. (1997) "A Survey of Corporate Governance," Journal of Finance, No.52, p.737-783; Claessens, S., Djankov, S., Fan, J.P.H. & Lang, L. (1999) "Expropriation of Minority Shareholders: Evidence from East Asia," World Bank Policy Research Working Paper No.2088; Lang, L. (2001) "Expropriation," presented at the ADBI Conference on Corporate Governance of Family Business in Asia, March 1, 2001, Tokyo など参照。

（3）　たとえば世銀のアジア企業研究グループによる一連の実証研究を踏まえた提言として，Claessens, S.,Stijn, Djankov, S., & Lang, L. (1998) "East Asian Corporations Growth, Financing and Risc over the Last Decade," World Bank Policy Research Working Paper No.2017, World Bank; Claessens, S., Djankov, S., Fan, J.P.H. & Lang, L. (1999), "Corporate Diversification in East Asia: The Role of Ultimate Ownership and Group Affiliation," World Bank Policy Research Working Paper No.2089; Claessens, S., Djankov, S. & Lang, L. (1999), "Who Controls East Asian Corporations?," World Bank Policy Research Working Paper No.2054 など。

（4）　たとえば末廣昭（2001）「タイ上場企業とファミリービジネス（1996—2000年）」，末廣昭・東茂樹編『タイ経済危機と企業改革』アジア経済研究所所収。

（5）　OECD (1998), *Principles of Corporate Governance,* OECD, Paris.

（6）　最も注目を集めた例として，OECD主催，韓国開発研究所・日本政府・世銀の後援による国際シンポジウム，"Conference on Corporate Governance in Asia: A Comparative Perspective, March 3-5, 1999 in Seoul" がある（報告書は http://www.oecf.org/ にて参照可能）。

（7）　APEC-SERI (2000), "Menu of Options for Corporate Law," Section 3(b)参照。

（8）　"Letter of Intent of Government of Korea dated December 3, 1997" (http://www.imf.org/external/np/loi で本文・別表とも公開)。

（9）　"Letter of Intent of Government of Korea dated February 7, 1998" (http://www.imf.org/external/np/loi で本文・別表とも公開）の別添 Box「企業のガバナンスと再編」の項参照。

（10）　"World Bank Structural Adjustment Loan to Korea dated March 19, 1998" の別添1: Matrix of Policy Actions（3項）参照。

（11）　"Letter of Intent of Government of Thailand dated May 14, 1998" (http://www.imf.org/external/np/loi で本文・別表とも公開）。

（12）　"Letter of Intent of Government of Indonesia dated March 16, 1999" (http://www.imf.org/external/np/loi で本文・別表とも公開）。

（13）　詳細につきたとえば，青木浩子（1998）「証券取引の国際化にともなう各国証券開示規則の展開（二）」，法学協会雑誌115巻8号参照。

(14) デラウェア州判例法は，テイクオーバーに対する防衛策について経営判断の原則を適用せず，いわゆる enhanced scrutiny を採用し，たとえば取締役サイドに会社利益に反すると信じた根拠や防衛策の妥当性について立証要件を課すなど，一定の審査基準を形成してきたことは知られている。ただし防衛策の自由を原則肯定したうえで，あくまでそのミニマムな制約を明らかにする方針が一貫している。

(15) たとえば後述する ALI『コーポレート・ガバナンス原則』6.02条参照。また神田秀樹（1999）「米国におけるコーポレートガバナンスの最新状況」『監査役』437号，武井一浩（1999）「米国取締役会の実態と日本への導入上の問題」『商事法務』1505—1511号ほか。

(16) 森田章（2000）『会社法の規制緩和とコーポレート・ガバナンス』（中央経済社）10—11頁。

(17) 大隅健一郎（1987）『新版株式会社変遷論』（有斐閣）は示唆的である。

(18) たとえば次注で言及する ALI『コーポレート・ガバナンス原則』3.05条，3A.02条参照。

(19) American Law Institute (1994), *Principles of Corporate Governance: Analysis and Recommendations, Vol.1-2,* American Law Institute Publishers. 解説として，たとえば，証券取引法研究会国際法部会（1994）『コーポレート・ガバナンス—アメリカ法律協会「コーポレート・ガバナンスの原則：分析と勧告」の研究』（日本証券経済研究所）など。

(20) 英国の1992年キャドベリー報告書や，フランスの1995年 Vienot 報告書が著名であり，さらにドイツの1998年会社制度改革にも影響を与えた。また日本の2002年商法大改正に至る過程でも，日本コーポレート・ガバナンス・フォーラム（1998）『コーポレート・ガバナンス原則』に直接の影響を与え，法制審議会商法部会（2001）『中間試案』に反映されるとともに，経団連，自民党ほかの多様なコーポレート・ガバナンス提言にも，実質的内容面の規制緩和志向で顕著な影響を与えた。

(21) たとえば日本の論者の批判的考察として，大杉謙一（1999）「アメリカのコーポレート・ガバナンス論」『商事法務』1505—1506号，武井一浩（1999）「米国取締役の実態と日本への導入上の問題」『商事法務』1505号—1509号，日本監査役協会（2000）「米国のコーポレート・ガバナンスと監査委員会」『監査役』439号など参照。

(22) 前掲・武井一浩（1999）『商事法務』1505号ほか。

(23) OECD (1998), *Annotations to the OECD Principles of Corporate Governance,* 第1章参照。

(24) OECD (1998), *Annotations to the OECD Principles of Corporate Governance,* 第3章参照。また OECD 起草者による解説である，Shelton, J. R. (1999), "Importance of Corporate Governance in OECD and non-OECD Economies," in OECD (1999), *Report on the Conference on Corporate Governance in Asia: A Comparative Perspective, March 1999, Soeul,* p.2 参照。

(25) たとえば政治的経緯による妥協的な設計の実例として，EU「ヨーロッパ会社法」における従業員経営参加の顛末が参考になる。当初より経営参加の理念が称揚されな

がら，現実の審議の政治過程で「従業員参加指令案」が会社法議論から巧妙に分離されてゆき，最終的に2000年公表の指令案で，従業員経営参加を原則任意化し，また情報開示特化による経営参加の後退などの内容的妥協に至った経緯が知られている。

(26) 韓国商法の経緯に関する論考は日本においても少なくない。さしあたり，孫珠賛（1991）「韓国商法の立法論的諸問題」『韓国民事法の現代的諸問題』（慶応通信），李範燦（1994）『韓国会社法』（晃洋書房）など。

(27) アジア危機後の韓国商法改正に関する論考として，王舜模（1999）「韓国におけるコーポレート・ガバナンスと商法の最近の動向（上）（下）」商事法務1571号，呉性根（1999）「韓国の監査委員会制度とその改善方向」神戸法学雑誌51巻1号，孫珠賛（1999）「韓国における最近の株式会社法の改正とその問題点」大阪市立大学証券研究年報15号，李哲松（1999）「韓国の会社法の改正とその背景」国際商事法務27巻4号，比較会社法研究，李範燦（1999）「韓国株式会社法運営・管理機構の現状と課題」『日本・中国・韓国における会社法・証券取引法の変革と新たなる展開』（成分堂），李範燦（1999）「韓国における会社法の最近の動向と課題」『商事法務』1576号など。

(28) ジョン・ヒョンクォン（1999）「社外取締役制度の現実について」日韓経済協会報ほか。

(29) "Wetboek van Koophandel: Kitab Undang Undang Hukum Dagang"（商法典）。

(30) ただし商法典に基づく会社とは別に，戦前の一時期にインドネシア資本固有の会社法規として，1939年株式会社令（Ordonansi Maskapai Andil Indonesia: Maatschappi op Aandeelen）が施行され，現代まで営業を存続している例も存在する。

(31) "Undang-Undang Republik Indonesia Nomor 1 Tahun 1995 Tentang Perseroan Terbatas（有限責任会社に関する1995年インドネシア共和国法律第1号）"。英訳として，Tabalujan, B. S., (1997), *Indonesian Company Law: A Translation and Commentary,* Sweet & Maxwell Asia, Hong Kong 参照。なお公式注釈として Penjelasan, Tambahan Lembaran Negara No.3587，また下部規則として法務大臣令 No.01-PR.08.01（モデル定款を含む設立許可手続）などがある。同法の成立経緯や特色について，金子由芳（2000）「アジア危機後のコーポレート・ガバナンス改革の課題」アジア経済研究合同学会報告書64—81頁参照。

(32) Business News 版英訳 "Capital Market Law No.8/1995" を参照した。

(33) 1999年3月対IMF第6回政策趣意書（Letter of Intent of Government of Indonesia dated March 16, 1999），39項参照。

(34) 第一回招集で定足数（発行済株式総数の2分の1）が達せられないと第二回招集をかけるが，この際の招集時期につき恣意的操作を阻む強行規定があり（73条4項で10日以降21日以内），またこれでもなお定足数未達成の場合には裁判所が定足数を決定する（73条6項）。

(35) インドネシア憲法パンチャシラの一項目を受けた，総意形成による全会一致を原則とする（74条1項）。総意形成不調の場合には単純多数決原則に転じるが（74条2項），別途，後述のように多様な特別多数決の強行規定が存在する。

(36) 定款変更につき発行済株式総数の3分の2かつ出席株式数の3分の2（なお第二回招集では同3分の2かつ2分の1）を可決条件とし（75条），吸収合併・破産・解散（76条）や重要資産譲渡・担保提供（88条3項）については発行済株式総数の4分の3かつ出席株式数の4分の3を条件とする。

(37) 前掲 Claessens, Djankov & Lang (1998), p.31 は，1996年末時点でインドネシアの上場企業の71.5％が明らかな大株主支配を受けるとする（ただし20％以上のシェアを基準）。

(38) 前掲 Hallward-Driemeier, M., Dwor-Frecaut, D. & Colaco, F. (1999), Chart 11 参照。

(39) たとえば，UFJ研究所（2002）『アジア各国における企業会計制度の現状と課題』参照。

(40) たとえば Nikomborirak, D. & Tangkitvanich, S. (Thailand Development Research Institute), "Corporate Governance: The Challenge Facing the Thai Economy," in OECD (1999), *Report on the Conference on Corporate Governance in Asia: A Comparative Perspective, March 1999, Soeul,* p.4; また企業経営破綻をとくに産業競争力の視点から分析する例として，Alba, P., Claessens, S.& Djankov, S. (1998), Thailand's Corporate Financing and Governance Structures: Impact on Firms' Competitiveness, presented to the Conference on Thailand's Dynamic Economic Recovery and Competitiveness, May 1998, Bangkok など。

(41) 世界銀行の近年のサンプル調査によればタイの対象企業における上位10株主の株式シェア合計は93％と，近隣アジアで最高値を示す（Asiaweek, April 16, 1999 報道 "Combined Ownership of Top 10 Shareholders"）。また前掲 Claessens, Djankov & Lang (1998), p.31 は，1996年末時点でタイ上場企業の61.6％が明らかな大株主支配を受けるとする（ただし20％以上のシェアを基準）。なお前注 Nikomborirak & Tangkitvanich, p.9-12 は上位上場会社の平均株式シェアで21.38％が個人保有，38.38％がファミリー系私企業の保有とする。

(42) 世銀のサンプル調査では，アジア危機前夜に監査済み財務諸表を提示せずに銀行融資を受けてきたタイの重債務企業は調査対象の6割を占める（Hallward-Driemeier, M., Dwor-Frecaut, D. & Colaco, F.(1999), "Asian Corporate Recovery: A Firm Level Analysis," June, 1999, p.12）。

(43) たとえばアジア危機発生時点の証券上場規則では，一般に大株主による6―7割の株式保有が許容され，また様々な政策的根拠により最大9割までの株式保有を認める例外カテゴリーも存在した。またアジア危機以後は中小企業専門市場で一般に9割までの株式保有を許容している。タイ証券取引所（SET）発行の "The Stock Market in Thailand" 各号，また同 "Annual Report" 各号参照。

(44) 金子由芳（2002）「タイの企業構造改革をめぐる法的分析」，広島大学大学院国際協力研究科『国際協力研究誌』8巻2号25―49頁参照。

(45) "Phraracha-Banyat-Borisat-Mahachon-Jamkat, Phutasakara 2535"（仏暦2535年（1992年）公開株式会社法）。

(46) タイ民商法典 "Pramuan-Kotmay-Pheng-le-Phanit" は1925年から1935年にかけて、合計4編からなる法典として漸次公布された。編纂経緯につき、西澤希久男(1999)「タイ民商法典編纂史序説」『名古屋大学法政論集』177号参照。
(47) タイ証券取引所（SET）"The Stock Market in Thailand" 各号。
(48) 1999年12月タイ証券取引所規則改正。
(49) Stock Exchange of Thailand (1999) The Stock Market of Thailand, p.50 以下。
(50) 経営陣招集の場合は、初回招集で定足数未達成の場合、第二回招集では定足数が問われないから、招集時期を操作することで反対派排除が可能である。いっぽう少数株主招集の場合に定足数未達成の場合は、即流会となる。定足数の基準じたいが厳格であるので（株主総数の過半数で発行済み株式数の3分の1）、本定足数規定の実質的趣旨は、反対派招集を阻みつつ、定足数の問われない経営陣の第二回招集を実現するためにあると言ってよいだろう。
(51) 決議要件（107条）は発行済み株式額ではなく出席株主数を基準としている（一般決議で出席株主数の過半数、特別決議で同4分の3など）。そのため、支配株主一族が総会直前に株式を分割貸与しあい、多数派形成を図る方式で株主総会の意思決定を操作する慣行を可能にしている。
(52) 二回の採決（可決要件は一回目で出席株主数の4分の3、二回目で3分の2）をクリアしなければならない（1194条）。
(53) 英訳として 'SET Code of Bast Practice for Directors of Listed Companies,' in Stock Exchange of Thailand (1998) *The Roles, Duties and Responsibilities of the Directors of Listed Companies* 参照。
(54) 前掲 Nikomborirak & Tangkitvanich (1999), p.4 参照。
(55) 日本の監査制度の特色について、片木晴彦(1999)「監査役制度の行方（一）（二）」『民商法雑誌』120巻2－3号、同「わが国の監査役制度の改正―課題と問題点」『監査役』437号、日本監査役協会「企業法制の将来に関する中間報告」日本監査役協会ホームページ (http://www.kansa.or.jp) など。
(56) 公開株式会社法改正第二次草案につき、1992年法との対照で変更箇所を比較する調査として、大泉啓一郎(2001)「タイの公開会社法の変遷について」（末廣昭・東茂樹(2001)『タイ経済危機と企業改革』アジア経済研究所155―181頁）表2参照。
(57) 前掲 Stock Exchange of Thailand (1998) *The Roles, Duties and Responsibilities of the Directors of Listed Companies*, Chapter1-Chapter2 参照。
(58) 同草案には別途、株主による親族の経営する会社への株式譲渡を禁止する提言があるが（57条）、これのみでは、株主総会における株主員数基準の議決要件を活用した、ダミー株主創出による議決操作行動は防止しえまい。
(59) 同草案の主たる原案起草者である Thammasat 大学法学部 Sutee Supanit 準教授へのヒアリング（1998年3月時点）によれば、世銀側の改革指導の性急さゆえに、また従来型の産業保護主義的開発政策にも鑑みて、草案起草方針はあくまで世銀側要求項目へのミニマムな対応に徹すると述べている。

(60) 2000年時点の改正草案では，異議申立て期限がさらに1ヶ月に短縮される提言となっている。

(61) 前掲 Dwor-Frecaut, Halleward-Driemeier and Colaco (1999), Chart 11 参照。

(62) 2000年時点の公開株式会社法改正草案では罰則水準の引き上げが盛られていたが，2001年成立の改正法では見送られた。ただし草案においても，あくまで内容面では既存の罰則根拠を踏襲するのみで，たとえば財務情報公開対象の拡大といった責任内容の改善を含んでいたわけではない。

(63) 国際協力事業団「産業競争力インフラ整備検討分科会」第二回会合議事録（2001年12月）における末廣昭報告参照。

第5章　金融法制の選択肢再考

　以上各章では，倒産法制，担保法制，およびコーポレート・ガバナンスの各分野毎に，国際機関の推奨する法制モデルやアジア諸国の改革実例を取り上げ，それぞれ具体的な条文読解に立ち入りつつ制度設計の特色，また政策的志向の把握を試みた。検討に際しては，「金融法制」としての体系的把握を意識し，隣接する他分野との関連に目配りしたつもりである。本章においては改めて，分野横断的な見地から以上の検討を把えなおし，「金融法制」としてのより体系的な政策論的評価を試みる。ただし「金融法制」のあるべき体系的設計を一般的に提唱することは，本書の能力と役割を超える。以下本章で行なう検討はあくまで，アジア危機後の「構造改革」という本書の具体的検討課題に焦点を絞りながら，かつアジア諸国の金融構造の現実的問題性に立ち戻り，法制改革に託された本来の政策課題を確認し，これとの照合において法制モデルや改革実例の制度設計を分野横断的に再評価するものである。こうした検討は，「金融法制」の体系的評価についての一試行として，今後のより一般的・総合的な研究にとっての参考に供する目的がある。

　以下，まずはⅠで総括の趣旨で，国際機関の法制モデルやこれを受けた改革実例につき，政策的志向の特殊性を総括し，Ⅱで改めて「金融法制」としての体系的な政策課題に立ち戻った分野横断的検討を行う。そのうえで，Ⅲでは以上の「金融法制」をめぐる検討から示唆されると考えられる，法制改革・法整備支援一般に対する実践的な提言事項をまとめる。

第1節　国際機関モデルの特殊性

1　経営救済志向

　以上の各章において国際機関が推奨する法制モデルに着目するなかで，とくに世銀・IMFを中核とするいわばブレトンウッズ・グループの制度設計につい

て，独特の規制緩和型の政策志向が浮き彫りになった。改めて全体像を整理すれば以下のとおりである。

　倒産法制をめぐって，一貫して読み取られた政策志向は，倒産企業の再建可能性追求なる至上命題であった。まずは「手続統一化」なる大義名分のもと，法的再建型手続を清算型手続に対して優先させる制度化を行ない，あるいはそうした再建型手続の整備が遅れる間には，行政的な私的整理促進枠組みを設けてその最優先を図る。かくして優先される再建型手続ないし私的整理枠組みでは，米国の連邦倒産法第11章（チャプター・イレブン）の影響が濃厚であって，とくに再建可能性を高める早期かつ広範な自動的停止効果，既存経営陣の主導による再建計画策定，再建計画決定過程での手続的誘導を通じた既存債権者の譲歩，かかる合意形成過程に対する法や裁判所の介入阻止，などの一連の設計を通じて，債権者相互のゼロサム的な権利譲歩交渉を誘導するなかで，債務者企業の再建を図っていく。この過程ではさらにチャプター・イレブンじたいの枠組みを超えて，有担保債権者の優先弁済権の制限や，新規資金提供者の特別優遇といった，大幅な実体法変更が推奨されていく。かくして既存債権者の犠牲のもとに再建命題が追求される結果，一義的には倒産企業の既存経営体制の救済がもたらされるのみならず，浮動担保の実行や新規資金提供・営業譲受を通じた経営代替者が，きわめて有利な交渉上の地位を獲得する効果がある。そのいっぽうで，チャプター・イレブンでは厳格に設計されてきた否認権行使や経営責任追及などを通じた責任財産回復の契機は，再建意欲を阻害しうるとする理由であえて抑制する方針が示されている。この方針は破綻初期の再建に限らず，すでに破綻が深刻化し，経営陣が有限責任原則を盾に企業つぶしの意を固め，最終的清算処理を見越した不当な資産持ち出し意図を生じやすい段階に至っても，なお維持されるのである。

　以上のような制度設計は，基本的に，破綻の初期段階における経営再建手段としての経営側主導の「和議」の骨格を，重度の破綻段階においても維持踏襲するものと理解できるであろう。しかもこの段階では本来すでに再建困難なところをあえて強行しようとするために，既存債権者の犠牲を手続的にことさら誘導する枠組みを伴うと理解される。こうした法制モデルは，アジア危機後の関係諸国にも大きな影響を与えており，なかでもタイの法制改革では新たな再建型手続を設け，またこれと併行する行政的な私的整理促進枠組みを推進するなかで，集団的債権回収法たる倒産法の本旨である債権者平等原則を歪めてまで，強引な再建追求を誘導する傾向を生み出した。

　いっぽう担保法制では，国際機関の法制モデルは有担保金融促進の趣旨で，

流動資産を含む多様な企業資産の担保活用を図るべく，新たな担保登録制度の導入を推奨している。問題はかかる担保登録制度の内容面であるが，まずは世銀・ADB の法制モデルでは，およそ企業の総資産上に包括根担保が設定可能で，しかもかかる担保権の優先性・対抗力を可能なかぎり最大化し，かつ便宜な私的実行を可能にしていく方針が際立つ。いわば英法系 floating charge の包摂的な資産把捉性に，伝統的な「動産抵当」の権原移転に近い法的効果を組み合わせた広範にして強力な担保権が想定されている。基本的に米国の動産担保登録制度（統一商法典第 9 編）に近似した制度設計と考えられるが，しかし担保権の効力の最大化などにおいて現行米国法の内容を越える傾向を示す。ただこのような包括的にして強力な担保権も，倒産手続過程では上記のように別除権を大幅に制限され，交渉過程で実体的権利の譲歩を迫られていくことが予想される。これに対して，『EBRD モデル担保法』は，被担保債権の特定を要請して対価的均衡を意識し，また担保権の優先性・対抗力や実行手続面の設計において企業活動をめぐる多様な債権者・利害関係者への政策的配慮をおり込むことを想定し，またこうした担保実体法における政策的利害調整を，倒産手続においても維持尊重させる姿勢が存在するなど，世銀・ADB モデルと相違が際立つ。

　アジア危機後の関係諸国では，国際機関の圧力下で担保登録制度の新設の動きが進んだが，それぞれの問題性を露呈している。インドネシアやベトナムにおけるように新たな担保権と大陸法型の既存の担保制度体系との整合化を図る過程で，担保権の優先・対抗などの細部の政策的設計方針が定かでなかったり，あるいはタイの事業担保法草案のように，世銀・ADB モデル流に営業総資産の包括根担保を実現しようと図ったものの，経済界の反対に出会う例も観察された。

　コーポレート・ガバナンスをめぐっても，国際機関の法制モデルには政策的志向の分岐が存在した。IMF・世銀らブレトンウッズ・グループの推進するコンディショナリティの傾向は，証券市場における情報開示促進や会計原則の国際化といった市場型の経営監視メカニズムを重視するいっぽう，企業の内部型監視メカニズムとしては，もっぱら上場会社について社外取締役制度の導入論に特化する姿勢を見せる。少数株主権や取締役責任規定の強化については権限行使基準などの手続的な改善に言及するのみで，会社法の実体的内容に立ち入る抜本的改革までを促すものではない。このように上場会社のガバナンスに比重を置く傾向，また会社法の実体的内容面での規制緩和的傾向において，基本的に米国における昨今のコーポレート・ガバナンス議論を受けると見られる。

第1節　国際機関モデルの特殊性

これに対してOECD『コーポレート・ガバナンス原則』は，市場型監視については，米国で敵対的M&Aへの防御策などをめぐって進む規制緩和型の制度志向に異議を呈する独自性を示し，また上場会社のみならず閉鎖会社の内部経営監視メカニズムにも意を砕いて，少数株主のほか，債権者等のステークホルダーによる監視圧力の活用を示唆する。また特定のモデルに拘束されることなく，実効性ある制度へ向けた多様な制度探究を推奨する向きがあり，世銀・IMF等による画一的モデルを戒める姿勢が見られるなど，興味深い。

アジア危機後の関係諸国では，国際機関のコンディショナリティを受けてコーポレート・ガバナンス改革が開始したが，なかでもタイの例のごとく，社外取締役制度の法制化や少数株主権の行使基準緩和など，コンディショナリティの掲げる論点へのミニマムな対応に終始する傾向があり，OECD『コーポレート・ガバナンス原則』が示唆したような独自の実効性ある制度探究はきわめて不足する状況が見出された。

以上のように，世銀・IMF等ブレトンウッズ機関は特殊な金融法制モデルを提示しているのであり，総合的に鑑みれば，きわめて企業経営優位の政策選択が浮かび上がる。すなわち企業活動の平常時については「所有・経営の分離」優位の経営自己監視システムにとどまり，また金融機関に対しては効力の絶大な担保法制を提供して大量資金調達を促すが，しかしひとたび経営破綻に至ると，倒産法制で一転して債権者の譲歩を手続強制的に誘導し，経営存続型再建を意識的に図っていくという，一連の経営優位の政策選択が一貫する。このような特殊なモデルが，構造調整融資のコンディショナリティという圧力手段を通じて，いわばある種のデファクト・スタンダードとして国際的に押し広められようとしている。このような動向に対して，『EBRDモデル担保法』やOECD『コーポレート・ガバナンス原則』のごとく，より比較法的な多様性を踏まえた法制モデルが一矢報いる関係にあるものの，ブレトンウッズ・グループの推進力に対抗しうるものではありえない。

2　正当化根拠

(1)　市場制度基盤に優位する経営救済の根拠

一貫した経営優位型の制度設計は，それ自体一つの選択肢として否定すべきものであるまいが，問題は，世銀・IMF等のブレトンウッズ・グループがかかる選択肢を画一的なスタンダードとして絶対化する点にある。結果，各国毎の法制改革が現地事情に見合った独自の制度探究を模索する過程に，絶対化されたスタンダードが介入し，市場制度基盤としての実効性を歪める効果がもたら

されていること，アジア危機後の改革実例から見出されたとおりである。このような絶対化の正当化根拠としては，前章までにみた国際機関の法制モデルや研究報告はいくつかの論点を挙げていた。以下ではさしあたりこれらの論拠の当否を個別に問い，一貫した経営優位型の選択がはたして，各国毎の市場制度基盤整備の基本課題をさしおいてまで絶対化されねばならないのか，説得的理由の存否を探る。

(イ) 経済的合理性の存否

経営優位の法制モデルの正当化にあたって，まずは「経済合理性」なる根拠が持ち出される向きがあった。たとえば倒産法制における債務者再建優先の根拠につき，第二章で見たように「資産最大化」，「全利害関係者に資する経済的合理性」といった議論が強調された[1]。

しかし実際には，そのような合理性はきわめて限られた状況でしか得られないと考えられる。たとえば倒産法制で，債務者救済優先方針に合理性が期待されるのは，自力更生が可能な破綻初期段階に限られるというべきで，その段階を過ぎてなお強行される再建とは，企業資金調達をめぐる利害関係者いずれかの犠牲を伴いつつ，政策的意図で行なういわば強制再建である。したがって再建か清算かの判断は，債権回収可能性や再分配的配慮といった制度選択を見据えて，あるいはこれを企業金融の文脈に置きかえるならば，設備資金・運転資金それぞれの安定的獲得のために金融制度基盤をいかに設計すべきかの政策課題を意識して，本来行なう必要があろう。アジアの金融取引の実際に鑑みれば，一貫した再建優先方針であっては，伝統的な担保付き生産金融が譲歩を迫られるかたわら，金融グローバル化に便乗した無担保の国際資金ソースが有利な回収を勝ちえ，さらにこれら既存債権者にさえ優位して，倒産手続過程で登場する新規資金提供者に最優遇 super priority が賦与されるのであり，いわば「ハイエナ投資」などとして注目を集める国際的な短期利潤追求型の救済資金が最も厚遇される結果が予想される。このような帰結を，一概に「経済合理的」と断じることは困難であろう。

(ロ) 起業家精神の擁護

経営優位の制度設計の正当化において，「起業家精神」の擁護が語られる向きもあった[2]。しかしながら，ここで起業家精神とは具体的に誰のどのような利益を意味するのか明確でない。

これが利潤最大化行動のリスクテイクに乗り出すオーナー経営者や支配株主を鼓舞する趣旨であるとして，このような起業家の利益がいかに擁護に値するといえども，しかしつねに他の利害に優位する制度設計であれば，モラルハザ

ードは避けられない。

　あるいは起業家精神とは，会社を取り巻く多様な利害関係の調整を委ねられた「レフェリー」たる，取締役の機能を意味し，その地位を意識的に保障する根拠となるのだろうか。米国等でこのような機能を尊重する議論が根強いとしても，しかし実際問題として，企業経営をめぐる複雑な利害関係について，つねに最善の経済合理的解決を図る責任を取締役に集約する設計は，多分に無理があるのではないか。

　たとえば企業の破綻状況を想定するなら，企業をめぐる利害関係は多様であり，しかも破綻の深刻化段階に応じて刻々と変化する。「法と経済学」の研究例では「株主，対，債権者」の対立図式としてしばしば説明されるが[3]，企業の資金調達構造の現実に鑑みれば，利害関係はより複雑であって，設備資金・長期運転資金提供者としての間接金融債権者や社債権者や株主があり，さらに日常取引先や労働債権などのいわば短期運転資金提供者が主に無担保債権者として関与する。破綻段階の初期では，このうち株主の投下資本回収意識が働いて経営再建を求めるだろうが，長期資金債権者は見合いの残余資産のある早期に清算型回収を求めよう。逆にすでに破綻が深刻化した状態では，経営陣・支配株主はすでに健全な経営再建意思を喪失した段階であるだけに，有限責任原則を盾に企業つぶしの意を固め，また最終的清算処理を見越した不当な資産持ち出し意図を生じやすい。しかし長期資金債権者の側は，多少なりとも残余資産増大の見込めるうちは営業継続型清算を求め，取引先・労働者もしかりであろう。いっぽう，無理な営業継続を図ってもすでに資産増大が見込めない段階では，無意味な交渉継続は延滞コスト累積を招くばかりであるから，長期資金債権者はもはや清算型解決に向かうだろうが，しかし労働者・取引先等はなおも雇用維持などの公益的配慮で強制再建を唱えるかもしれない。このような段階的な利害変化にかかわらず，画一的に経営主導の再建追求モデルが適用されるということは取りも直さず，経営陣が段階段階に応じて奉仕する利害関係先を，株主，長期債権者，公益，などと鞍替えしながら，終始一貫して再建可能性を追及するという，特異な機能を意味することになる。経営陣にかくも無私的に制度に殉ずる役割を期待できるのかは疑わしい。現実には，倒産企業から高給を吸い上げたあげく最終的に「ハイエナ投資家」に叩き売るごとき取締役の対会社背信行動が起こり，会社の客観的利益の所在が頻繁に争点とされているゆえんでもある。

　このような複雑な利害調整において調和的な解を与えうる枠組みは，本来どのような手段で可能なのか。はたして既存経営陣の主導権に依存する制度設計

は実効的といえるのか。あるいはむしろ市場的規律のなかで，多様なステークホルダー間の合理的交渉を促す設計が期待されるのではないか。まさに比較法的な経験知を動員し，高度な法政策論的検討が必要な局面である。少なくとも「法と経済学」流の一般的仮説に依存し，経営優位論を安易にデファクト・スタンダード化することはできない。

 (ハ) グローバル化対応

 経営優位の法制モデルは，政策選択じたいの是非論とは別次元で，グローバリゼーションへの対応の文脈で，正当化される向きも見られる。すなわちブレトンウッズ諸機関が発展途上国に対してグローバル化対応型の開発政策を指導する「ワシントン・コンセンサス」は知られているが，法制改革の側面でもこの前提は一貫している。すなわちこれら機関の方針書では，今後WTO体制下で不可避の国際経済統合が進められていくならば，各国毎の法制度の相違は障害にならざるを得ないとする見方から，いわゆるグローバル・スタンダードへ向けた法制の統合化を推奨する議論が散見される[4]。そしてそこにいうグローバル・スタンダードとは，少なくとも本書各章でみた金融法制モデルの具体的内容に鑑みるかぎり，すなわち米国法，なかでも昨今の経済界の要請を反映したその最も規制緩和型ないし企業経営自由度拡張型の制度動向を受けるものとなっている。かくして法制画一化が自己目的化されるなかで，米国法モデルじたいの政策論的な当否や，その移植に伴う各国の社会経済事情や既存法体系との齟齬といった問題は，等閑視される傾向にある。

 しかしグローバリゼーションがたとえ不可避の潮流であるとしても，そのことが法制グローバル・スタンダードへの画一化を要請するとは限るまい。たとえば金融自由化の進展にともない，資金引き上げの早い間接投資・サービス投資や日々の利鞘を抜くポートフォリオ投資の拡大にとっては，各国間の金融法制の相違が瞬時の投資判断の阻害となりえるかもしれないが，しかし同じく金融自由化によって促進される直接投資や中長期融資といった安定的な資金移動にとっては，法制秩序が安定的に維持され，自由化の不当な阻害効果を生じないかぎりにおいて，各国毎の法制の相違は（熱心な研究対象でこそあれ），さしたる批判の対象とはなるまい[5]。むしろ法制画一化の強制の果てに，各国法体系や社会経済に混乱が生じる事態こそが恐れられるはずである。このような中長期投資環境の安定化は，製造業投資家のみの関心事とは限らない。アジアにおける金融自由化が今後，単なる資本自由化を超えて，地場のリテイル部門に及ぶ金融構造の変革へと進展していった場合に，外資が地場で有担保の生産金融過程や運転資金金融などのサービス投資に乗り出していく段階が予想され，

制度的安定化への要請は共通のものとなるであろう。
　このように，グローバル・スタンダードへの画一化はグローバリゼーションに伴う不可避の命題ではありえず，ブレトンウッズ・グループの法制モデルがかかる一般論を前提に自己正当化を図ることはできまい。
　(二)　「21世紀型危機」対策
　経営優位の制度設計を擁護する正当化根拠として，最後の論点というべきが，経済危機からの救済論である。すなわち金融グローバル化に伴い，国際短期資本の投資行動が巻き起こすおりおりの経済危機は避けられないとする，第一章Ⅲで触れた「21世紀型危機」論を前提としたうえで，そのような経済危機に際する経営破綻事例は，いわば金融グローバル化に伴う被害者として特別の救済に値するとする議論である。
　救済の全般的枠組みは，第一章でも触れたように，主に倒産処理制度と，公的資金投入プログラムとの有機的な組み合わせとして構想されている[6]。すなわち倒産処理制度としては，経営救済型・債権者譲歩型の私的整理促進枠組み（structured informal workout）を中心に，そこでの合意をプレパッケージド・プランとして同旨の再建型倒産手続に持ち込み，かつ清算型倒産手続は再建交渉に「最悪のシナリオ」を告げ知らすアンカー機能を提供する。かくして倒産処理過程で，債権者の譲歩において企業の救済が図られると，次に，かかる譲歩を行った債権者に対して公金投入プログラムによる救済が提供されるのである。こうした公金投入プログラムには，財政資金から直接拠出を受けるタイプ，すなわち債権償却分の自己資本比率低下を補う公的資本注入プログラムや，かかる注入度が進んだ場合の一時的国有化措置などもあれば，仲介機関を介在させた間接的な公金投入，すなわち公的資産買取会社（AMC）や金融機関から分社化した民間資産買取会社ないしバッドバンクに不良債権を移管しその処理過程に財政支援を行う道など，多様にあり得る。かかる公金投入に際しては，モラルハザード回避の趣旨で経営改善計画が要求されて然るべきところ，公的経営関与（たとえば資本注入に際する普通株式取得）の是非は金融セクターの経営能力の程度に応じて謙抑的に判断し，できるだけ民間の主導性を尊重すべしなどとされる。また以上の枠組みのいずれを欠いても，不良債権処理の遅延やモラルハザード発生による金融危機の再燃といった失敗に陥るとされ，なかでも倒産法制の慎重な設計が必要であるとされる[7]。
　しかしながら，金融グローバル化を至上課題としたうえで，これに必然的に伴うとされる経済危機の解消を主たる目的として法制を設計する方針は，はたして妥当であろうか。金融法制の達成すべき政策課題は多様に考えられるなか

で，それらを一律にさしおいて，ひとえに金融グローバル化対応を最優先の政策課題と位置づけるものである。この問題への解答は必ずしも容易でない。しかしながらそもそも，「金融グローバル化においては経済危機が避けられない」とする前提じたいに，主客転倒ともいうべき根本的な論理の誤りがあるのではないか。すなわち金融グローバル化を至上課題とする議論においては，金融自由化とは自己目的化した自由放任主義として前提され，そのような主義の歴史的到来を不可避と見て，自由放任の悪しき結末に備える制度準備が語られている。しかし金融自由化とは不可避の時流であるというのは宣伝的誇張であって，しかもそれが国際ポートフォリオ投資が縦横無尽に暗躍する自由放任を意味すると決したわけではない。実際には，WTO（世界貿易機構）のGATS（サービス貿易協定）を嚆矢とする国際的な金融自由化交渉はいまだ合意形成過程のなかばにあって，あるべき金融自由化の帰趨はいまだ決着してはいない。したがって今後，国際的に金融グローバル化の理想像を論じながら，各国毎にもそうした理想に見合った健全な制度基盤が整備されていくなかで，自由放任的な帰結を回避し，モラルハザード→投機的過熱経済→金融危機，の悪循環を未然に防いでいく制度設計努力こそが，先んじて論じられるべきであろう。

　この意味では，金融自由化を自由放任とみなし制度基盤整備を怠りながら，その帰結としての経済的破綻には制度的に備えようという国際機関モデルの論理は，不当であろう。あたかも発展途上国の一部が，金融自由化の自由放任的結末を前提したうえでこれを阻止すべく，金融自由化そのものに頑迷な抵抗を続ける介入主義的議論とまったく同根とみることができる。とくにここで，第一章で触れたアジア危機後の原因論・対策論をめぐる政治経済学的対立を回顧するならば，抜本的な国内構造改革を嫌忌し金融・企業保護政策の擁護を図るがゆえにアジア危機の原因論をことさら短期資本移動問題に転嫁しようと図る途上国側の利害と，いっぽう途上国の短期資本移動規制を押しとどめ金融自由化の続行を可能にする妥協策を欲した「ワシントン・コンセンサス」側の利害との，相互に交錯しあう地点が，構造改革の内容的後退であった。この文脈において，ブレトンウッズ・グループの経営救済・規制緩和型の採用する金融法制モデルとは，介入主義的開発政策と「ワシントン・コンセンサス」との一つの妥協の産物であり，金融法制に本来期待される本質的な政策課題を棚上する事態をもたらしていると理解される。

(2) 市場と政府をめぐる法制の役割

　以上のような経営優位の法制モデルの正当化論拠について，個々の当否を論

第1節　国際機関モデルの特殊性

ずることとは別に共通して浮かび上がる疑問点は，いずれも法制の役割として，市場機能が本来の調整課題を達成し得ないいわゆる「市場の失敗」場面における，政府介入のための行政的根拠法としての機能を想定する傾向である。すなわち，構造不況などの起業阻害的状況を想定したうえで，経営救済の合理性や起業家精神擁護の政策措置が語られたり，また不可避のグローバル化圧力を想定したうえで，制度画一化や経済危機対応といった備えが求められるなど，いずれも市場が機能し得ない非常事態が想定されている。こうした非常事態の想定において，法制は，市場の調整機能に代替する政策的介入措置に，権威的お墨付きを付与する正当化根拠に任じているのである。結果，法制はもっぱら市場の機能不全時における政府介入を前提に設計され，こうした設計が一般ルールとして平時にも常態化されることから，市場的規律を実現し市場調整機能を保障する法制本来の役割は棚上げされ，阻害されざるを得ない。

じじつ本書で検討した金融法制の設計においても，倒産法制モデルは市場的規律を提供する平時の役割を棚上げし，もっぱら経営救済志向に特化したものとされている。また担保法制モデルでは日常取引関係の利害配慮を捨象して，もっぱら大規模設備資金調達の特殊な便宜が重んじられている。会社法制は経営基盤健全化へ向けた制度探究を阻むかたちで，規制緩和型の経営監視モデルを示すものであった。

以上のような法制のありかたは，市場をめぐる経済理論・開発理論一般との関係で，どのような位置づけで理解されるべきであろうか。市場制度基盤としての法制は棚上げされていることから，結果として平時においては，規律の乏しい自由放任主義的な制度環境が選択されている。いっぽう非常時においては法という根拠を得て，産業政策的な介入が裁量を振るう仕組みとなる。ここにおいて，市場の機能不全を補完的に回復する市場フレンドリーな「制度」のありかたは，なんら探究されていない。単に，従来型の新古典派経済学の自由放任主義を中核に据えたまま，ただし市場機能不全時には一転して政府介入に切り替えるというパターンのもとで，従来型の市場・政府二元論を踏襲した折衷が存在するのみである。

ここで想定される「制度」は，従来型の新古典派経済学と政府介入主義派との双方を，談合的に存続させていくための妥協手段としての役割に堕しており，1990年代に華々しく展開した「制度派」の一つの顚末を代表するかに見受けられる。こうした折衷は結局のところ，「市場の失敗」と「政府の失敗」の双方を未解決のまま，将来へと引きずり続ける道を示唆するのみである。

第2節 「金融法制」の政策論的検討

1 「金融法制」の両輪の整備課題

　国際機関の法制モデルやアジアで進む法制改革が，たとえ上記のような市場と政府をめぐる政治経済学的な問題状況に囚われているとしても，これとは別途，より中長期的な市場制度基盤としての「金融法制」について，あるべき制度設計を純粋に論じる意義は残るだろう。以下では改めて第一章Ⅲで論じたアジア危機後の「構造改革」の本旨に立ちかえり，「金融法制」の総合的な政策課題を想起したい。

　すでに見たように，「構造改革」の政策課題をめぐっては多様な議論が存在したなかで，本書ではあえて，直接金融（市場型金融）と間接金融との両輪の制度基盤整備が重要であるとする視点を示した。たとえアジア危機を経たIMF・世銀など国際機関の認識において，間接金融の限界を論じ市場型金融への比重シフトを指導する傾向が高まっていくのだとしても，しかし間接金融という金融獲得手段の役割が今後とも残り続ける以上，この面での制度基盤整備を怠って片肺的な制度状況を生じるならば，不健全なリスク金融の膨張にとって抜け道を残すことを意味し，ふたたび金融危機・通貨危機の悪循環を繰り返すおそれがあろう。したがって倒産法制，担保法制，コーポレート・ガバナンスの体系整合的な設計を論じていく際にも，市場型金融と間接金融とが互いに矛盾しあうことなく，双方とも健全な形で促進されうる政策的見地を立脚点とするべきであると考える。

　それではそうした両輪の制度基盤整備を念頭に置いて，具体的にどのような個別の政策項目が敷衍されてくるであろうか。この点，アジア危機後に，日本においても政府・ODA実施機関の周辺で，アジア諸国の金融構造の問題状況を解明し今後の支援方針を見定める多くの研究が実施された。そのうち筆者自身が関与したいくつかの学際的研究の成果に依拠しながら，以下ではとくに間接金融の制度基盤適正化を中心とする政策課題につき，主要な論点を列記する[8]。

　(イ) 債権者間の競争関係

　金融機関の経営体質・仲介能力の強化手段として，中央銀行のプルーデンス規制を嚆矢とする行政的な監視の強化もさることながら，市場的規律に従った自己責任体制の構築が求められている[9]。市場的規律の創出にとって，まず

は過去の介入主義的開発政策に由来する金融寡占等の市場の歪みを改善し，外資参入も含めた競争促進を図る金融セクター改革，まさに「金融自由化」が課題であろう。同時に，市場の競争ルールや退出ルール（預金保険制度等で金融システム・リスクに配慮したうえでの金融機関倒産法）の整備，さらに債権者相互の健全な競争関係を喚起する方向での金融法制の再設計が要請される。

(ロ)　債権者による債務者経営のモニタリング・システム

上記のように金融機関の経営体質が強化されるならば，その強化された金融機関が具体的な金融取引を通じてさらに債務者企業に対して適切な経営監視機能を及ぼすことが期待される(10)。いわばピラミッド型のモニタリング・システムの構築が求められているのである。この際の手段として，中央銀行のプルーデンス規制が債務者企業の財務経営項目にまで立ち入るなど行政介入的手法が重視される向きもあるが(11)，行政監視能力にも限界がある現実に鑑みれば，やはり市場的規律として，金融法制が債権者・債務者間の監視メカニズムを組み込むことが有用と考えられる。

なおこうした債権者による債務者モニタリング機能が発揮される前提として，債権者・債務者間関係が癒着的な情実関係や資本関係を伴わず，相互に対等独立（arm-length）の関係にあることが要請される。この際，金融機関がメインバンクの役割を担う場合にも，合理的なリスク評価のうえでの経営関与の可否が問題となろう。

(ハ)　企業利害関係者への政策的配慮

企業活動を取り巻く利害関係は，長期資金提供者としての大手金融機関以外に，運転資金提供者でもある日常取引先企業（多くは中小企業），労働者の賃金請求権，消費者のクレーム，租税債権，など多様に存在する。金融法制は，長期資金提供者とこれらの多様な利害とを適切に調整する課題をも担うであろう(12)。

(ニ)　間接金融と直接金融との競争的制度設計

間接金融の制度基盤は自己完結的なものでは終わり得ず，別途，市場型金融の成長を阻んだり，市場における制度基盤強化を阻害する効果が生じないよう配慮される必要がある(13)。つまり各々の制度整備が相互に切磋琢磨しあう競争的利用環境をもたらす方向で設計されていくことが望まれよう。

以下ではこれらの敷衍された「金融法制」の政策課題毎に，本稿で検討対象としてきた国際機関の法制モデルやアジア諸国の改革実例の当否を改めて俎上にあげ，また望まれる改善の方向性を示唆することを目的とする。

2 政策各論と制度設計の照合

(1) 債権者相互の競争的取引関係

　金融機関の経営体質・仲介能力の強化手段として，市場的規律に従った自己責任体制の構築がめざされるとき，金融セクター改革，市場の競争ルールや退出ルールの整備，などと並んで，金融法制が債権者相互の健全な競争関係を喚起する方針で設計されることが要請されよう。以下ではこのような政策論的見地を受けた制度設計の当否を，主なイシュー毎に各論的に検討する。

　(イ) 担保法制における営業総資産包括根担保の当否

　まずは本書第三章で検討した担保法制が問いなおされよう。第三章の表3に整理したように，世銀・ADB路線の担保法制モデルでは，営業総資産の包括根担保を可能にし，かつ柔軟な私的実行を図っていく枠組みを推奨し，長期資金提供者たる大手金融機関の債権担保に便宜がある。しかし目的物価値と債権額との対価的均衡性を問わない包括根担保が，しかも営業総資産担保として，つまり流動資産上の浮動担保と不動産抵当権などの既存の固定担保とが併合された新制度（ないしは既存制度とは別立てだが双方の重畳的利用を通じて総資産に投網を掛ける設定）では，一長期資金提供者が債務者の総資産を独占捕捉する体制が生じうることとなる。担保法制がこうした独占的体制を促す設計である場合，論理的帰結として，多様な金融提供者の新規参入機会を阻み，競争的金融環境を阻害すると考えられる。アジア諸国の改革実例のなかでは，タイの「事業担保法」草案がまさにこうした独占的体制を想定する例であって，一債権者による目的物の独占的把捉を前提する包括根担保を可能とし，かつこうした担保権の効果を営業総資産に及ぼす仕組みであった。同草案が立法過程で頓挫する状況はまさに，特定金融機関による排他的支配をおそれる企業セクターの警戒感を物語っている。

　いっぽう，『EBRDモデル担保法』が大陸法系の伝統を受けた被担保債権の特定や極度額・基本契約の存在を要請するなかで，多様な金融獲得余地を確保している。またこの関連で同モデル法が，私的実行手続において迅速な確定に至る詳細手続にとくに配慮する点は注目される。おそらく，英米系の包括根担保の要請がもともと，便宜な私的実行を実現するため他権利者のクレーム余地等を未然に回避すべく目的物の独占的把捉に向かう点に配慮し，他権利者との関係で合理的な紛争解決手続を提供することでむしろ独占的把捉の要請を無用のものとしていく狙いとして，理解されるのではないか。この点，アジア諸国

の改革実例のなかでは，インドネシアの1999年「譲渡担保法」が同じく被担保債権の特定や極度額・基本契約の存在を要請しているが，しかしいっぽうで，従来からの排他的な担保実行慣行を踏まえて第一順位担保権者による権利行使のみを可能とするなど，競争的な金融環境の趣旨からは問題を残す例。また実行手続面では過度に容易な実行を設計し，紛争処理手続面の配慮を欠くなどの傾向が，結果として最終的な権利関係の確定を阻害することが懸念され，金融機関が従来型の排他的な権利行使を選好する契機を残しているように見受けられる。またADBの法整備支援の影響を濃厚に受けて成ったベトナムの「担保付取引令」では，被担保債権の特定や極度額への言及を欠く点で一見，世銀・ADBモデル流の包括根担保を想定するようでありながら，しかし後順位担保権の設定余地を前提し，また目的物の特定を要求するなど営業総資産担保を意図してはいないと見られる点で，政策的見地としては金融の競争的環境創出を意識するように見受けられる。政策的議論を改めて整理したうえで，より整合的な制度設計の改善が求められる例と考えられる。

　㊀　倒産法制における実体法変更の当否

　同じく債権者間の競争関係創出の見地から，倒産法制における実体法一般や債権者平等原則の貫徹のしかたも論点となろう。第2章で見たように，世銀・IMF・ADBらブレトンウッズ機関の倒産法制モデルでは，清算型手続に優先する再建型手続ないし行政主導の私的整理促進枠組みにおいて，有担保債権者をも含む既存債権者の実体的権利の個別的譲歩が，強制的手続規定を通じて迫られてゆく。実体法が規定する担保権の優先弁済権や，集団的債権回収の基本理念たる債権者平等原則が，ゼロサム・ゲームの交渉過程で歪められていくことは，とりも直さず法的ルールの私的な事後遡及的書き換えであり，発言権の大きい特定の有力債権者の影響のもとでの不平等解決を，倒産法制が手続的に誘導するものである。さらにこれら国際機関の倒産法制モデルが強く推奨する新規資金提供者の最優遇制度 (super priority) も，既存債権者の実体的権利の譲歩を誘導する不平等待遇に他ならない。いずれも債権者の予測可能性を深刻に阻害し，金融取引競争を萎縮させる制度設計と考えられる。

　㊁　担保法制と倒産法制との不整合

　国際機関の倒産法制モデルが有担保債権者の実体的権利譲歩を当然視する態度の一つの背景として，上記のように担保法制モデルが，英米法の伝統を受けて営業総資産上の包括根担保を想定することとの関連が考えられる。すなわち，担保法制において特定の長期資金提供者が過度に独占的な有担保債権者としての地位を保証され，その他の権利者を排斥しうるがゆえに，逆に倒産法制の文

脈ではこうした独占的地位の譲歩が当然視される傾向を招いているのではないかという推測である。いずれにせよ担保実体法を倒産過程で当然のごとく変更する制度設計が，体系的に整合的なありかたであるとは考え難い[14]。金融競争関係にとって負の帰結を避けるために，改めて国際機関モデル自身の体系的見直しが要請される一面であろう。

(2) 債権者による経営モニタリング機能

金融機関が金融取引を通じて債務者企業に対して適切な経営監視機能を及ぼす，いわばピラミッド型のモニタリング・システムの構築が求められるとすれば，プルーデンス規制などの行政介入型の方法とともに，市場的規律として，金融法制が債権者・債務者間の監視メカニズムを組み込むことが有用である。債権管理を保障する制度が，同時に企業の経営監視機能をも発揮することが期待される局面である。「法と経済学」の示唆によれば，一般に会社の有限責任制度はそれ自体つねに，債権者の負担のもとに放漫投資から破綻に至る動因を伴うと見られるが[15]，とくに負債依存度の高い企業では常時，過小資本のリスクが存在し，倒産原因たる「債務超過」の起こりやすい環境を形成している。アジア危機の関係諸国は，いずれも企業の負債依存度の高い間接金融型の経済であった。ことにアジア諸国で経済活動の中核を担う非上場企業では，市場型監視がなく，また株主由来の内部型監視も客観性を期待できず，債権者による監視が事実上唯一の外部的監視の契機と言ってよいであろう[16]。

(イ) 債権者・債務者間の独立的関係

こうしたモニタリング機能を構築するについて，まずは債権者・債務者間の対等独立，いわゆる arm-length の金融取引関係の存在が必須の前提であろう。とくに有担保金融のありかたが論点となる。第三章で触れたように，アジア危機前夜の関係諸国では，重債務企業の主要資産は有力な金融財閥，あるいは資本関係や政治的関係を伴う特定の設備資金提供者によって独占的に担保取得され，債務者企業との間で癒着的，排他的な金融関係を築く傾向が指摘された。このような取引関係においては，客観的な経営情報開示・財務分析に依拠することなく，馴れ合い気運を生じ，担保価値の膨張に見合って情実的な融資が注ぎ込まれる傾向があった。またこのような排他的関係の背後で，中小の金融機関や日常取引先などの運転資金提供者は十分な担保手段を確保できず，いっぽう外資系金融機関は無担保で信用貸しや短期融資をつぎ込む経緯があった。こうした問題の多い金融関係は，既存の担保法制の構造を意識的に改革していくなかで緩和することが可能ではないか。

たとえば，アジア諸国の既往の担保慣行においては，金融機関が主だった企業資産の担保取得に際し権利証の引渡しを受け後続担保権の成立を阻むなど，排他的取引関係を意識的に形成する傾向があった。このような金融慣行のもとにブレトンウッズ・グループの法制モデルを持ち込むことで，弊害を悪化させることが予想される。すなわち担保目的物と被担保債権額との対価的均衡性を問わない包括根担保を前提に，強力な法的効果を付与し，かつこのような性格の担保権を営業総資産担保として推奨していくことは，債権者・債務者間の取引関係をいっそう排他的に決定づけることが懸念される。また，債権者にとっては担保権に依存し，適切な経営監視を欠いた金融注ぎ込みを加速させることが予想されよう。

こうした懸念を解消し arm-length の取引関係を意図していくために，前提として，改めて営業総資産包括根担保の当否を問いなおし排他的取引関係の形成を避けるとともに，担保権の法的効果のありかたを見直すことで，金融機関が担保権の存在に過度に依存することなく日常的な経営監視を継続する動機を促す必要が考えられる。たとえば，営業総資産包括根担保を想定し，強力な優先効果を付与するタイの「事業担保法」草案は，金融取引関係の改善の見地から再検討を要しよう。さらに，独占的な担保取得慣行の背景要因とも考えられる。担保権の追求力の弱さ，公的実行手続の問題などの基本的見直しも課題である。

㋺ 経営監視契機としての担保法制

債権者による債務者企業の経営監視が有効に行われるために，前提として，適切な経営情報開示を強制する法的根拠を必要としよう。もちろん融資契約の特約（covenants）としてこうした情報開示を義務付け，違反の場合は契約不履行（default）として期限の利益喪失による一括全額弁済を迫る（acceralation）方法が一般的である。しかし現実の融資契約交渉において，とくにアジア危機前夜のような金融取引関係が極度の借り手市場を示す状況のもとで，実際には厳しい特約の挿入は困難である[17]。したがって，なんらかの法制がこうした情報開示を強制していく仕組みが期待される。

たとえば担保制度もまた，その一つの契機となりえよう。とくに営業総資産包括根担保を想定しつつ，その法的効果が receivership 流に抑制的に設計されているタイプの担保権は，実質的には財務監視型債権管理の根拠として機能することが考えられる。しかし同じく営業総資産担保でも，世銀・ADBモデルのように強力な法的効果が賦与された制度では，上述のように担保権の絶大な効力への依存傾向を生み，経営監視契機とはなりがたいであろう。

(ハ) コーポレート・ガバナンスにおける債権者の役割重視

そこで担保制度とは別途，経営監視の制度契機をことさら設けていく必要が考えられる。その一つの方向性として，コーポレート・ガバナンス制度を中核に，債権者の経営監視機能を実効的に織り込んでいく課題が考えられる。会社法制においては，債権者利益の保障制度として資本充実原則や配当規制といった論点が伝統的に論じられてきたが，最近では債権者の経営監視機能を正面から取り上げ，債権者に対する情報開示義務や，債権者による経営陣の経営破綻責任追及に及ぶ幅広いフレームワークの綜合的検討が提唱されている(18)。OECD『コーポレート・ガバナンス原則』（第三章）の言及する，ステークホルダーへの情報開示や経営参加機能重視といった方向性も，このような文脈で理解される。

しかしアジア危機後の IMF・世銀のコンディショナリティにおいては，コーポレート・ガバナンス改革の側面ではあくまで市場型監視強化の趣旨での情報公開や，社外取締役制度や少数株主による経営責任追及に言及するのみで，債権者による経営監視強化の狙い意図は窺われなかった。現実の法制改革においても，タイの例にみたように，市場型監視中心のコンディショナリティへのミニマムな対応に終始するなかで，非上場会社の経営監視問題になんら独自の対策を講じる向きは見出されなかった。タイにおいては本来，非上場会社の根拠法規である「民商法典」の私会社規定に立ち入った改革が必要とされていたというべきで，とくに，債権者への情報開示の根拠規定の創出，情報開示の範囲の適正化，不当開示・不当経営に対する債権者による経営責任追及の根拠規定の創出，などの多くの論点が求められたはずである。

(ニ) 倒産法制を通じた債権者の経営監視圧力

倒産法制においても，ブレトンウッズ・グループの法制モデルは，債権者による経営監視圧力の組み込みに概して積極的ではない。すなわち，コーポレート・ガバナンスは倒産法制の課題ではない，また経営関係者の再建意欲を阻害する懸念があるなどとして，内部者への否認権行使強化や内部者債権劣後化，また特別の経営責任追及根拠の盛り込み等に，消極的見地を示した。こうした国際機関モデルに倣うかのように，アジアの法制改革の実例においても，流出資産回復や経営責任追及について及び腰の制度対応が目立った。

このような債権者による経営監視契機不問の法制モデルは，一つに，市場型金融ないし自己資本中心の米国型の企業資金調達文化を前提とするように考えられる。しかし間接金融型の企業金融が主流で，しかも閉鎖的な私企業体質の濃厚な経済においては，むしろ債権回収法としての倒産法制を会社法制と有機

的に連動させる制度設計のなかで，債権者の経営監視機能を有効な経営健全化圧力として利用していく方向性が考えられる。ことにアジア諸国の企業経営の経済的現実として，ファミリー財閥特有の私的所有観を反映した資産隠し行動や倒産見込みの不当経営が事実として多発するなか，債権者側に情報獲得・責任追及の方途が不足する状態は，きわめて不当な結論をもたらすと考えられる。しかもブレトンウッズ・グループの倒産法制モデルが一貫した再建優先方針を示し，破綻の深刻化段階においてさえ再建追求を強行して債権者相互に厳しい権利譲歩を強いていくのであれば，なおさら，まずはゲームのパイを適切に確保する資産回復志向の制度が前提されるべきであろう。たとえばタイの倒産法制改革についていえば，間接金融依存の高さ，私会社経済といった特色に拘らず，否認権規定の実質的緩和，新設の内部者定義に盛り込まれた抜け道の多さからする内部者への否認権強化の形骸性，経営関与者債権の劣後化の廃止，といった一連の変更が，いずれも債権者の経営監視圧力を殺ぐ方向を導く点，再検討を必要としていよう。

　またブレトンウッズ機関の法制モデルの他の背景として，米国法特殊の事情，すなわち判例法主義下の裁判所が過去かなりフリーハンドな形で厳格な法理形成を進めてきた経緯が考えられ，こうした司法積極主義に対し財界サイドに根強い反発が存在する事情が関与しているのではないか。たとえば会社有限責任制度の根幹を揺るがす「法人格否認」法理，「衡平的劣後化」法理の拡大，また経営責任追及一般の概括的な根拠と化しつつある「信託基金理論」に見られるごとく，解釈幅の大きい一般的法理が展開され，企業活動の側からすればある種，予測可能性のつかない状況を生み出している。しかしながら多くは成文法諸国であるアジア諸国においては，米国流の一般的な判例法理を受け継ぐよりも，むしろその精神を受けつつより丹念な比較法的検討のなかで，一般的法理を具現化する制度設計の探究が可能なはずである。たとえば一例として，米国の「信託基金理論」のような一般的法理について，具体的制度化を検討していくとする場合に，閉鎖会社についても債権者への財務公開などの義務規定を強化し，取締役の損害賠償責任根拠を充実していく方向，あるいはフランス法の会社債務補填義務にみるような特別の倒産責任を法定する方向，あるいはドイツ有限会社法の破産申立義務にみるように通常の経営責任と破綻責任とを橋渡す機能など，多様な設計方針がありえよう。たとえば，本書で参照したインドネシア「有限責任会社法」90条2項やタイ「民商法典」1169条が取締役の経営破綻責任を規定しているが，これらの具体的な適用基準を明確にし債権者による適切な経営責任追及根拠の一つとして実効性のある規定に育てていくに当

たって，比較法的な情報は重要な意味を持つはずである。

(3) **企業利害関係者への政策的配慮**

「金融法制」は以上に触れた金融取引基盤整備課題のみならず，その他の多様な政策的課題と領界を接しており，経済社会的情勢に鑑みそうした配慮を逐次体系的に織り込んでいく課題を担う。「金融法制」がこうした適切な調整的配慮を欠く場合，他の立法領域と体系不整合的に阻害しあい，結果としておりおりの行政立法等による裁量主義的な政府介入による利害調整を導かざるを得ず，市場制度基盤は予測可能性を深刻に減じることが懸念されよう。

企業金融をとりまく利害関係者として，長期資金提供者以外に，取引先，労働者，消費者，といった多様なステークホルダーが存在する。こうした利害関係への配慮につき，「金融法制」が最低限顧慮を要する局面として少なくとも，担保法制における担保権の及ぶ財産の射程や，担保権の法的効果の設計における他権利者との利害調整といった詳細な実体的設計のありかた，また倒産法制における各種利害の満足における優先順位，またコーポレート・ガバナンス制度におけるステークホルダーの経営監視・参加や情報開示，企業の社会的責任の追及といった制度設計が課題となろう。

本書でみたブレトンウッズ・グループの国際機関モデルは，以上のどの分野においても，こうした利害関係への配慮は終始限定されており，経営活動の平常時には長期設備資金提供者の利益を最優先される構造を基調とし，また最終的な破綻局面ではもっぱら経営救済型の手続法的配慮を最大化する構造である。こうした調整的配慮不問のモデルが画一的にスタンダード化されていくならば，各国各様の経済社会情勢に見合った政策的判断が著しく阻害されることは避けがたい。結果として，個々の問題状況に応じた裁量主義的な行政的介入余地が拡大し，予測可能性を大いに阻害する帰結が予想される。

(4) **間接金融と直接金融との競争的制度設計**

以上は，主に間接金融取引の制度基盤としての「金融法制」を論じたが，最後に，このような間接金融の制度設計が，直接金融との相互競争的関係を意識して行われるべきことがきわめて重要と考えられる。この点，米国における近年の銀行・証券間の相互参入障壁（いわゆるグラス・スティーガル法）の撤廃以来，間接金融も直接金融も同一の金融機関を窓口とする傾向が深まっているものの，しかし企業サイドの資金調達にとって，出資，社債，融資，といったそれぞれ法的規制内容が異なる資金メニューの間で選択を行う状況には変わりは

ない。問題は，これらメニューが相互にいかに健全な金融条件競争を競うかにあろう。とくに構造的な「借り手市場」傾向の続くアジアの金融市場環境では，金融選択肢相互の不当な規制緩和競争が生じる危険がつねに存在する。たとえば出資・社債による資金調達を扱う証券市場において，国際的な規制共通化の圧力を受けて厳格な会計原則・情報開示規制やコーポレート・ガバナンス規制などが進んでも，しかしいっぽうで融資をめぐる法制がより緩和された情報開示や経営監視メカニズムに終始しているならば，企業として不健全な間接金融志向を深める契機がある。結果として，直接金融の拡大が不当に阻害される帰結，あるいは逆に，直接金融サイドが需要喚起のため間接金融との規制緩和競争に陥ってゆく帰結が懸念されよう。

　本書でみた国際機関の法制モデルでは，このような同時併行型の規制適正化を意識的に図る向きは見出せない。たとえばコーポレート・ガバナンス制度において，ブレトンウッズ・グループのコンディショナリティは，上場企業の規制においてさえ社外取締役制度の形式的導入に特化した規制緩和志向を示すとともに，非上場企業における経営監視メカニズムを強化する視点は欠如していた。『OECDコーポレート・ガバナンス原則』は非上場会社をも明示的に射程に置き，債権者・労働者などのステークホルダーによる経営監視機能を重視するけれども，しかし何ら明確な具体的指針を与える向きはない。むしろ最近のEUにおける「ヨーロッパ会社」立法をめぐって，労働者の「社会的参加」の内容が妥協的後退を見せた例に見るごとく，世界的な規制緩和基調のもとで，ステークホルダーによる監視強化を実現に持ち込むことは困難な課題となっている。

　しかし翻ってアジアの経済社会的実情に鑑みれば，同時併行型の規制適正化課題はいっそう切実である。直接金融の発達は遅れ，しかも無理な発達を促すべく1990年代に各国が証券市場の規制緩和を競うなかでバブル崩壊を帰結した。またアジアの大手財閥の行動形態として，たとえ系列展開において持株会社の上場などを進める過程でも，経営の中枢はなお，連結情報公開規制等の市場的拘束の埒外で有限責任制度を享受する道をさぐって，閉鎖会社形態に留め置かれる現実が見受けられる。このような巧妙な規制回避行動を阻止し，市場型金融，間接金融ともに健全な成長を促すためにも，同時並行型の制度基盤整備が強く求められると考えられる。

　たとえばタイのコーポレート・ガバナンス改革実例に関していえば，今回のコンディショナリティを受けて，証券取引所規則による情報開示や内部型経営監視機構など上場企業を想定した改革が及んだが，これを一つの照準としなが

ら，今後改めて「民商法典」の私会社規定や「公開株式会社法」で同等以上の情報開示や経営監視機構の強化を進めることで，同時並行型の制度整備の方向性が可能であろう。また同国の経済実態においてとくに，間接金融依存度の高さに拘らず「借り手市場」の強い傾向を踏まえるならば，会社法制・倒産法制にまたがる見地で，債権者による権利行使根拠を体系的に創出していくことが制度の実効性を高めると考えられる。また担保法制が債権者・債務者間の排他的・癒着的な金融取引関係を許してきた設計は，arm-length の緊張関係を阻み，適切な経営監視動機を阻害する素地をなすと考えられ，修正を要する。

　このように，目下国際的に牽引されつつある直接金融をめぐる規制適正化を，一つの照準として掲げながら，これとの均衡において，コーポレート・ガバナンス，倒産法制，担保法制などを分野横断的に取り込む間接金融法制全般の見直しが，実践的な方向性として期待されていよう。

第3節　法整備支援一般への提言——結びに代えて

1　法整備の実践的方法論

　以上本書においては,「金融法制」に焦点を絞り,とくにアジア危機後の「構造改革」過程で登場した国際機関の法制モデルや改革実例に具体例を求めながら,法整備において期待される複数の政策課題との照合において,制度設計の評価や望むべき改善の提言を試みた。こうした検討の結果として,国際機関の法制モデルが特殊な政策志向を示す傾向,またアジア諸国の改革実例が現地社会経済独自の政策課題との十分な照合がないままに,国際機関モデルの安易な踏襲を行なうなどの実態が見出された。前節ではとくにアジア諸国の既往の金融構造の現実に立ちかえりながら「金融法制」の政策課題を列挙し,関連する法制分野の横断的・体系整合的な改善の方向性をある程度示唆したつもりである。

　しかしながら今後の改善課題について,厳密な提言は本来難しい。まずは正確な政策課題の見極めに際して,アジア諸国の金融構造の問題性や多様な経済社会的要請について的確な洞察を必要とする。そのうえで,これら政策課題を整合的に達成しうる分野横断的な制度設計を論じるには,正確かつ豊富な比較法知識を駆使しなければならない。筆者の以上における検討は,こうした厳密な実践的提言にとっての道筋を示す,いわば入り口論に過ぎないといえる。

　ただしこのような限界に拘らず,本書の以上の検討は,法制改革・法整備支援一般の実践的方法論につき,一般的な提言としての意義は果たしうると考える。すなわち法整備の実践においては,画一的な法制モデルの安易な移植を図ることなく,まずは現地社会経済の精緻な観察と理解を深め,正確な政策課題を見極める作業が必要である。地域研究・開発経済などの多様な学際的知見を踏まえた総合理解を前提としよう。またこのような政策課題の見極めは,現地固有の制度形成経緯や,国際的圧力を受けた将来の展開方向の予想など,ある種の歴史的見地に立った動態判断をも必要としよう。このような政策的議論が深められたうえで,改めて比較法知識を駆使した技術的な制度設計作業が開始されることとなる。こうした制度設計作業じたいもまた,参照されるあらゆる個々の制度モデルについて政策課題の達成度を検証しつつ進められる,高度な政策論的検討を必要としていくはずである。

　こうした高度な学際的知識・技術を収斂させて行われる法整備の実践的方法

は，単独の業績として実施可能なものとは思われず，ある種の組織力を必要としていこう。それだけに，国際援助機関や二国間開発援助による「法整備支援」(legal technical assistance) の果たす貢献は重要であると考える。「法整備支援」については，第一章で概観したように，「N-LDM 批判」の論客などによる批判的議論が根強い。じじつ本書で参照したブレトンウッズ・グループの金融法制改革は，コンディショナリティによる強圧的な改革強制，画一的な法制モデルの推奨，不当に短期の立法実施期限，また立法実現以降のフォローアップの不足，といった点で多くの問題性を露呈している。しかしながらこうした問題性を反面教師としながらも，あるべき「法整備支援」の方向性を検討する必要は残ると考える。

2　日本からの法整備支援の「補完的」役割

ただし日本の法整備支援が独自の方向性を模索していくについても，国際機関との協調関係は配慮せざるを得ない。とくに世銀の「包括的開発枠組み」(Comprehensive Development Framework) の提言に代表されるごとく，国際援助活動全般をブレトンウッズ・グループの号令下に統括していく動きが盛んであり，法整備支援の領域においても，世銀の方針書がこのような統合化への対応を中心的課題の一つに掲げている[19]。これを受けて，日本 ODA 担当機関の側にも，無償支援を担当する国際協力事業団（JICA）の政策研究がこうした協調行動に配慮する傾向があるほか[20]，有償資金協力を実施する国際協力銀行（JBIC）では，とくに世銀・IMF との「協調融資」を実施しそのコンディショナリティを共有する関係にあるだけに，日本の支援が国際機関の方針と衝突しうる局面についてはいっそう厳しい警戒感を示す傾向がある[21]。

そこで以下では現実的な提言として，世銀等の国際機関の実施する支援活動との関係であくまで「補完性」を強調しながらも，これら支援活動の欠陥を側面的に修正する日本独自の法整備支援の具体的な方向性について言及したい。本書がアジア危機後のコンディショナリティを検討する中で見出したように，これら国際機関の支援の根本的な問題の一つは，性急な立法実現を迫る改革の短期性・一回性である。この性急さゆえに，現地事情に即した政策研究の不足，比較法的検討を経た実効的な制度設計の不足，社会的な理解と浸透の遅れからする立法の実施障害，といった諸々の困難を生じていると考えられる[22]。これら国際機関自身も一般的方針面では，司法改革などのキャパシティ・ビルディングや NGO 等の社会的参加をも視野においた息の長い支援プログラムを理

第3節　法整備支援一般への提言——結びに代えて

想とし(23)，具体的に中長期型の支援手段を考案する向きもあるのであるが(24)，一部地域における試験的採用にとどまると見られ，少なくともアジア危機後の関係諸国でそうした肌理の細かい中長期プログラムが進む気配はない。それだけに，日本の法整備支援は，このような中長期プログラムの実施を当面の焦点とすることで，国際機関に対する「補完性」を強調しつつも一定の距離を置いた関係を維持し，独自の貢献余地を探ることが可能になると考えられる。そのような中長期プログラムの具体的な課題として，さしあたり以下の諸点が想定される。

　(イ)　現地主体の中長期的政策研究体制

　日本の目下の「法整備支援」は，国際協力事業団（JICA）の予算的統括のもとで，法務省や大学研究者などを実働部隊として進められている(25)。この点，世銀・米国AIDの法整備支援が，基本的に「法と経済学」を自称する経済学者や政治経済学者が筋書きを書き，比較法知識を欠いた実務弁護士がもっぱら現場を担う実態とは大きく異なり，日本では純然たる法学専門家が支援活動に積極的に乗り出しているのであり，このことは法学の高度な経験的知識に依拠した政策論的な制度設計を実現するうえで，日本ODA独自の優位点である。残る問題は，これら法学専門家による制度設計協力に先立って，いかに現地社会経済や国際情勢に及ぶ政策論的見地を正確に組み込んでいくかの点に尽きるであろう。

　ところで日本ODA「法整備支援」関係者の認識において，「法整備支援」とはあくまで支援対象国における主体的な法秩序形成を側面支援するものであり，法整備の主人公は現地の社会構成員自身であるという原点が共有される顕著な傾向がある(26)。このような認識は，本書が第一章において掲げた，「自律的法秩序の成熟過程の回復」なる動態的な課題とも呼応する。この見地からすれば，現地社会経済の要請する政策課題の発見作業じたいも，基本的に現地側からボトムアップ的に発信されることが望まれよう。最近のアジアにおいては，たとえばAPEC（アジア太平洋経済協力）や拡大ASEANといった国際的な通商政策議論の場が，経済関連法制のありかたを論じる貴重な土俵を提供しつつある(27)。またアジア地域に進出しすでに現地化して久しい日系投資現場の情報も各種のルートで抽出されはじめている(28)。日本の「法整備支援」は，さしあたってこうした現地の政策的議論を鋭敏に汲み取り，これを法学専門家による技術的な制度設計支援へと結びつけていく，媒介過程を重視すべきと考えられる。

　こうした媒介過程では，政策議論と制度設計技術とをとり結ぶ，「開発法学」

の実践的役割が少なくないと予想される。具体的には，支援対象国毎に常設の政策論的研究チームを構成し，日本側からは法整備支援の実施組織や「開発法学」を含む学際的見地からの研究者がこれに参加するとともに，現地側からも政府・研究者・法曹・企業法務・NGOなど幅広い代表を集め，長期継続的に情報の還流・研究体制を維持する。そのうえで，現地でおりおりの具体的な法制改革契機（政治的要請の高まりや国際機関の圧力）が訪れるたびに，具体的な制度設計の支援に派遣される日本の法学専門家に対して基本的な情報媒介を果たし，かつこれら専門家の草案起草などの具体的作業に対して一貫した政策論的見地から必要な助言などを行う仕組みが想定される[29]。

(ロ) 日本型の漸進的法制改革サイクル

さらに日本ODAの「法整備支援」の重要な課題は，一回的な立法改革にとどまらず，おりおりの修正・改正を経て漸進的な社会的定着に及ぶ，息の長い法制改革サイクルを想定し，これを中長期にわたって側面支援するフォローアップ型の体制を構築する点にあると考えられる。一回性の立法は，いかに精緻な政策論的検討を踏まえようとも，ある一時点における叡智の結集に過ぎず，実際の適用過程においては立法者の予期しなかった多様な政策課題との衝突に出会い，さらなる政策論的調整を踏まえた修正が必要となっていく。先進国でもこうした修正は継続的に行なわれているけれども，急速な社会経済的変化の過程にある途上国では修正の要請はいっそう強いはずである。今後の「法整備支援」の一つの焦点は，こうした修正プロセスをいかに中長期的に側面支援していくかに関わると考えられる。

このようなプロセスとしては，いくつか異なる態様があり得よう。一つは，発展途上国の開発過程でまま見られる，広範な委任立法根拠に基づく行政法規の頻繁な書き換えである。また民主集中制の建前を有する社会主義国に見られるように，頻繁に改革立法を繰り返していく方法もありえ[30]，世銀・IMF等の指導する昨今の法制改革も，構造調整プログラムの実施毎にこうした立法改革を繰り返す態様を示している。他に，米国のような判例法主義に見られるように，裁判官が積極的に法理の創造を通じて立法の不足部分の修正を担う態様が考えられる。アジア諸国にこうした司法積極主義の素地は見出しにくいが，ただし国際商事仲裁などの外国系フォーラムを介して，最新のビジネス法理が否応なく国内流入しつつある現実は存在する。

以上のように明文化されたルールが頻繁に書き換えられたり，あるいは明文化されないルールが突如宣言されるといった方式では，いずれも経済活動の予測可能性を阻害するのではあるまいか。これに対して，日本自身が明治近代化

以来の開発過程で採用した漸進的な法制改革の態様が，日本の法整備支援の周辺で見つめ直される気運があり(31)，注目に値する。

　日本の開発過程における法制の役割については，たとえばADBによる第二次大戦後のアジア5か国（日本・韓国・中国・台湾・インド・マレーシア）の国際比較研究などにおいて(32)，多様な行政法規を中核とする産業政策優位の開発手段として断定される向きがある。しかしながら日本の近代法整備過程は戦後に発したものではなく，正確理解のためには明治以降のより厳密な法制史的経過を探究する必要があるはずである。このような歴史的鳥瞰の一例として，たとえば瀬川信久教授の時代区分を参照するならば(33)，日本の近代法制史は，まさに欧米型近代法典の受容とその漸進的な改変のダイナミズムとして理解される。かかるダイナミズムは，近代法典の成立当初は注釈学的な法概念の操作により，またのちの急速な工業化過程で経済社会のあらゆる側面で問題が噴出した時代には，立法対応の追いつかない問題の多くを，裁判官の「法解釈」で解決してきた過程と見ることができ，また時代的要請の変化に応じた法解釈原理を論じ合うなかで，つぎなる抜本的な法制改革への準備が続けられてきた。このような鳥瞰からすると，日本の法整備プロセスの態様は，ADBの研究等が前提する行政法規・産業政策主導のモデルではありえず，むしろ近代法典という権威ある法的安定性・予測可能性の中核を堅持しながら，概念操作や法解釈といった限定的な法の読み替え努力を蓄積し，社会的に公開批判を浴びながらも幅広い政策的議論を喚起し，じっくりと時間をかけて新たな立法改革へと議論を収斂させていくという，きわめて漸進的な法制改革プロセスとして理解されるべきであろう。

　このような漸進的な法制改革サイクルこそ，日本自身が過去急速な変化に対応しながらも比較的安定的な法秩序を維持し，国民の各種活動に予測可能性を提供し自由主義経済を盛り立ててきた歴史的経験に根ざす，中長期的な法制改革モデルの一実証例として，日本の「法整備支援」が依拠するに相応しい方針ではあるまいか(34)。敷衍される具体的な支援対象として，たとえば司法適用過程における「法解釈」技術を支援する裁判官レベルの知的交流(35)，判例の公表体制や司法ジャーナルの育成などを通じた社会的議論の喚起(36)，また日本法学の優位点の一つである盛んな判例評釈のありかたを伝える学者レベルの交流(37)，などの方向性が考えられよう。

　(ハ)　「法の実施」をめぐるグッド・ガバナンスの制度設計

　国際機関自身が認める法整備支援の最大の限界として，立法の成立に拘らず，かかる立法が単なる画餅に帰して実施されないとする「法の実施」問題が露呈

第5章　金融法制の選択肢再考

している。この問題はもちろん，上述のような性急な立法期限の設定，現地事情の研究不足，といった国際機関の支援姿勢の問題性に起因する側面が大きいであろう。しかしそのような支援のありかたの見直しと並行して，別途，法の適切な実施を促すための制度基盤の整備，いわば「グッド・ガバナンス」の文脈において問題を捉えなおしていくことも，日本の法整備支援の「補完性」が発揮される一つの局面と考えられる。

　しかし，法の実施をめぐる「グッド・ガバナンス」の具体的焦点は，いまだ必ずしも明らかにされていない。国際機関周辺の議論では，法の実施をめぐる「グッド・ガバナンス」といえばもっぱら，法適用機関である裁判所・裁判制度の改革を中心とする「司法改革」が論点とされる[38]。しかし裁判制度の質的改革は立法改革と異なり一朝一夕に成果が表れるものではないから，いきおい，既存の裁判制度の不効率や腐敗を理由としてその改革を棚上げし，別途，特別裁判所の新設，あるいはADR（代替的紛争解決手段）の促進といった，成果の出やすい具体的目標に向かいがちとなり，結果としてむしろ裁判制度回避的な改革が指導されるなど，「司法改革」は混迷を見せている[39]。こうしたなか，日本の法整備支援にとって，法の実施をめぐる「グッド・ガバナンス」のありかたを総合的に検討しなおす意義がある。

　ここで一つのアプローチとして，法の実施強化の手法についての総合的分析が必要と考えられる。こうした方法として，試みに以下の3つの態様に注目する[40]。

　①　刑事的手法：法規の強制力が刑罰，すなわち検察による訴追を経た司法的制裁圧力によって与えられる例は多い。こうした刑事的手法は，古典的な資本主義法制の基本的要請，すなわち私的活動の自由と予測可能性を最大限保障すべく，行動規制は明確かつ最小化される要請があるので，罪刑は刑法で明示的に定めるものに限定され，構成要件の明確を旨とし柔軟な法適用解釈は認められない。しかし罪に該当すれば一転，実刑を伴う厳格な強制的処罰に晒される意味で，もっとも強力な強制手段である。アジア諸国の多くでも，たとえば倒産法制や担保法制における資産の不当流出について，否認権行使などの当事者的手段よりも刑罰賦課が重視され，会社法制でも当事者による取締役責任追及規定は緩いが不当経営に対する刑罰規定が比較的充実する，などの傾向が見出される。しかしこの手法によって有効な強制力を創出するためには，前提として，検察・司法体制の独立・強化が必須の課題となる。たとえば検察・司法が行政や財界に対して従属的で厳格な訴追・裁判をなしえない状況では，法規の

第3節　法整備支援一般への提言——結びに代えて

多くは実質的な強制力を欠き，社会経済環境は自由放任主義的な無法状態に近づく。

②　行政的手法：法の強制のありかたとして，行為規制を行政法規において設定し，その違反を行政的執行や行政刑罰などの行政的強制手段を通じて実現する方向性がある。現代社会の政策課題の多様化し基本法の改革が追いつかない状況で，迅速性や柔軟な裁量性を旨とする行政法規の主流化は，世界的な現象である。国際機関の昨今の法整備支援においても，行政主導のADR機関の推進など，もっぱら行政的手法に傾くと見られる。アジアの金融法制においても，倒産法制に行政主導の私的整理枠組みを優位させ，担保実行過程で警察権力の関与を織り込み，会社法において法務大臣や登録官の監督権限を強化するなどの傾向は目立つ。しかしこのような手法が法の強制手段として有効でありうるためには，行政法規の濫発による不効率，行政裁量の濫用などの弊害克服が課題となる。そこで行政法規を基本法との関係で明確に体系づけ，不当な行政裁量余地を減じていくべく委任立法（法律の根拠）の具体化，また行政訴訟制度や情報公開・オンブズマンなど嚆矢とする行政監視制度など，周辺的制度整備が必須の課題となっていく。

③　民商事的手法：個々の当事者が自己の権利利益の実現を図って行う訴訟が，法の強制の一つの重要なルートであることは忘れられてはなるまい。検察をも行政府をも介しない，私的権利者自身による直接的な訴えであるだけに，法の実施手段としてはむしろ最も強力な圧力契機と考えられる。しかも個々の紛争を通じて法解釈判例が蓄積されていく過程で，地場の経済社会事情に見合った独自のルールが時間をかけて成熟するプロセスが期待される。このことは国際機関由来のモデル法を移入し，行政や検察がトップダウンで実施していく従来型の法整備とは異なり，現地社会構成員が主体となって自らのルールを育て上げていく，まさに自律的法秩序形成を促す道ともなろう。ただしこのような訴訟を通じた健全な権利の実現を喚起していくためには，アジア諸国では，まずは民商事の実体的権利根拠のそのものの充実・現代化が課題である。さらに，周辺的な制度整備課題も多い。訴訟手続法における資格要件や立証要件などの改革などはその例であるが，しかしたとえばいきなりクラスアクション・無過失責任・三倍賠償といった先進的な制度を導入し一挙に訴訟社会を生み出そうとするならば，政治的抵抗は阻みがたく，むしろ息の長い法整備支援を通じ，手続法の漸進的改善，裁判における法適用の質的向上，弁護士やメディアの啓蒙的役割，といった環境整備が期待されていく側面であろう。

以上のような異なる手法は，択一的な性格ではありえず，各国とも大なり小

第5章 金融法制の選択肢再考

なりこれらの手法の組み合わせで制度を組成しているはずである。それだけに，法の強制力を高める法整備支援は，これらの手法それぞれについての基盤的制度条件を丹念に育て上げていく肌理細やかな戦略を必要としていくと考えられる(41)。

3 実効的な制度設計へ向けて

日本からの法整備支援がたとえ以上のような「補完性」を旨とする中長期的プログラムに特化してくとしても，しかし具体的な立法改革の契機が訪れるたびに，ブレトンウッズ・グループを初めとする国際機関の示す法制モデルに直面し，衝突やむを得ぬ局面も早晩生じうるであろう。そのような局面においては，日本の法整備支援も「補完性」の皮を破り，支援先諸国の自律的法秩序形成に資する方向で必要な主張を行うことが期待される。以下，本稿各章における検討を踏まえつつ，そのような主張の説得的な立論について若干の提言を行い，結びに代えたい。

(1) デファクト・スタンダード化の回避

本書で国際機関推奨の法制モデルを吟味したなかで，とくにブレトンウッズ・グループのモデルが一貫した企業経営利害優位の規制緩和志向を示すことが明らかとなった。このような法制モデルがとくに構造調整融資のコンディショナリティという圧力下で，途上国の法整備課程に対して事実上強制的な影響力を発揮しつつある現実を，あえて目下のグローバリゼーションの国際政治経済学的文脈に位置づけて眺めるとき，これを新手の「デファクト・スタンダード」形成の動きと解することが可能であろう(42)。

すなわち貿易投資自由化をめぐる目下の国際通商交渉は，WTOを嚆矢とするマルチラテラルな議論の場でもっぱら自由化促進志向の国際共通ルールを促進しながらも，自由化に伴う市場制度基盤たるルール形成については，あえて議論を先送りする傾向が顕著にうかがわれる。たとえば2001年11月開催のWTOドーハ会議はようやく新ラウンド交渉のアジェンダを定立したものの，そこではサービス分野の投資自由化促進については即時交渉開始を宣言し，かつこうした自由化に反発を示す発展途上国を慰撫する趣旨で多様な途上国配慮項目についても即時検討開始を謳っているが，いっぽうで自由化の制度基盤をなすべき競争ルールや投資ルールといった実体的な制度形成については，2003年以降に交渉予定を再協議するとして先送りした。しかしかくしてマルチラテ

ラルな議論の場で先送りされた実体的なルール形成をめぐっては，別途，欧米先進国が二国間あるいは地域協定などの枠組みを通じて，各々独自の主導権を争う動きが顕在化している。その一端が，1990年代後半以降に急速に増大をみた「自由貿易協定」締結の動きであり，とくに NAFTA（北米自由貿易協定）を中心に FTAA（アメリカ自由貿易協定）を睨む米国勢力と，メキシコ—EU 自由貿易協定などを嚆矢としてこれへの食い込みを図りつつヨーロッパ全域で協定網を張り巡らす EU 勢力との，拮抗する構図は著しい。いわばデファクト・スタンダード主導権をめぐる国際的陣取り合戦ともいうべき現象が現実化しているのである。

　こうした自由貿易協定の具体的な規定面に立ち入るならば，デファクト・スタンダードの実質は，大きくは米国の主導する企業経営利益優位・規制緩和志向と，EU の示す国内社会勢力や途上国利害への妥協志向とに分れる向きがある[43]。このような政策志向の相違は，まさに本書でみた国際機関の法制モデルにおける，ブレトンウッズ・グループの自由放任主義的志向と，OECD『コーポレート・ガバナンス原則』や『EBRD モデル担保法』に見た政策配慮を伴う設計方針との相違と，パラレルな関係を思わせる。国際機関の法制モデルもまた，グローバリゼーション下のデファクト・スタンダード抗争の一角を占めると見受けられるのである。

　しかしグローバリゼーションへの対応においては，これを不可逆的課題と位置づけたうえでその実質的ルールの帰趨を操ろうとする欧米の立場とは別に，アジアの発展途上国の間ではそもそも欧米優位を決定づけるグローバリゼーションそのものへの反対論がいまなお根強い。いっぽうこれら両極的立場とは別に，グローバリゼーションに肯定的に対応しつつも，欧米優位の二国間・地域間レベルのデファクト・スタンダード主導に反対し，あくまでマルチラテラルな交渉の場における国際的な利害調整に根ざしたルール形成を重視する，ある種の中立的な立場がある。日本の通商政策は長くこうした見地を主張しつづけてきたし，韓国・中国・台湾といった北東アジア諸国は日本と共同歩調をとってきた。昨今，中国が拡大 ASEAN の場で「東アジア自由貿易協定」構想を提唱して注目を集めているが，これはアセアン諸国の反グローバリズム路線とは異なり，むしろ従来通りのマルチラテラル交渉重視の位置から，欧米優位のデファクト・スタンダード形成動向にアジア側から主張を行う見地と理解される。

　このようにあくまで互恵主義的な国際ルール形成を重んじる日本および近隣北東アジア諸国の姿勢は，一定の説得力ある見識と考えられる。このような見

地は，通商交渉の場面のみならず，開発援助の場面においても，同様に主張されてよいように考えられる。すなわち国際機関の推奨する法制モデルに追随するばかりが国際協調ではなく，日本の「法整備支援」の役割としてむしろそうした法制モデルのデファクト・スタンダード化を戒め，あくまで政策論的評価の対象として相対化していく必要がある。

　グローバリゼーションがたとえ不可逆的な自由化の流れを生み出していくとしも，その過程はとくに市場成熟度の遅れた発展途上地域において，漸進的展開を伴わざるをえない。こうした時間軸のなかで問題を捉えなおすとき，市場成熟化の過渡期にある地域において，どのような制度基盤を用意することが求められているであろうか。ここで，市場成熟度の高い欧米先進国における内容的に緩和された自由放任型制度モデルが，そのままデファクト・スタンダードないし法制モデルとして強要されることの危険が認識されねばならない。いかに法制改革が進もうとも，その実体的な内容において，規制緩和型の競争法制，公的救済重視の倒産法制，経営責任回避型の会社法制，といった内容的緩和がルール化されていくならば，自律性の低い市場取引活動はさらにディシプリンを失い，同時に裁量主義的行政介入の余地を生み出し，取引活動の予測可能性を大いに害することが懸念される。市場の成熟途上においては，市場の自律的秩序形成を促し市場機能の育成を図るに十分な，一定の規律の提示が求められている。各国毎の社会経済の実情に応じて，それぞれの市場を有効に機能させていくべく，実体的ルールはいかにあるべきか，そしてまたルールの実現を図る枠組みはいかにあるべきか，具体的な制度設計の検討こそが法制改革・法整備支援の課題として期待されている。

(2) 開発理論への逆提言

　国際機関の牽引する目下の法整備支援ブームは，第一章で触れたように1990年代以降の開発理論の動向を反映した潮流である。すなわち開発理論は目下，新古典派経済学の動揺する暗中模索の過程にあって，「市場の失敗」をも「政府の失敗」をも解消しうる新たな方向性としてとくに「制度」への注目が顕著である。世銀等の援助実施現場には，実務を統括する新たな開発戦略の再構築を焦る向きが当然ながら窺われ，1991年『世界開発報告』の論じた「市場フレンドリー・アプローチ」を嚆矢として，「包括的開発枠組み」構想にいたる「制度」を軸とする新たな開発戦略の探究姿勢が如実である。しかしながら，ここで「制度」とは何であるかが厳密な定義のうえで論ぜられてはいない。結果として大いに生起している状況は，「制度」重視の呼び声のもとに，国際機関の

第3節　法整備支援一般への提言──結びに代えて

おりおりの指導を受けた各国の政府が「法制」という名の介入手段を乱発し市場秩序の安定的成熟を阻害し，しかもそこで当該「法制」の内容面は，じつは国際機関モデルを踏襲した自由放任主義的志向を示すという，きわめて矛盾に満ちた事態と考えられる。本書の検討を通して見出された国際機関の法制モデルの経営優位志向もまさに，こうした自由放任主義と政府介入主義との談合的産物と考えられる。

　開発理論は現状，なんら決着を見ていない。市場は新古典派的な自由放任のもとで万能でありえなかったとされるが，ではその際，市場機能の本来果たすべくして失敗した課題とは，功利主義的な社会的総計としての効率実現なのか，あるいは再分配効果を含む効率定義の実現なのか，あるいはさらに経済的関心にとどまらず人間開発課題もまた達せられていくべきなのか，そもそも「開発」の追求すべき価値じたいが確定していないのである。またかかる価値の達成手段についても結論は存在していない。新古典派的な自由放任のもとで失敗した市場は，「制度」を介して機能回復しうるのか。あるいは市場機能が達成しうる価値には限界が存在し，そこから先の価値達成には人為的介入が不可欠であって，「制度」はその介入根拠に過ぎないのか。あるいは別途，自律的なルール群としてのなんらかの「制度」が，市場や政府介入の限界に代替するのか。

　このような「開発」の価値や手段をめぐる議論の錯綜は，「制度」への期待を曖昧な形でいたずらに増大させ，結果，特定の価値観にとっての道具主義的な手段として「制度」が多用される事態を招いているかに理解される。法制改革の重視，法整備支援のブームといった今日的現象も，特定の価値的・政策的意図に発する我田引水的な活用に堕するおそれは強い。そうした特定的政策誘導がたとえ経済危機などの非常事態における短期的暫定的措置として正当化されうるとしても，しかしこうした措置が，「法制」という，経済社会秩序の長期安定性・予測可能性を保障すべき基盤的制度手段を通じて定立されることについては，大きく疑問が呈せられるであろう。

　開発理論の混乱がもたらす道具主義的な法整備支援は有害であり，早急に阻止されることが求められる。そのためには，開発理論における華々しくも無為な空騒ぎないしは有害な仮説の応酬は，早晩収束されることが求められ，また法整備支援活動はこうした仮説から演繹的な根拠を借りる姿勢を自制すべきである。法整備支援は今後，改めて経験的知識と実証に即した地道な制度研究に根ざしていくことが期待され，本書で試みた法制モデル・改革立法の政策論的評価作業はその一環である。法学・開発法学は，こうした経験的な制度研究に

第5章　金融法制の選択肢再考

資する比較法的情報と専門的技術を豊富に提供していくことが期待される。このような知識と実証が蓄積され，法整備を進める社会それぞれの自律的法秩序の形成過程に投入されていくなかで，むしろ開発理論の次なる展開を経験的事実の側から導いていく，帰納的ダイナミズムが予想されるであろう。

(1) 世銀『倒産制度原則』6.1項 'Creating Corporate Rescue Culture' 参照。
(2) たとえば，世銀『倒産制度原則』1.3項 'Policy Choices (value systems)' 参照。
(3) たとえば Stiglitz, J.E. (1975), "Some Aspects of the Pure Theory of Corporate Finance, Bankruptcies and Take-Overs," Bell Journal of Economics, 6(2); Jensen, M. C. and Meckling, W. (1976), "Agency Costs and the Theory of the Firm," Journal of Financial Economics, 3(4); また金本良嗣・藤田友敬「株主の有限責任と債権者保護」(三輪芳朗・神田秀樹・柳川範之編(1998)『会社法の経済学』東京大学出版会) 191-226頁。
(4) 前掲 World Bank (2001), *Initiatives in Legal and Judicial Reform*, p.2 など。また法制モデルにおけるグローバル化対応の言及例として，世銀『倒産制度原則』1.4項，5.1項ほか。
(5) 開発課題に資する直接投資促進の見地から，国際的な法制画一化を不当視する論として，前掲・金子由芳 (2001)『国際開発事業団国際協力総合研修所客員研究員報告：自由貿易協定時代の経済法制の課題』参照。
(6) IMF (1998) "Corporate Debt Restructuring in East Asia : Some Lessons from International Experience," IMF Paper on Policy Analysis and Assessment Series, また世銀「倒産制度原則」7.2項 "Principles and conditions for systemic restructuring" など。なお顧れば，同時期に日本における1999年金融機能再生緊急措置法・金融機能早期健全化緊急措置法がまさにこうした組み合せ型救済促進論を受けた，一時国有化や公的資本注入プログラムの実施例であった。
(7) 適切な清算型倒産手続を欠いたために，企業・金融機関の倒産処理交渉が問題先送りの甘いものとなり，公金投入期待のモラルハザードを生じた例として，1980-90年代のメキシコ等中南米諸国や1990年代のポーランド等東欧諸国など，多くの実例が参照されている。
(8) アジア諸国の金融セクター支援方針に関して，筆者自身も関与し多くの示唆を受けた学際的な政策研究として，国際協力事業団国際協力総合研究所「事業戦略調査研究：金融に関する政策支援型協力基礎研究」(1998年10月-2001年3月)，国際協力銀行「国別検討会：タイ分科会」(1999-2000年度)，通商産業省通商産業局「経済協力のありかたに関する懇談会」(2000年度)，国際協力事業団鉱工業開発部「市場強化のための制度整備協力に関する委員会」(2000年5月-2002年末)，日本貿易振興会「経済通商法制研究会」(2000-2002年度)，経済産業省通商政策局地域協力課「APEC諸国における債権回収訴訟・仲裁の実状に関する研究会」(2003年度)，などがある。

第3節　法整備支援一般への提言——結びに代えて

(9)　たとえば，国際協力事業団・市場強化のための制度整備協力に係る委員会（2003）『途上国への制度整備協力の方向性（経済ソフトインフラ）』8―11頁参照。

(10)　ドゥワトリポン・ティロール（1996）『銀行規制の新潮流』（東洋経済新報社），また前注・国際協力事業団・市場強化のための制度整備協力に係る委員会（2003）50頁参照。

(11)　たとえば，国際協力事業団国際協力総合研修所（2001）『金融に関する政策支援型協力基礎研究報告書』14―16頁参照。

(12)　たとえば，経済産業省通商政策局地域協力課（2003）『「APEC諸国における債権回収訴訟・仲裁の実状に関する研究会議事録』4頁参照。

(13)　たとえば，前掲・国際協力事業団・市場強化のための制度整備協力に係る委員会（2003）22―26頁は，アジアにおいて，財閥企業のより規制の緩い金融選択肢選好のもと，証券市場の規制強化が進まない実態を問題視する。

(14)　『EBRDモデル担保法』31条参照。

(15)　前掲・金本良継・藤田友敬（1998）「株主の有限責任と債権者保護」195頁以下参照。

(16)　もちろん設備資金提供者としての狭義の金融債権者に限らず，さらに日常取引先や系列関係における相互監視機能，また従業員による経営参加的な監視契機など，およそ対会社 residue claimant として利害関係に立つステークホルダー全般の経営監視動機をフルに活用すべく，地場の経済的現実の丹念な観察に依拠しつつ多様な方向性が検討されていくことに意義があろう。

(17)　本稿でたびたび参照してきた世銀のサンプル調査（前掲 Hallward-Driemeier, M., Dwor-Frecaut, D. & Colaco, F. (1999)）に見るように，アジア危機前夜の融資関係の多くが監査済み情報開示なしで実施されていた。

(18)　資本充実に拘泥した従来型の債権者保護制度の限界を説き，より実益のある制度的工夫の必要性を示唆する議論として，たとえば，吉原和志（1985）「会社の責任財産の維持と債権者の利益保護」『法学協会雑誌』102(3)―102(8)参照。

(19)　前掲 World Bank (2001), *Initiatives in Legal and Judicial Reform*, p.14参照。

(20)　たとえば前掲・国際協力事業団国際協力総合研修所（2001）p.50。

(21)　たとえば前述の国際協力事業団鉱工業開発部主催「市場強化のための制度整備協力に関する委員会」において，国際協力銀行派遣のオブザーバー委員は，国際機関の方針に合致しない日本の法整備支援活動は現実的でないとする主張を繰り返した。

(22)　前掲・国際協力事業団・市場強化のための制度整備協力に係る委員会（2003）45―47頁参照。

(23)　前掲 World Bank (2001) p.12―13参照。

(24)　たとえば世銀の Learning and Inovation Loan (LIL) や Adaptable Program Lending Loan(APL)の適用など。

(25)　日本のODA法整備支援の関係団体を網羅する連絡組織として，1999年以降，国際協力事業団と法務省法務総合研究所が主催する「法整備支援連絡会」が存在する。

(26)　たとえば，2000年10月の第2回「法整備支援連絡会」のディスカッションペーパ

一である，国際協力事業団アジア第1部インドシナ課（2000）「ODA による法整備支援の援助戦略について」4頁，また前掲・法務省法務総合研究所『法整備支援について』5頁の「法整備支援を行うに当たっての留意事項」参照。

(27) たとえば APEC では，日本の呼びかけで開始した SELI (Strengthening Economic Law Infrastructure) プログラムが，経済法制の整備課題を論点とする情報交流活動を開始している。2000年11月 APEC 閣僚会議で承認済みの "Cooperation Framework for Strengthening Economic Legal Infrastructure" 参照。

(28) 日本貿易振興会が加盟企業を対象に実施したアンケート調査として，日本貿易振興会（2003）『タイにおける進出日系企業が抱える貿易・投資上の問題点に関する調査報告書』，同（2003）『インドネシアにおける進出日系企業が抱える貿易・投資上の問題点に関する調査報告書』，同（2003）『渉外法務体制とアジアのビジネス法に関するアンケート調査』など。このほか学識経験者が日系進出企業と共同研究を行った，日本貿易振興会（2002・2003）『経済・通商法制度研究会報告書』（2分冊）などがある。また，日本機械輸出組合・貿易投資円滑化ビジネス協議会の年報『各国・地域の貿易・投資上の問題点と要望』各号は，加盟150団体を通じて継続される広範なアンケート調査で，法制整備課題も対象とする。また経済産業省 APEC-SELI（経済法制強化）プログラムの委託を受けて2003年に日本商工会議所が在外18会議所加盟270社余りから回答を得た，『債権回収法制に関するアンケート調査』がある。

(29) 従来の法整備支援において，専門家の技術的作業は個別の裁量に委ねて放任されている例が多く，専門家自身がとまどう局面も少なくなかったと見られる。こうした点で組織的な助言とフォローアップの体制が不可欠と考えられる。具体的にラオスに対する法整備支援を想定して，法学専門家と現地の政策的要請とを媒介する支援体制を提案したものとして，金子由芳（2001）『国際開発事業団国際協力総合研修所客員研究員報告：ラオスの経済関連法制の現状と協力の焦点』参照。なお最近では，支援対象国毎の主要支援分野別に専門家部会を設け，組織的な研究を継続する向きが開始しており，たとえばベトナム向け支援における「民事訴訟法部会」では，現地側との頻繁かつ多岐の情報交流を集約しながら，精緻な比較法的検討が重ねられている。ただし個別分野の法律専門性に特化した部会の構成には若干不満がもたれ，現地の社会経済事情を媒介する開発法学者や地域研究者などの関与が期待される。

(30) たとえば中国のような社会主義国では，人民民主主義の理念に立って，裁判官の恣意に発する司法解釈を原則禁じ，あくまで人民代表の場である立法府（ないしはその委託を受けた常務委員会）の立法権限を重視する改革方針が建前である。

(31) 前掲・国際協力事業団アジア第1部インドシナ課（2000）4頁，また法務省サイドの法整備支援方針に触れる，原優（1998）「アジアへの立法支援」『ジュリスト』1126号，270頁など。

(32) Pistor, K. and Wellons, P.A. (1999), *The Role of Law and Legal Institutions in Asian Economic Development,* Oxford University Press は，ADB が Harvard Institute for International Development との共同で実施した比較研究の成果であり，アジア諸国の経済開発と欧米型近代法の移入との相関関係を論じて注目を集めた。

第 3 節　法整備支援一般への提言――結びに代えて

(33)　瀬川信久 (1990)「民法の解釈」(星野英一編『民法講座・別巻一』有斐閣) の時代区分によれば，20世紀初頭は日本で民法典が成立・定着した「立法」の時代であったが，単なる法典の文理適用にとどまったのではなく，「概念法学」とも称される厳格な法概念の形成議論を通じてではあるが，具体的な問題解決のために法典の内容的修正が早くも模索されていた。つぎなる20世紀中盤の戦前・戦後時期は急速な工業化に伴い，労働・住宅・公害・運輸事故など経済社会のあらゆる側面で問題が噴出した時代であり，こうした時代の問題解決は立法対応では間に合わず，判例，すなわち裁判官による「法解釈」が役割を果たす段階であった。そして現代は，工業化社会の終焉に伴う新たな社会像を探りつつ，過去の立法・法解釈の再検討「第三の法制改革」時代が到来中であるとする。

(34)　詳論として，金子由芳 (2002)『国際開発事業団国際協力総合研修所客員研究員報告：自由貿易協定時代の経済法制の課題』第三章参照。

(35)　世銀等国際機関の法整備支援においても，「司法改革」は一つの焦点とされてきたが，もっぱら人権教育やグローバル化対応型の経済法制知識の講義など，裁判官の知的再教育的色彩が強く，現実の法適用技術に直結する専門的な交流は実施されてこなかったと見られる。日本による「補完」が期待される一側面であり，じじつ法務省法務総合研究所国際協力部では目下，日本の司法研修所におけるカリキュラムに学びながら法適用技術面の支援のありかたが模索されている。

(36)　アジア諸国ではそもそも判例の公開体制が確立していない地域が多い。判例の評釈活動ともなるとほとんど存在しない傾向が見られる。こうした側面では，たとえばスウェーデンの法整備支援が判例レポートや官報の刊行を助成するなど独自の支援方針で動いているも，予算的限界からさしたる効果を挙げていると見られず，日本の果たす役割が期待される。

(37)　法学者間の学術交流は得てして，既存法制調査やその改革課題など立法論的側面に向かいがちだが，日本の法学研究のありかたの一つの特色が精緻な判例評釈に見出されることからすれば，この点を日本の法整備支援の優位性として反映させる方向性が追求されてよい。そのためには一回性の交流にとどまらず，息長く知識蓄積的な交流関係が必須であるが，そのような試みは現在までのところ，九州大学法学府による東南アジア諸国法学界との交流活動など，ごく一部にとどまっている。今後，ODA予算を割いた組織的・資金的バックアップ体制が望まれる点である。

(38)　前掲 World Bank (2001) p.4-6 参照。

(39)　国際機関による司法改革やADR促進のアジアにおける帰結を論ずるものとして，金子由芳 (2004)「法整備支援における『司法改革』再考――法の実施強化の見地から――」『国際開発研究』13巻1号掲載予定，また同 (2004)「アセアン諸国の仲裁法の動向にみる国策的特色――投資紛争処理の視点から」『神戸法学雑誌』53巻3号参照。

(40)　先進諸国も大なり小なりこれらの手法の組み合わせで制度を組成している。とくに近代法の伝統枠組みを現代社会の要請に応じて変革する理論的模索のなかで，意識的に刑事・行政・民事の3つのアプローチを総合的に検討する視点が，法学の多くの

専門分野で共有されつつあると見られる。たとえば民法学では消費者保護などの新たな要請に対応する契約法改革の文脈で，行政法学では行政による市場介入のあるべき方法の探究過程で，また刑法学でも行政刑法・経済刑法などの先端分野の議論がある。

(41) こうした法の実施強化メカニズムの設計戦略を論ずるものとして，金子由芳 (2004)『国際協力事業団客員研究員報告書：法の実施強化に資する立法支援のありかた—ミャンマー向け経済法制支援を素材として—』参照。

(42) 詳しくは，金子由芳 (2003)「アジア広域 FTA の法政策論的展望—非貿易的関心事項をめぐるデファクト・スタンダードへの対応」『国際協力論集』(神戸大学大学院国際協力研究科) 11 巻 1・2 号参照。

(43) より詳しくは，前掲・金子由芳 (2001)『国際開発事業団国際協力総合研修所客員研究員報告：自由貿易協定時代の経済法制の課題』第二章参照。

事項索引

〈あ〉

IMF ………5,11,15,25,26,27,46,142
IMF『倒産法制原則』………47,63,65,66
アジアの奇跡………………………32,116
アジア危機……7,22,23,25,46,69,90,190
アジア的価値………………………14,16
arm-length………………………118,191,194
アンカー機能………………………72,76
生ける法……………………………3,15
一法・二手続………………………47,75
EBRD（欧州復興開発銀行）……………102
EBRDモデル担保法…102,107,108,111,
　　　115,121,126,127,130,131,182,183,192
インドネシア1847年民法典……………120
インドネシア1848年商法典……………154
インドネシア1905年破産法（1998改正）71
インドネシア1945年憲法………………154
インドネシア1960年農事基本法…120,123
インドネシア1985年コンドミニアム法 120
インドネシア1992年家屋住居法………120
インドネシア1995年証券取引法………154
インドネシア1995年有限責任会社法
　　　…………………………………154,197
インドネシア1996年不動産抵当法……120
インドネシア1999年譲渡担保法
　　　………………………121,122,134,193
営業総資産担保……103,108,113,115,182,
　　　　　　　　　　　　　　192,195
ADB "Baseline Model" "Alternative
　　Model"…………………………102,103,104
ADB（アジア開発銀行）………1,46,102,205
ADB『スタンダード』("Good Practice
　　Standard")……………………47,63,65
Akarlof……………………………………12

ALI（米国法律協会）コーポレート・
　　ガバナンス原則………………………146
APEC（アジア太平洋経済協力）…142,203
N-LDM（新・法と開発運動）批判
　　……………………………………14,202
M&A防衛策………144,147,150,160,183
MAI（多国間投資協定）…………………5
OECD（経済協力開発機構）……5,46,142
OECDコーポレート・ガバナンス原則
　　……………142,148,149,150,171,183,196
大株主規制………………………………158,160

〈か〉

介入主義開発政策……………32,33,34,189
開　発………………………5,8,9,10,11,211
開発法学…………………………………203
GATS（サービス貿易協定）………5,188
韓国1962年商法典（1984・1995・1999
　　改正）……………………………152,153
韓国1962年破産法（1998・1999改正）…73
韓国1962年和議法（1998・1999改正）…73
韓国1963年会社整理法（1998・1999
　　改正）………………………………73
監査委員会………………145,153,158,163,182
監査会……………………………………145
監査役………………152,153,161,164,165
間接金融……………30,143,169,191,198,199
規制緩和……………………12,145,147,173,182
極度額………………………103,108,121,127,193
近代化論……………………………………9
金融財閥…………………………………116
金融自由化………5,6,23,25,27,29,103,188
金融仲介機能……………………6,18,26
金融法制………………5,6,18,180,190,198
グッド・ガバナンス………………5,13,206

217

事項索引

組分け …………………49,63,78,80
クラムダウン………………49,63,78
Krugman ………………………12
クローニー・キャピタリズム………24,141
グローバル・スタンダード……2,5,13,16,
　　　88,113,119,145,150,173,186
経営判断の原則 ……………146,147
計量的手法 …………………18,19
現代版ビッグプッシュ理論……………12
公金投入 ……………52,74,80,88
構造改革………………8,23,24,31,183,190
構造主義開発理論 …………………8
構造調整………………………11
衡平的劣後化 ……………59,62,197
コーポレート・ガバナンス
　…………………60,85,141,173,196
コミサリス …………………155,157
コンディショナリティ……5,11,23,26,27,
　　　68,70,121,134,141,142,147,
　　　153,155,158,159,173,183

〈さ〉

再建型倒産手続……………47,72,76,193
再建追求………53,58,62,67,68,79,88,181
再分配論………………………54
財団抵当 ……………………114,124
債務者資産最大化………………54
サービス投資…………………4,29
市場の失敗………………32,33,54,189
市場フレンドリー・アプローチ28,189,210
支配株主 ……………59,84,156,157
私的実行（担保権の）………105,110,121,
　　　　　　　　128,132,182
私的整理…………50,52,68,73,80,181
自動的停止 …………………63,76
社外取締役……145,146,153,158,163,182
ジャカルタ・イニシアティブ 26,51,52,70
ジャクソン理論………………54,60,66

収益還元法 …………………117
従属理論 ……………………10,
自由放任主義 …………2,5,15,69,188,210
所有と経営の分離 …………145,146,148
所有改革（会社の）………………141
少数株主権 …………145,153,156,165,183
情報の経済学 …………………12,28
情報開示規制 ………144,149,160,182,196
譲渡担保 ……………………113,115
自律的法秩序 ………………3,6,15,15
新規資金（new money）………49,66,181
新古典派経済学…10,11,13,14,15,189,210
新制度派………………………11
信託基金理論（trust fund doctrine）
　………………………61,197
ステークホルダー………148,149,157,169,
　　　　　　　　183,198
Structured Informal Workout ………50
super priority………49,52,66,67,184,193
政策趣意書（Letter of Intent）
　………………23,27,70,142,143
清算価値保障原則 ………………49,79
清算型倒産手続……………47,72,76,193
制　度………………………11,210,211
政府開発援助（ODA）………5,202,203
政府の失敗 ………………13,32,189
世界銀行 ………5,11,15,27,46,102,142
世銀『倒産法制原則』………47,49,57,63
絶対優先原則 …………………49,79
Sen …………………………12
ソブリン貸し…………………116

〈た〉

対価的均衡………………103,105,107,121,
　　　　　　　　131,182,193
タイ1940年土地法 ………………131
タイ1940年破産法（1998・1999改正）
　…………………………71,76,82

事項索引

タイ1971年機械登録法 ……………130
タイ1978年(旧)公開株式会社法 ……158
タイ1992年公開株式会社法(2001部
　分改正)………158,159,161,165,169,200
タイ事業担保法草案 ………131,134,195
タイ民商法典………130,157,159,162,164,
　　　　　　　　167,169,196,197,200
代物弁済型担保実行 ……105,110,129,133
WTO(世界貿易機構)…………4,188,208
担保登録 ………104,106,108,121,127,182
直接金融…………6,30,143,191,198,199
直接投資(FDI)……………………4,27
デファクト・スタンダード
　……………13,15,183,186,208,210
ドイツ株式法………………………61,145
ドイツ新倒産法………………48,53,76
トリクルダウン仮説 …………………9
取締役責任………60,85,145,149,153,156,
　　　　　　　166,167,168,169,181,196
取引事例参照法 ………………………117
取引の安全……………………58,109,122
取引費用仮説 …………………………12,28

〈な〉

内部者・内部債権………58,59,83,197
21世紀型危機 ……………………23,187
人間開発 ……………………………5,11,12
North …………………………………12

〈は〉

発展権 ……………………………10,14
バンコク・アプローチ ………26,51,52,70
比較制度分析 …………………12,20,21,28
非上場会社・私会社・閉鎖会社
　…………146,149,153,164,168,169,183
被担保債権の特定………103,108,111,121,
　　　　　　　　　127,131,182,193
否認権………………………57,72,82,181,197

貧　困……………………………………11
ファミリー財閥 ……………33,59,156,197
浮動担保(floating charge)
　……………64,65,105,111,132,192
ブレトンウッズ・グループ
　……………180,182,183,198,199,208
プレパッケージド・プラン………51,53,89
プロジェクト・ファイナンス ………112
米国統一商法典第9編(UCC-9)
　…………………………106,111,132,182
米国連邦倒産法第11章(チャプター
　イレブン) ………49,71,73,77,89,181
Basic Human Needs ………………10
ベトナム1993年土地法(1998改正)……125
ベトナム1995年民法典 ………123,124,125
ベトナム1996年中央銀行総裁決定217号
　……………………………………123
ベトナム1999年政令17号 ……………125
ベトナム1999年担保付取引令(政令
　164号) ………………126,134,193
片肺の自由化 ……………………29,31
法解釈………………………………21,205
包括的開発枠組み(CDF)………12,16,210
包括根担保……………103,107,121,129,
　　　　　　　　　132,133,182,193
法人格否認法理 ……………60,62,197
法制改革………………………1,69,119
法整備支援 ……………1,8,9,10,12,13,
　　　　　　　　　　14,68,201,202
法的道具主義……………………4,14
法と開発運動(LDM) ………………8
法と経済学(Law and Economics)
　………………………………19,22
ポストモダン ……………………………3

〈ま〉

ミレニアム・ラウンド ………………5
無担保債権 ……………………65,67,87,88

219

事項索引

モデル法・法制モデル ········2,46,53,68,
　　　　　　102,134,141,181,188,211
モニタリング機能 ················7,191,194
モラル・ハザード ········25,52,68,187,188

〈や〉

有限責任制度 ························56,62,181
優先権································65,67,86
有担保債権 ············62,67,72,88,181,193

〈ら〉

La Porta 他 ································18,19
Rescue Model・経営救済志向 ············49
Law and Finance ····························6
ロンドン・アプローチ················50,67,80

〈わ〉

ワシントン・コンセンサス ···5,24,27,186

〈著者紹介〉

金子由芳（かねこ・ゆか）
　現　在　神戸大学大学院国際協力研究科助教授・法学博士
　1988年3月東京大学法学部卒業後、日本輸出入銀行（現・国際協力銀行）、広島大学大学院助教授を経て、2003年4月より現職。

〈主要著書・論文〉

『アジア法の可能性』（大学教育出版、1998）
「タイ金融構造改革をめぐる制度選択の現状」『アジア研究』（1999）
「タイの倒産法改革動向」『広島法学』23巻4号・24巻1号（2000）
「アジア広域FTAの法政策論的展望」『国際協力論集』11巻1号−2号（2003）
『法の実施強化に資する立法支援のありかた』（国際協力事業団客員研究員報告書、2004）

アジア危機と金融法制改革──法整備支援の実践的方法論をさぐって
2004（平成16）年3月20日　第1版第1刷発行

著　者	金　子　由　芳
発行者	今　井　　　貴
	渡　辺　左　近
発行所	信　山　社　出　版

〒113-0033　東京都文京区本郷6-2-9-102
　　　　　　電　話　03（3818）1019
　　　　　　ＦＡＸ　03（3818）0344
　　印　刷　東洋印刷株式会社
　　製　本　大　三　製　本

Ⓒ 2004，金子由芳．Printed in Japan．落丁・乱丁本はお取替えいたします。
ISBN 4-7972-2281-6　C3332